Hans v. Dewall

Gegendarstellungsrecht und Right of reply

Schriftenreihe der UFITA **Heft 45**

Archiv für Urheber-, Film-, Funk- und Theaterrecht
Herausgegeben von Dr. jur. Georg Roeber, München

Gegendarstellungsrecht und Right of reply

Eine rechtsvergleichende Untersuchung über Hörfunk und Fernsehen in der Bundesrepublik Deutschland und den USA

von

Dr. jur. Hans v. Dewall

Bonn

1973

J. Schweitzer Verlag · Berlin

ISBN 3 8059 0332 4

Satz: Behr, München – Druck: Gerber, München.

Meinen Eltern

Vorbemerkung

Herrn Prof. Dr. Jochen Schröder, dem Direktor des Instituts für Internationales Privatrecht und Rechtsvergleichung der Rheinischen Friedrich-Wilhelms-Universität in Bonn gebührt an erster Stelle mein ganz besonderer Dank. Ohne sein fortwährendes Interesse, seine Anregungen und seine verständnisvolle Unterstützung hätte die Arbeit nicht fertiggestellt werden können.

Danken möchte ich posthum insbesondere auch dem im September 1972 verstorbenen Herrn Prof. Dr. Heinrich Kronstein (Universität Frankfurt und Georgetown University Washington, D. C.), der mir persönlich und über das früher von ihm geleitete „Institute for International and Foreign Trade Law" der Georgetown University vor allem in den USA wichtige Hilfe gewährte. Mein Dank gilt schließlich neben vielen anderen Herrn Rechtsanwalt Jules H. Steinberg (Grace & Co.) und Mrs. Eleanor S. Applewhaite (Assistant General Attorney, Law Department, Columbia Broadcasting System, Inc.) in New York, den zuständigen Herren der Federal Communications Commission (FCC), der Library of Congress (Law Division) sowie dem „Committee on Commerce" (U. S. Senate) und dem „Committee on Interstate and Foreign Commerce" (U. S. House of Representatives) in Washington, D. C. Nur das überwältigende Entgegenkommen und die uneigennützige Hilfsbereitschaft vieler öffentlicher und privater Stellen in den USA machten es möglich, die für den amerikanischen Länderbericht notwendigen und teilweise schwer zugänglichen Informationen zusammenzutragen.

Wichtige Hilfe für den deutschen Teil erhielt ich freundlicherweise durch die Rechtsabteilungen aller ARD-Anstalten, insbesondere aber durch Herrn Dr. Puttfarcken vom NDR Hamburg, Herrn Dr. Fuhr, den Justitiar des ZDF sowie durch Herrn Ministerialrat i. R. Dr. Gehrhardt, den Mitherausgeber des „Archiv für Presserecht".

Die Dissertation wurde finanziell gefördert durch ein Doktorandenstipendium des Deutschen Akademischen Austauschdienstes (DAAD) an das Georgetown University Law Center Washington, D. C. sowie durch ein Promotionsstipendium des Landes Nordrhein-Westfalen.

Bonn, im November 1972 — Hans v. Dewall

Inhaltsübersicht

Literaturverzeichnis

1. Kommentare, Lehrbücher, Monographien, Aufsätze und Anmerkungen

Adam, Robert	Zur Regelung von Rundfunk und Fernsehen in den USA; UFITA Bd. 36 (1962) S. 356 ders. ähnlich in UFITA Bd. 37 (1962) S. 168: „Über Freiheitsrechte in den USA und Kontrolltendenzen im amerikanischen Film, Rundfunk und Fernsehen"
Ders.	Hörfunk und Fernsehen in den USA; F. H. 1966, 321 (Teil I); F. H. 1966, 403 (Teil II)
Ders.	Streit um das Fernsehen im politischen Leben der USA; FuR 1970, 300
Anello, Douglas A.	The Fellacy of the Fairness Doctrine, Internal Memorandum for the National Association of Broadcasters (NAB) Washington, D. C. 1968 (unveröffentlicht)
Bambrick, John G. jr.	FCC's Formal Rules Concerning Personal Attacks and Political Editorials Contravene the First Amendment; 44 N. D. Lwyr. 477 (1969)
Bappert, Walter	Prozessuale Fragen der Durchsetzung des Anspruchs auf Gegendarstellung bzw. Berichtigung Bespr. zu OLG Stuttgart in NJW 1962, 2066 und BGH in NJW 1963, 151; ArchPR 1963, 399
Ders.	Die Form der Gegendarstellung Bespr. zu OLG Karlsruhe in NJW 1965, 979; ArchPR 1965, 524
Bappert-Selbherr	Die Gegendarstellung in Rundfunk und Fernsehen ArchPR 1965, 564
Barron, Jerome A.	The Federal Communications Commission's Fairness Doctrine: An Evaluation 30 Geo. Wash. L. Rev. 1 (1961)
Ders.	In Defense of Fairness: A First Amendment Rationale for Broadcasting's „Fairness Doctrine" 37 U. Colo. L. Rev. 31 (1964)
Ders.	Access to the Press – A New First Amendment Right: 80 Harv. L. Rev. 1641 (1967)
Ders.	An Emerging First Amendment Right of Access to the Mass Media? 37 Geo. Wash. L. Rev. 487 (1969)
Ders.	Opening up the Media; 6 Trial 37 (1970)
Barrow, Roscoe L.	The Equal Opportunities and Fairness Doctrines in Broadcasting: Pillars in the Forum of Democracy 37 U. Cinn. L. Rev. 447 (1968)

Baumbach-Lauterbach	Zivilprozeßordnung; 30. Aufl. München 1970
Becher, Jochen	Das Recht der Gegendarstellung (§ 11 RPG) Diss. Köln 1957
Belser, Clinch H. jr.	Frontiers of Fairness in Broadcasting; 22 S. C. L. Rev. 208 (1970)
Berg, Klaus	Gegendarstellung darf nicht zum Politikum werden Handelsblatt vom 1. 2. 1971
Berner, Albert Friedrich	Lehrbuch des Deutschen Preßrechts; Leipzig 1876
Beyer, Wilhelm R.	Zum Gegendarstellungsanspruch im Fernsehen; Arch-PR 1965, 582
Ders.	Anm. zu BGH in NJW 1968, 792; NJW 1968, 1138
Bischoff, Friedrich	Die Neuordnung des Presserechts in Niedersachsen DVBl. 1965, 305
Blaine, Harry R.	Equality, Fairness and 315: The Frustration of Democratic Politics; 24 Md. L. Rev. 166 (1964)
Blake, Jonathan D.	Red Lion Broadcasting Co. v. FCC: Fairness and the Emperor's New Clothes; 23 F. C. B. J. 75 (1969)
Bongartz, Wilfried	Das Recht am eigenen Bilde und seine Reform; Diss. Köln 1966
Born, Arthur	Reichspreßgesetz vom 7. Mai 1874; 2. Aufl. Berlin 1911
Botein, Michael	The Federal Communication Commission's Fairness Regulations: A First Step towards Creation of a Right of Access to the Mass Media; 54 Cornell L. Rev. 294 (1969)
Brack, Hans	Organisation und wirtschaftliche Grundlagen des Hörfunks und des Fernsehens in Deutschland; Band 2 der Schriftenreihe des Instituts für Rundfunkrecht an der Universität Köln München 1968
Burger, Alois	Die Berichtigung im deutschen Presserecht; Diss. Würzburg 1964
Buri, Eugen	Rechtsweg bei Rechtsverletzungen durch Sendungen der öffentlich-rechtlichen Rundfunkanstalten NJW 1972, 705
Bussmann, Kurt	Reichen die geltenden gesetzlichen Bestimmungen insbesondere im Hinblick auf die modernen Nachrichtenmittel aus, um das Privatleben gegen Indiskretionen zu schützen in: Verhandlungen des 42. Deutschen Juristentages Band I, 1. Teil, Tübingen 1957
v. Caemmerer, Ernst	Mißbräuche in Presse, Film und Rundfunk und ihre Bekämpfung: Zeitschrift für ausländisches und Internationales Privatrecht, Sonderheft des 11. Jahrgangs, Seite 307; Berlin und Leipzig 1937
Chafee, Zechariah jr.	Government and Mass Communications; A Report from the Commission on Freedom of the Press:

	2. Aufl. Hamden, Conn. 1965; Vorabdruck in 60 Harv. L. Rev. I (1946); Possible New Remedies for Errors in the Press
Coing, Helmut	Ehrenschutz und Presserecht: Schriftenreihe der Juristischen Studiengesellschaft Karlsruhe, Heft 43, Karlsruhe 1960
Conrad	in: Stenglein, M., Kommentar zu den strafrechtlichen Nebengesetzen des Deutschen Reiches, 5. Aufl. Berlin 1928
Cox, John T.	Defamation: A Compendium; 28 La. L. Rev. 82 (1967)
Crouse, Jay	The Fairness Doctrine: Its Use and Implication, in: House Hearings a.a.O. S. 145; Comment by: Porter, Paul, ebd. S. 152
Derby, E. Stephan	Section 315: Analysis and Proposal; 3 Harv. J. Legis. 257 (1966)
v. Dewall, Hans	Gegendarstellung und Beschwerde im novellierten Bayerischen Rundfunkgesetz: FuR 1972, 129
Dill, Clarence C.	Radio Law, Practice and Procedure: Washington, D. C. 1938
Dölle, Hans (Hrsg.)	Der zivilrechtliche Persönlichkeits- und Ehrenschutz in Frankreich, der Schweiz, England und den Vereinigten Staaten von Amerika: Gutachten des Max-Planck-Instituts für ausländisches und Internationales Privatrecht, zit.: GMPI Tübingen 1960
Donelly, Richard C.	The Right of reply: An Alternative to an Action for Libel: 34 Va. L. Rev. 867 (1948)
Dorbritz, Walther P.	Der strafprozessuale Gerichtsstand bei Rundfunksendungen (Fernsehsendungen) mit strafbarem Inhalt NJW 1971, 1209
Doré, René	Du droit de réponse en matière de presse, Chartres 1902
Dreher, Eduard	Strafgesetzbuch mit Nebengesetzen und Verordnungen, 32. Aufl. München 1970
Earnest, G. Lane	The 'Equal Time Provisions': Has Broadcasting Come of Age? 36 U. Colo. L. Rev. 257 (1964)
Ebner, A.	Das preßgesetzliche Berichtigungsverfahren: JW 1911, 902
Edelman, Murray	The Licensing of Radio Services in the United States, 1927 to 1947: Urbana, Ill. 1950
Erman	Handkommentar zum Bürgerlichen Gesetzbuch 1. Bd., 4. Aufl. Münster 1967. Einschl. Nachtragsheft für den 1. Band, Stand Frühjahr 1969
Fette, Gunter	Rechtsweg bei Rechtsverletzungen durch Sendungen der öffentlich-rechtlichen Rundfunkanstalten: NJW 1971, 2210

Firestein, Charles L.	Red Lion and the Fairness Doctrine: Regulation of Broadcasting 'in the Public Interest': 11 Ariz. L. Rev. 807 (1969)
Frank, Reuven	The Effect of the Fairness Doctrine on Broadcast News Operations, in House Hearings a.a.O. S. 77
Frauenstein	Die Landespressegesetze – gemeinsame Leitgedanken und Unterschiede: DÖV 1965, 690
Friedenthal, Jack H./ Medalie, Richard J.	The Impact of Federal Regulation on Political Broadcasting: Section 315 of the Communications Act: 72 Harv. L. Rev. 445 (1959)
Friendly, Henry J.	The Federal Administrative Agencies: The Need for better Definition of Standards; 75 Harv. L. Rev. 863 (1962)
Fuhr-Britten-Konrad-Landmann-Ring	ZDF-Staatsvertrag, Kommentar: Mainz 1971 zit.: Fuhr, Kommentar
v. Gamm, Frhr. Otto-Friedrich	Der Anspruch auf Abdruck einer Gegendarstellung bei rechtsverletzenden Presseveröffentlichungen: GRUR 1956, 70
Ders.	Persönlichkeits- und Ehrverletzungen durch Massenmedien: Schriftenreihe der Neuen Juristischen Wochenschrift, Heft 3; zit. Massenmedien, München 1969
Gensior, Walter	Zur Neuordnung des Presserechts, in: Juristen-Jahrbuch, 5 .Band Köln 1964
Gehrhardt, Erwin	Grenzen des Gegendarstellungsanspruchs: AfP 1971, 65
Gesing, Günter	Audio-visuelle Massenmedien als presserechtliche Druckwerke: NJW 1972, 617
Gillmor, Donald M./ Barron, Jerome A.	Mass Communication Law/Cases and Comment, St. Paul, Minn .1969
Greiff, Joachim	Zur Berichtigungspflicht der Presse: NJW 1950, 241
Ders.	Die Berichtigungspflicht des Rundfunks nach den westdeutschen Landesgesetzen von 1948/49: NJW 1950, 761
Ders.	Anm. zu LG Mannheim: NJW 1956, 384
Ders.	Erlaubt das Wesen des presserechtlichen Entgegnungsanspruchs seine Verallgemeinerung? NJW 1961, 97
Ders.	Zur Rechtsgrundlage des Gegendarstellungsanspruchs: NJW 1963, 1137
Groß, Rolf	Zur Rechtsgrundlage des Gegendarstellungsanspruchs: NJW 1963, 479
Ders.	Zum Recht der Gegendarstellung: DVBl. 1963, 710
Ders.	Zum Recht der Gegendarstellung in den Landespressegesetzen: ArchPR 1965, 521

Ders.	Grundzüge des deutschen Presserechts, zit.: Grundzüge, Göttingen 1969
Haase-Becher, Inga	Der Gegendarstellungsanspruch in rechtsvergleichender Sicht, Diss. Freiburg 1970
Haensel, Carl	Die Gegendarstellung im Fernsehen; Widersprüche im Landesrecht, Zuständigkeit in: Tübinger Festschrift für Eduard Kern S. 243, Tübingen 1968
Haentzschel, Kurt	Das Reichspreßgesetz, Berlin 1927
Haible, Winfried	Das Recht der Presse in den deutschen Bundesländern, Diss. Würzburg 1964
Heinsen, Ernst	Die Problematik der Gegendarstellung zu Sendungen des Hörfunks und des Fernsehens; Broschüre zur 100. Sitzung des NDR-Programmbeirates vom 28. Januar 1971, Hamburg 1971
Held	Der Anspruch auf Abdruck einer Gegendarstellung nach dem württ.-bad. Presserecht: NJW 1950, 733
Helle, Ernst	Der zivilrechtliche Schutz der Persönlichkeit und der Ehre gegen Presseangriffe: DRiZ 1963, 334
Ders.	Der Schutz der persönlichen Ehre und des wirtschaftlichen Rufes im Privatrecht, zit.: Schutz; 2. Aufl. Tübingen 1969
Henrich, Hans	Das zukünftige Presserecht der Bundesrepublik, in: Die Feder 1964, Heft 3, S. 2
Hirsch, Kurt	Das Recht am eigenen Bilde, Diss. Köln 1933
Hocking, William Ernest	Freedom of the Press; A Report from the Commission on Freedom of the Press; Chicago, Ill. 1948
v. Holstein, Helmuth	„Aktualität" und Anspruch auf Abdruck einer Gegendarstellung: ArchPR 1960, 153
Hood, William T.	Libel and Slsander – Classification of Radio Defamation – Liability of Broadcasters: 39 Mich. L. Rev. 1002 (1941)
Hubmann, Heinrich	Das Persönlichkeitsrecht, 2. Aufl. Köln/Graz 1967
Jaffe, Louis L.	The Fairness Doctrine, Equal Time, Reply to Personal Attacks, and the Local Service Obligation: Implication of Technological Change: 37 U. Cinn. L. Rev. 550 (1968)
Ders.	Gleicher Titel, in: House Hearings a.a.O. S. 162
Kalven, Harry jr.	Broadcasting, Public Policy and the First Amendment: 10 J. Law and Econ, 15 (1967)
Keller, Hans-Joachim	Das Recht auf Gegendarstellung im Fernsehen: ArchPR 1970, 928
Kies	Equal Time for Political Candidates 23 N. Y. U. Intra. L. Rev. 266 (1968)
Kitzinger, Friedrich	Die Berichtigungspflicht der Presse und das Recht auf Berichtigung: ZStW 27 (1907) 872

Ders.	Das Reichsgesetz über die Presse, Tübingen 1920
Ders.	Zur Reform des Preßgesetzes ZStW 46 (1925) 111
Kloeppel, P.	Das Reichspreßrecht, Leipzig 1894
Koebel, Ulrich	Der presserechtliche Anspruch auf Gegendarstellung: NJW 1963, 790
Ders.	Ein neues Landespressegesetz in Baden-Württemberg: NJW 1964, 1108
Köbl, Hans	Das presserechtliche Entgegnungsrecht und seine Verallgemeinerung: Berliner Abhandlungen zum Presserecht, Heft 5, Berlin 1966
Kraehling, Julian	Die presserechtliche Berichtigungspflicht in: Strafrechtliche Abhandlungen, Heft 194, Breslau 1917
Kröger, Gerhard	Die Berichtigungspflicht und der Berichtigungsanspruch nach §§ 11, 19 RPG, Diss. Blankenese 1919
Kupke, Diemtar	Das Recht auf Gegendarstellung bei Hörfunk, Fernsehen und Film: FuR 1966, 236
Leflar, Robert A.	Legal Remedies for Defamation: 6 Ark. L. Rev. 423 (1952)
Leinveber, Gerhard	Zum Filmentgegnungsrecht bei Persönlichkeitsverletzungen: GRUR 1961, 20
Levin, Harvey J.	Regulatory Efficiency, Reform and the FCC: 50 Geo. L. J. 1 (1961)
v. Liszt, Franz-Eduard	Das deutsche Reichs-Preßrecht, Berlin und Leipzig 1880
Löffler, Martin	Das Recht der öffentlichen Entgegnung: BB 1956, 356
Ders.	Anm. zu OLG Hamburg in JZ 1956, 344
Ders.	Anm. zu OLG Frankfurt in NJW 1957, 714
Ders.	Ein vorbildliches Pressegesetz: NJW 1959, 417
Ders.	Die Bedenken gegen den Entwurf des Persönlichkeits- und Ehrenschutzgesetzes: UFITA Bd. 30 (1960) S. 69
Ders.	Rechtsprobleme der Gegendarstellung: ArchPR 1962, 229
Ders.	Recht der Gegendarstellung: Bericht über die 11. Arbeitstagung des Studienkreises für Presserecht und Pressefreiheit: DÖV 1962, 380
Ders.	Anm. zu BGH in NJW 1963, 1155: GRUR 1963, 639
Ders.	Die Gesetzgebungskompetenz von Bund und Ländern auf dem Gebiet des Presserechts: NJW 1972, 1313
Ders.	Das internationale Gegendarstellungsrecht: NJW 1972, 2161

Ders. — Presserecht (Kommentar), zit.: Kommentar: Band I 2. Aufl., München 1969; Band II 2. Aufl., München 1968

Ders. (Hrsg.) — Persönlichkeitsschutz und Meinungsfreiheit: Schriftenreihe der Deutschen Studiengesellschaft für Publizistik, Band I, München und Berlin 1959

Loewenstein, Karl — Die Krise des amerikanischen Rundfunk- und Fernsehewesens: AöR 86 (1961) 404

Loucks, Philip G. — Section 315: 18 F. C. B. J. 33 (1963)

Lower, Elmer W. — The Role and Influence of Radio and Television in the Formation of Public Opinion: Comparison with Newspapers, Magazines and Specialised Journals of Opinion in: House Hearings a.a.O. S. 34

Magen, Rolf-Peter — Das Berliner Pressegesetz: JR 1965, 321

v. Mangoldt, Hermann — Die rechtliche Ordnung des Rundfunks im Ausland, München und Berlin 1953

Mannheim, H. — Presserecht, Berlin 1927

Marks, Richard D. — Broadcasting and Censorship: First Amendment Theory after Red Lion: 38 Geo. Wash. L. Rev. 974 (1970)

Mathy, Klaus — Das Unverzüglichkeits- und Aktualitätsgebot im Gegendarstellungsrecht: AfP 1971, 158

Mayer, Martin — In All Fairness: TV-Guide, Vol. 18 No. 41, 42 und 43; Radnor, Pa. 1970

McKerns, Charles J./ Robertson, Charles J. — Disciplinary Powers under the Communications Act Amendments of 1960: 19 F. C. B. J. 3 (1963)

McMillin, John E. — New Voices in a Democracy: 3 Television Quarterly 27 (1964)

Merkel, Heinrich G. — Klares Gegendarstellungsrecht für Rundfunk und Fernsehen erforderlich: ZV + ZV 1965, 1796

Meves — Die preßgesetzliche Berichtigungspflicht: GA 45 (1897) 332

Möller, Hans B. — Der Gegendarstellungsanspruch aus § 11 RPG ist nichtvermögensrechtlicher Anspruch: ArchPR 1963, 401

Müller, Klaus — Fragen des Rechtsweges aus Persönlichkeitsverletzungen beim Vorgehen gegen polizeiliche Fahndungen durch das Fernsehen: FuR 1971, 312

Nelson, Harold L./ Teeter, Dwight L. — Law of Mass Communications: Mineola, N. Y. 1969

Nesselkauf, Michael — Gegendarstellungsrecht bedarf keiner Ergänzung: ArchPR 1968, 757

Neumann-Duesberg, Horst — Presseberichterstattung, Presseurheberrecht und Nachrichtenschutz, zit.: Presseberichterstattung; Münster 1949

Ders.	Presserechtliche Entgegnung und einstweilige Verfügung: JR 1956, 288
Ders.	Anm. zu LG Mannheim in NJW 1956, 384; NJW 1956, 833
Ders.	Zivil- oder Strafrechtsschutz gegen Diskretionsverletzungen? DB 1957, 861
Ders.	Das Recht der Gegendarstellung im Presserecht: NJW 1960, 2032
Nipperdey, Hans-C.	Das allgemeine Persönlichkeitsrecht: UFITA Bd. 30 (1960) S. 1
Notes (ohne Verfasser)	Radio Editorials and the Mayflower Doctrine: 48 Col. L. Rev. 785 (1948)
Dto.	Appearances on News Programs Excluded from Equal Time Act: 46 Va. L. Rev. 564 (1960)
Dto.	Radio and Television Appearances of Candidates for Office: Amend Section 315 of the Communications Act; 69 Yale L. J. 805 (1960)
Dto.	Regulation of Program Content by the FCC: 77 Harv. L. Rev. 701 (1963)
Dto.	United Church of Christ v. FCC: 35 Geo. Wash. L. Rev. 393 (1966)
Dto.	Fairness Doctrine: Personal Attacks and Public Controversus; 56 Geo. L. J. 547 (1968)
Dto.	Morality and Broadcast Media: A Constitutional Analysis of FCC Regulatory Standards; 84 Harv. L. Rev. 664 (1971)
O'Neil, Robert M.	Television, Tort Law and Federalism: 53 Cal. L. Rev. 421 (1965)
Oetker, Friedrich	Dauer und Durchführung des Berichtigungsanspruchs nach § 11 RPG: DJZ 1906, 639
Ders.	Die Berichtigungspflicht nach § 11 des Reichspreßgesetzes: GS 68 (1906) 320
Oppenheimer, A.	Erstreckt sich die Verpflichtung zur Aufnahme einer Berichtigung auch auf Karikaturen? DJZ 1909, 432
Oswald, Franz	Zur Gegendarstellung im Presserecht: Rechts- und Wirtschaftspraxis (Loseblattausgabe) 10 Urh.-Recht (D) Presserecht II B 1 S. 27
Palandt	Bürgerliches Gesetzbuch, 31. Aufl. München und Berlin 1972
Parker, Reginald	Das Privatrecht der Vereinigten Staaten von Amerika, Wien 1960
Pelckmann, Horst	Der Stil im politischen Meinungskampf: AfP 1972, 206
Peters, Robert S.	The FCC's Requirement of Reply to Personal Attack: The Bite in Red Lion; 37 Tenn. L. Rev. 383 (1970)

Quinn, Pamela P. — The Red Lion Case: An Opportunity for First Amendment Reappraisal; 29 U. Pitt. L. Rev. 691 (1968)

Rebmann-Ott-Storz — Das bad.-württembergische Gesetz über die Presse vom 14. 1. 1964, Stuttgart 1964

Regensburger — Die preßgesetzliche Berichtigungspflicht, Braunschweig 1911

Reh-Groß — Hessisches Pressegesetz (Kommentar), Wiesbaden 1963

Rehbinder, Manfred — Das Recht auf Entgegnung im Rudfunkrecht der Vereinigten Staaten: FuR 1970, 290 ff. und 316 ff.

Reimann, Paul — Die preßrechtliche Berichtigungspflicht, Diss. Leipzig 1912

Reinhardt, Rudolf — Persönlichkeitsschutz und Meinungsfreiheit: Recht und Staat, Heft 23; Tübingen 1961

Reumann, Kurt — Waffengleichheit in der Gegendarstellung: Berliner Abhandlungen zum Presserecht, Heft 13, Berlin 1971

Riewe, K.-H. — Zur Bedeutung des Wahrheitsgehalts tatsächlicher Angaben in Gegendarstellungen: GRUR 1964, 250

Riklin, Franz — Das Gegendarstellungsrecht bei Radio und Fernsehen: Zeitschrift für schweizerisches Recht Bd. 87 (1968) S. 179

Robinson, Glen O. — The FCC and the First Amendment: Observation on 4 Years of Radio and Television Regulation; 52 Minn. L. Rev. 67 (1967)

Ders. — The Fairness Doctrine, the Law and Policy in its present Application in: House Hearings a.a.O. S. 53; Comment by: Siepmann, Charles A. ebd. S. 60

Roeber-Alberding — Recht der Presse, Sammlung der geltenden Pressegesetze mit Kurzerläuterungen, Heft 9 (Nordrhein-Westfalen) Köln/Berlin/Bonn/München 1966

Rötelmann, Wilhelm — Persönlichkeitsrechte, insbesondere der Widerruf ehrenrühriger Behauptungen: NJW 1971, 1636

Sänger, Gisela — Zum Gegendarstellungsrecht in den Landespressegesetzen: ArchPR 1968, 755

Scharf, Albert — Gegendarstellung und Beschwerderecht beim Bayerischen Rundfunk: afd 1972, 45 mit Erwiderung v. Dewall, Hans in afd 1972, 164

Scheer, Bernhard — Deutsches Presserecht, Hamburg 1966

Schlephorst, Hubert — Amerikanisches Verwaltungsrecht im Spannungsfeld zwischen zunehmender staatlicher Betätigung und bürgerlichen Freiheitsrechten, Diss. Münster 1963

Schmidt-Osten, H. — Gibt es bei Pressephotos einen Berichtigungsanspruch? Journ. 1953, Heft 12 S. 4

Scholler, Heinrich — Person und Öffentlichkeit, München 1967

Scholz, Ulrich — Das Recht der Gegendarstellung in den Pressegesetzen: WRP 1961, 335

Schüle, Adolf/Huber, Hans	Persönlichkeitsschutz und Pressefreiheit – Gutachten im Auftrag des Bundesministers der Justiz, Bonn 1960
Schüssler, Martin	Der Berichtigungszwang der Presse, seine rechtliche Natur, seine jetzige Ausgestaltung in § 11 und § 19 RPG und Vorschläge zu deren Reform, Diss. Köln 1930
Schultz, L.	Die presserechtliche Gegendarstellung im Prozeß: Die Justiz 1964, 319
Schwarze-Appelius	Reichs-Pressegesetz, 5. Aufl. München, Berlin und Leipzig 1914
Scott, Hugh	Candidate Broadcast Time: A Proposal for Section 315 of the Communications Act; 56 Geo. L. J. 1037 (1968)
Sellheim, Armin	Anm. zu OLG Hamburg in NJW 1968, 1337; NJW 1968, 2383
Siepmann, Charles A.	Radio, Television and Society, New York, N. Y. 1950
Smead, Elmer E.	Freedom of Speech by Radio and Television Washington D. C. 1959
Stanton, Frank	The Equal Time Requirements of Section 315 of the Communications Act of 1934 in: House Hearings a.a.O. S. 21; Comment by: Alexander, Herbert E. ebd. S. 27
Tempel, Otto	Tagung für Rechtsvergleichung – Zivil- und Handelsrecht: NJW 1972, 18
Terrou, F.	Legislation for Press, Film and Radio, UNESCO-Publication No. 607, Paris 1951
Thiele, Willi	Der Regierungsentwurf eines Niedersächsischen Pressegesetzes: DVBl. 1963, 905
Ders.	Pressefreiheit, Theorie und Wirklichkeit; Abhandlungen und Materialien zur Publizistik des Instituts für Pu blizistik der FU Berlin, Band 4; zit.: Pressefreiheit Berlin 1964
Thies, Helga	Widerruf und Entgegnung in Presse, Film und Funk, Diss. Göttingen 1963
Uhlitz, Otto	Die Rechtsnatur des Berichtigungszwanges nach dem Pressegesetz: NJW 1962, 526
Wasilewski, Vincent T.	The Effect of the Fairness Doctrine on the Broadcasting of Public Controversy in: House Hearings a.a.O. S. 110
Weitnauer, Hermann	Neuordnung des zivilrechtlichen Persönlichkeits- und Ehrenschutzes: DB 1959, 45
Wenzel, Karl Egbert	Örtliche und sachliche Zuständigkeit für Gegendarstellungsklagen: JZ 1962, 112
Ders.	Die Stellungnahme des BGH zum Gegendarstellungsanspruch: NJW 1963, 1710

Ders. — Das Recht der Wort- und Bildberichterstattung, Sytematisches Handbuch Köln 1967, zit.: Handbuch

Ders. — Das Verhalten bei Ablehnung von Gegendarstellungen: ArchPR 1968, 756

Ders. — Tatsachenbehauptungen und Meinungsäußerungen: NJW 1968, 2353

Ders. — Nochmals: Grenzen des Gegendarstellungsanspruchs: AfP 1971, 161

Westphal, Arthur — Der preßgesetzliche Berichtigungszwang Berlin 1909

White, Llewellyn — The American Radio; A Report on the Broadcasting Industry in the United States from the Commission on Freedom of the Press. Chicago, Ill. 1947

Wood, John C. — Responsible Representative of Public has Standing Under Federal Communications Act to Protect Renewal of a Broadcast Licensee 44 Tex. L. Rev. 1605 (1966)

Yadlofsky, Elizabeth — Broadcasting – The "Fairness Doctrine" as applied to political campaign; Library of Congress/Legislative Reference Service (American Law Division) zit.: Political Campaigns; 2. Oktober 1967 – 418/102 A 213 (unveröffentlicht) Washington, D. C. 1967

Dies. — The FCC Fairness Doctrine, Library of Congress/Legislative Reference Service (American Law Division) zit.: Fairness Doctrine; 3. November 1967 – 419/102 A 214 (unveröffentlicht) Washington, D. C. 1967

2. Materialien, Textsammlungen und Übersichten

ARD (Hrsg.) — ARD-Jahrbuch 1971, Hamburg 1971

Blum, Eleanor — Reference Books in the Mass Media, Urbana Ill. 1963

Briefs (Schriftsätze) — Brief of Intervenors NBC, ABC and WLLE; In the the United States Court of Appeals for the District of Columbia No. 21.285: Banzhaf v. FCC et al.; zit.: Brief of Intervenors NBC/ABC/WLLE

Dto. — Brief for Respondent CBS; In the Supreme Court of the United States October Term 1968, No. 717, 22. März 1969

Dto. — Brief for Respondent NBC; In the Supreme Court of the United States October Term 1968, No. 717, 22. März 1969

Dto. — Brief for Respondents RTNDA; In the Supreme Court of the United States October Term 1968, No. 717, März 1969

Delp, Ludwig — Das gesamte Recht der Presse, des Buchhandels, des Rundfunks und des Fernsehens, Loseblattsammlung; Neuwied und Berlin

Deutsches Industrieinstitut (Hrsg.) Sondermaterial „Recht und Rundfunk": Verpflichtung zur Objektivität/Recht auf Gegendarstellung, Köln, November 1971

Dill, Richard W. Rundfunk und Gesellschaft: Eine internationale Literaturübersicht: Medium 1966, 325

Federal Communications Commission (FCC) Applicability of the Fairness Doctrine in the Handling of Controversial Issues of Public Importance vom 1. Juli 1964, zit.: Fairness Primer, FCC 64-611/ 40 F. C. C. 598 (1964)/ 29. Fed. Reg. 10415/ 2 R. R. 2nd 1901 (1964); einschließlich: Appendix A (Editorializing by Broadcast Licensees), Report of Commission 1949; Appendix B (The History of the Fairness Doctrine); angekündigt durch Public Notice – B FCC 63-734, Mimeo 38372 vom 26. Juli 1963

Dto. Rules and Regulations: Personal Attacks, Political Editorials, Memorandum Opinion and Order vom 10. Juli 1967 (released) FCC 67-795/8 F. C. C. 2nd 721 (1967)/ 10 R. R. 2nd 1901 (1967)/32 Fed. Reg. 10303; angekündigt durch Notice of Proposed Rule Making vom 8. April 1966 (realeased) FCC 66-291

Dto. Procedures in Event of Personal Attack or Where Station Editorializes as to Political Candidates; Memorandum Opinion and Order vom 7. August 1967 (released); FCC 67-923/9 F. C. C. 2nd 539 (1967)/32 Fed. Reg. 11531

Dto. Amendment of Part 73 of the Rules relating to procedures in the event of a Personal Attack, Memorandum Opinion and Order vom 29. März 1968 (released), FCC 68-356/12 F. C. C. 2nd 250 (1968)/ 33 Fed. Reg. 5362/12 R. R. 2nd 1901 (1968)

Dto. Applicability of the Fairness Doctrine to Cigarette Advertising, Memorandum Opinion and Order vom 13. September 1967 (released), FCC 67–1029/9 F. C. C. 2nd 921 (1967)/32 Fed. Reg. 13161/ 11 R. R. 2nd 1901 (1967); angekündigt durch Notice of Proposed Rule Making vom 6. April 1966, FCC 66-291

Dto. Use of Broadcast Facilities by Candidates for Public Office, Public Notice vom 7. August 1970 (adopted) FCC 70–871/24 F. C. C. 2nd 832 (1970) einschließlich Rules and Regulations „Broadcasts by Candidates for Public Office"

Dto. Use of Broadcast and Cablecast Facilities by Candidates for Public Office; Public Notice vom 16. März 1972 (released), FCC 72–231/37 Fed. Reg. 5796

Film und Recht (Hrsg.) Zur Änderung des Bayerischen Rundfunkgesetzes: FuR 1972, 115

von Finck'sche Hauptverwaltung (Hrsg.)	Der Bürger und die Macht der Fernsehmagazine/ August von Finck setzt sich zur Wehr gegen Panorama, München 1972
Hans-Bredow-Institut für Rundfunk und Fernsehen an der Universität Hamburg (Hrsg.)	Internationales Handbuch für Rundfunk und Fernsehen, Hamburg 1969/1970
Herrmann, Günter	Rundfunkgesetze (Textsammlung), Köln/Berlin/Bonn/ München 1966
Lehr, Wolfgang/ Berg, Klaus	Rundfunk und Presse in Deutschland, Rechtsgrundlagen der Massenmedien, Mainz 1971
Lüders, Carl Heinz	Presse- und Rundfunkrecht, Textsammlung aller presse- und rundfunkrechtlichen Vorschriften im Bundesgebiet mit dem Entwurf des Bundespressegesetzes, Berlin und Frankfurt 1952
Udell, Gilmann G. (Hrsg.)	Radio Laws of the United States, U. S. House of Representatives, Document Room; Washington, D. C. 1962
U.S. House of Representatives	Legislative History of the Fairness Doctrine; Staff Study for the Committee on Interstate and Foreign Commerce, 90th Congress, 2nd session, zit.: House Staff Study; U. S. Government Printing Office 89-742 Washington, D. C. 1968
Dto.	Panel Discussion on the Fairness Doctrine and Related Subjects, Hearings before the Special Subcommittee on Investigations of the Committee on Interstate and Foreign Commerce 5./6. März 1968, 90th Congress, 2nd session, zit.: House Hearings; U. S. Government Printing Office 92-602, Washington, D. C. 1968
U.S. Senate	Fairness Doctrine, Staff Report prepared for the Subcommittee on Communications of the Committee on Commerce, 90th Congress, 2nd session, Committee print, zit.: Senate Staff Report; U. S. Government Printing Office 78–319, Washington, D. C. 1968

Besondere Abkürzungen

ABC	American Broadcasting Corporation
abl.	ablehnend
afd	Aktueller Fernsehdienst
AfP	Archiv für Presserecht (ab Januar 1971)
AM	Amplitude Modulation (Mittelwelle)
Am. Jur.	American Jurisprudence (Cumulative Pocket Supplement 1970)
Amtsbl. Saar	Amtsblatt des Saarlandes
Ann. Rep.	Annual Report
Anw.-Bl.	Anwaltsblatt
AöR	Archiv des öffentlichen Rechts
ArchPR	Archiv für Presserecht, Beilage zu ZV + ZV bis Dezember 1970
ARD	Arbeitsgemeinschaft der öffentlich-rechtlichen Rundfunkanstalten der Bundesrepublik Deutschland
Ariz. L. Rev.	Arizona Law Review
Ark. L. Lev.	Arkansas Law Review
BadenGVBl.	Badisches Gesetz- und Verordnungsblatt, Regierungsblatt der Landesregierung Baden
bad.-württ. PresseG	Gesetz über die Freiheit der Pesse (Baden-Württemberg)
Bay-GVBl.	Bayerisches Gesetz- und Verordnungsblatt
BayLT-Drucks.	Drucksache des Bayerischen Landtags
BayObLG	Bayerisches Oberstes Landesgericht
BayObLGZ	Entscheidungen des Bayerischen Obersten Landesgerichts in Zivilsachen
BB	Der Betriebsberater
Berl. GVBl.	Gesetz- und Verordnungsblatt für Berlin
berl. PresseG	Berliner Pressegesetz
Beschl.	Beschluß
BGB	Bürgerliches Gesetzbuch
BGBl.	Bundesgesetzblatt
BGH	Bundesgerichtshof
BR	Bayerischer Rundfunk
BRD	Bundesrepublik Deutschland
Brem. GBl.	Gesetzblatt der Freien Hansestadt Bremen
brem. PresseG	Gesetz über die Presse (Bremen)
BT-Drucks.	Bundestagsdrucksache
BVerfG	Bundesverfassungsgericht
BVerfGE	Entscheidungen des Bundesverfassungsgerichts
Cal. L. Rev.	California Law Review
CATV	Community Antenna Television

CBS	Columbia Broadcasting System
C. F. R.	Code of Federal Regulations
3rd/7th Cir.	U.S. Court of Appeal for the Third/Seventh Circuit
Col.	Colorado
Col. L. Rev.	Colorado Law Review
Cong.	Congress
Cong. Rec.	Congressional Records
Conn.	Connecticut
Cornell L. Rev.	Cornell Law Review
Cum. (Ann.) Pock. Suppl.	Cumulative (Annual) Pocket Supplement
DB	Der Betrieb
D. C.	District of Columbia
D. C. Cir.	U. S. Court of Appeals, District of Columbia Circuit
DDR	Deutsche Demokratische Republik
Diss.	Dissertation
DJZ	Deutsche Juristenzeitung
DLF	Deutschlandfunk
DÖV	Die öffentliche Verwaltung
DRiZ	Deutsche Richterzeitung
DVBl.	Deutsches Verwaltungsblatt
DW	Deutsche Welle
EGBGB	Einführungsgesetz zum Bürgerlichen Gesetzbuch
et al.	und andere
F. (2nd)	Federal Reporter (Second series)
Fairness Primer)	Applicability of the Fairness Doctrine in the Handling of Controversial Issues of Public Importance FCC-Public Notice vom 1. Juli 1964
FAZ	Frankfurter Allgemeine Zeitung
F. C. A.	Federal Code Annected (1969 Cumulative Pocket Supplement)
F. C. B. J.	Federal Communications Bar Journal
FCC	Federal Communications Commission
F. C. C. (2nd)	Federal Communications Commission Reports (Second series)
Fed. Reg.	Federal Register, The National Archives of the United States
F. H.	Frankfurter Hefte
FM	Frequency Modulation (Ultrakurzwelle)
FRC	Federal Radio Commission
F. R. C. Ann. Rep.	Federal Radio Commission Annual Reports
FuR	Film und Recht
GA	Goldtammers Archiv für Strafrecht
GBl. Bad.-Württ.	Gesetzblatt für Baden-Württemberg
Geo. L. J.	Georgetown Law Journal
Geo. Wash. L. Rev.	George Washington Law Review
GG	Grundgesetz
GKG	Gerichtskostengesetz

GMPI	Der zivilrechtliche Persönlichkeits- und Ehrenschutz in Frankreich, der Schweiz, England und den Vereinigten Staaten von Amerika; Gutachten des Max-Planck-Institutes für ausländisches und Internationales Privatrecht (Dölle, Hrsg.)
GRUR	Gewerblicher Rechtsschutz und Urheberrecht
GS	Der Gerichtssaal
GVBl. Schl.-H.	Gesetz- und Verordnungsblatt für Schleswig-Holstein
	Gerichtsverfassungsgesetz
GVG	Gesetz- und Verordnungsblatt für das Land Nord-
GV NW (bzw. GVBl. NW)	rhein-Westfalen
Hamb. GVBl.	Hamburgisches Gesetz- und Verordnungsblatt
hamb. PresseG	Hamburgisches Pressegesetz
Harv. J. Legis.	Harvard Journal on Legislation
Harv. L. Rev.	Harvard Law Review
Hess. GVBl.	Gesetz- und Verordnungsblatt für das Land Hessen
hess. PresseG	Hessisches Gesetz über Freiheit und Recht der Presse
House Hearings	Panel Discussion on the Fairness Doctrine and Related Subjects; Hearings before the Special Subcomittee on Investigations of the Committee on Interstate and Foreign Commerce U. S. House of Representatives
House Staff Study	Legislative History of the Fairness Doctrine; Staff Study for the Committee on Interstate and Foreign Commerce U. S. House of Representatives
HR	Hessischer Rundfunk
H. R.	U. S. House of Representatives
H. Rept.	U. S. House of Representatives Reports
Ill.	Illinois
IVW	Informationsgemeinschaft zur Feststellung der Verbreitung von Werbeträgern
J. Law and Econ.	Journal of Law and Economics
Journ.	Der Journalist
Journ. Offic.	Journal Officiel
JR	Juristische Rundschau
JW	Juristische Wochenschrift
JZ	Juristenzeitung
KG	Kammergericht
La. L. Rev.	Louisiana Law Review
LG	Landgericht
LPG	Landespressegesetz
Md. L. Rev.	Maryland Law Review
Mich. L. Rev.	Michigan Law Review
Minn.	Minnesota
Minn. L. Rev.	Minnesota Law Review
Miss. Code Ann. 1942	Mississippi Code 1942 Annotated (1968 Cumulative Supplement)

NAB	National Association of Broadcasters
NBC	National Broadcasting Corporation
N. D. Lwyr.	Notre Dame Lawyer
NDR	Norddeutscher Rundfunk
Nev. Comp. Laws	Nevada Compiled Laws (1929)
Nds. GVBl.	Niedersächsisches Gesetz- und Verordnungsblatt
nsd. PresseG	Niedersächsisches Pressegesetz
NJW	Neue Juristische Wochenschrift
NRS	Nevada Revised Statutes
N. W.	North Western Reporter
nw. PresseG	Pressegesetz für das Land Nordrhein-Westfalen
N. Y.	New York
N. Y. U. Intra. L. Rev.	New York University Intramural Law Review
OLG	Oberlandesgericht
Pa.	Pennsylvania
PresseG	Pressegesetz
Pub. L.	Public Law
RB	Radio Bremen
Report 1949	FCC 'Editorializing by Broadcast Licensees', Report of Commission 1949; Appendix A zum Fairness Primer; zugleich 13 F. C. C. 1246 (1949)
RGBl.	Reichsgesetzblatt
RGSt.	Entscheidungen des Reichsgerichts in Strafsachen
Rh.-Pf. GVBl.	Gesetz- und Verordnungsblatt für das Land Rheinland-Pfalz
rh.-pf. PresseG	Landesgesetz über die Presse (Rheinland-Pfalz)
RPG	Reichsgesetz über die Presse
R. R. (2nd)	Pike and Fischer, Radio Regulations (Second Series)
RTNDA	Radio Television News Directors Association
S. Calendar	U. S. Senate Calendar
schl.-h. PresseG	Gesetz über die Presse (Schleswig-Holstein)
S. C. L. Rev.	South Carolina Law Review
S. Rept.	U. S. Senate Reports
S. Ct. Miss.	Supreme Court of Mississippi
SDR	Süddeutscher Rundfunk
Senate Staff Report	Fairness Doctrine; Staff Report prepared for the Subcommittee on Communications of the Committee on Commerce; U. S. Senate
sess.	session
SFB	Sender Freies Berlin
SGV NW	Sammlung des bereinigten Gesetz- und Verordnungsblattes für das Land Nordrhein-Westfalen
S. J. Res.	U. S. Senate Joint Resolution
So. (2nd)	Southern Reporter (Second Series)
SR	Saarländischer Rundfunk
Stat.	Statutes
StGB	Strafgesetzbuch
SWF	Südwestfunk

Tenn. L. Rev.	Tennessee Law Review
Tex. L. Rev.	Texas Law Review
Trial	Trial (American Trial Lawyers Association)
TV	Television
U. Cinn. L. Rev.	University of Cincinnati Law Review
U. Colo. L. Rev.	University of Colorado Law Review
UFITA	Archiv für Urheber-, Film-, Funk- und Theaterrecht
UHF	Ultra High Frequency
U. Pitt. L. Rev.	University of Pittsburgh Law Review
U. S.	United States; zugleich United States Supreme Court Reports
USA	United States of America
U. S. C. A.	United States Code Annotated
U. S. C. A. Const. Amend.	United States Code Annotated, Constitutional Amendments
U. S. S. Ct.	United States Supreme Court
v.	versus
Va. L. Rev.	Virginia Law Review
VHF	Very High Frequency
vol.	volume
WDR	Westdeutscher Rundfunk
WRP	Wettbewerb in Recht und Praxis
Yale L. J.	Yale Law Journal
ZDF	Zweites Deutsches Fernsehen
ZPO	Zivilprozeßordnung
ZStW	Zeitschrift für die gesamte Strafrechtswissenschaft
ZV + ZV	Zeitungsverlag und Zeitschriftenverlag

Einleitung

Wird eine Einzelperson oder eine Gruppe durch Äußerungen der Presse in ihren „Rechten“ betroffen, so stehen in Gestalt eines Berichtigungs- bzw. Gegendarstellungsanspruchs, eines Right of reply oder eines Droit de réponse in fast allen Rechtskreisen unterschiedlich ausgeprägte Rechtsinstitute zur Erwiderung zur Verfügung. Auf den Bereich von Hörfunk und Fernsehen ist dieses Recht bislang kaum ausgedehnt worden[1]. Der Grundgedanke einer derartigen Entgegnung läßt sich bis zu dem Grundsatz „audiatur et altera pars“ des Römischen Rechts zurückverfolgen, hat seine heutige Bedeutung im Bereich der Massenmedien jedoch erst nach der Französischen Revolution erlangt. Die Ausgestaltung dieses Rechtsinstituts lehnt sich in allen Fällen entweder an die deutsche (Berichtigung/Gegendarstellung) oder an die französische (droit de réponse) Fassung an.

Anlaß für die vorliegende Arbeit geben im wesentlichen zwei Überlegungen. Trotz zahlreicher Veröffentlichungen über das presserechtliche Gegendarstellungsrecht der Bundesrepublik und trotz der neuen Landespressegesetze fehlt bis heute eine zusammenhängende Darstellung über die Situation von Hörfunk und Fernsehen[2]. Auch sind manche Einzelfragen für Hörfunk und Fernsehen als spezielle Massenmedien noch ungelöst, da sich die für die Presse entwickelten Regelungen nicht ohne weiteres übertragen lassen. Die folgende Untersuchung konnte sich jedoch für das deutsche Recht auf das Institut der Gegendarstellung beschränken, ohne von der Problematik her verwandte verfassungsrechtliche Fragen zu erörtern[3].

Während im deutschen Teil allgemeine Fragen entweder als bekannt vorausgesetzt oder durch Verweisung auf die umfangreiche presserechtliche Literatur abgehandelt werden können, erscheint für die USA

---

[1] Vgl. zu den ausländischen Regelungen sowie zu den völkerrechtlichen Bestimmungen der UNO: Löffler, Kommentar, aaO. § 11 LPG Rdz. 166 ff.; ders. in NJW 1972, 2161 zum internationalen Gegendarstellungsrecht; Haase-Becher, aaO. S. 83 ff., 157 ff. mit ausführlichen Nachweisen; Köbl aaO. S. 28 ff.; Terrou-Solal, aaO. S. 338 ff.

[2] Die DDR hat das Reichspressgesetz von 1874 beibehalten; eine Rechtseinheit besteht daher insoweit nicht mehr.

[3] Vgl. z. B. die Rechtsprechung des BVerfG zur Chancengleichheit der politischen Parteien bei Wahlpropaganda-Sendungen: BVerfGE 7, 99 und 14, 121.

ein Abriß der historischen Entwicklung des Anspruchs zum besseren Verständnis erforderlich zu sein. Da sich das Right of reply legislativ und administrativ aus Teilregelungen entwickelt hat, sind auch diese in ihrer Entwicklung und heutigen Bedeutung darzustellen. Im deutschen Schrifttum finden sich kaum Hinweise auf das Bestehen eines solchen Right of reply in den USA, geschweige denn Ausführungen über Einzelprobleme. Seit etwa 1959 läßt sich jedoch in den USA eine Entwicklung beobachten, ein allgemein gültiges Right of reply zu schaffen. Zu dessen Darstellung und Beurteilung soll die vorliegende Arbeit einen Beitrag leisten.

I. Teil: Der Gegendarstellungsanspruch in Hörfunk und Fernsehen im Recht der Bundesrepublik Deutschland

A. Notwendigkeit einer Gegendarstellungsregelung

1. Geschichtliche Entwicklung des Gegendarstellungsrechts

Die Geschichte des Presserechts ist seit jeher gekennzeichnet durch das Spannungsverhältnis zwischen dem Interesse der Presse an einer aboluten, uneingechränkten Pressefreiheit auf der einen und dem Interesse des Indivduums am Schutz seiner Persönlichkeitssphäre auf der anderen Seite. Dies gilt in hervorragendem Maß für das Rechtsinstitut der Gegendarstellung als Korrelat zur Pressefreiheit[3a], dessen Entwicklung in einem ausgeprägten Obrigkeitsstaat nicht denkbar gewesen wäre.

a) Reichsgesetz über die Presse von 1874

Das Reichspressegesetz vom 7. Mai 1874 hat nach umfangreichen Diskussionen im Reichstag zum ersten Mal in § 11 ein reichseinheitliches Gegendarstellungsrecht für den deutschen Rechtskreis geschaffen, damals mißverständlich noch „Berichtigung" genannt[4]. Ist gem. § 11 RPG in einer periodischen Druckschrift eine Tatsache über eine „öffentliche Behörde" oder eine Privatperson mitgeteilt worden, so haben die „Beteiligten" einen Anspruch auf „Berichtigung" gegen den verantwortlichen Redakteur. Die Berichtigung darf keinen strafbaren Inhalt haben und muß sich auf tatsächliche Angaben beschränken. Sie erfolgt unter gewissen Voraussetzungen kostenfrei. Ebenso unterliegt die Geltendmachung des Anspruchs im einzelnen formellen Beschränkungen. Die neuen Landespressegesetze in der BRD gehen im wesentlichen auf diese Regelungen zurück.

Die Entwicklung des Gegendarstellungsrechts hatte jedoch bereits kurz nach der Französischen Revolution begonnen und führte in Art. 11 des Französischen Pressegesetzes vom 25. März 1822 zur ersten Kodifizie-

---

[3a] Becher, aaO. S. 4; Burger, aaO. S. 40.

[4] RGBl. S. 65; vgl. die Fassung vom 28. Juni 1935: RGBl. I S. 839; Gesetzestext siehe Anhang Punkt A. 1. a).

rung[5]. Mit einigen Änderungen fand der Gedanke durch § 10 des Badischen Preßgesetzes vom 28. Dezember 1831 Eingang in das Deutsche Recht. Der wesentliche Unterschied zum französischen Vorbild bestand darin, daß nur noch Tatsachenbehauptungen zur Entgegnung berechtigten. Zudem mußte die Berichtigung „amtlich oder amtlich beglaubigt" sein. Es zeigte sich darin der charakteristische Ausfluß eines „staatlichen Reservatrechts[6]" durch „polizeistaatliche Bevormundung der Presse[7]", während die französische Regierung im Grundsatz dem Schutz des Individuums Vorrang einräumte. An die badische Regelung lehnten sich später in Grundzügen das Preußische Pressegesetz vom 12. Mai 1851 in § 26 sowie das Königlich Sächsische Pressegesetz vom 24. März 1870 in Art. 12 an.

b) Modellentwürfe für einen Persönlichkeits- und Ehrenschutz nach 1945

Alle Versuche der Bundesregierung, nach 1949 durch eine bundeseinheitliche Neuregelung § 11 RPG abzulösen, schlugen fehl.

1952 legte der Bundesinnenminister in Ausübung der Rahmenkompetenz des Bundes gem. Art. 72 und 75 Absatz 1 Ziffer 2 GG den Referentenentwurf eines „Gesetzes über das Pressewesen" vor, der in § 11 die „Presseberichtigung" behandelte[8]. Aus der amtlichen Begründung ergab sich, daß durch den Entwurf einige der bis dahin heftig diskutierten materiellen und prozessualen Streitfragen des geltenden § 11 RPG ausgeräumt werden sollten[9]. Obwohl die Presse trotz eigener Entwürfe den Grundsätzen der Regierungsvorlage im Prinzip zustimmte, gelangten die Arbeiten nicht über das parlamentarische Vorverfahren hinaus[10].

Ebenso scheiterte ein Versuch der Bundesregierung, im Rahmen eines Gesetzes zur „Neuordnung des zivilrechtlichen Persönlichkeits- und

---

[5] Später: Art. 13 Pressegesetz vom 29. Juli 1881, vgl. die ausführliche Darstellung bei Köbl, aaO. S. 19 ff.; Thies, aaO. S. 86 ff., jeweils m. w. N.

[6] Haentzschel, aaO. § 11 RPG Anm. 2.

[7] Löffler, Kommentar aaO. § 11 LPG Anm. II, 3.

[8] „Gesetz über das Pressewesen", Entwurf des Bundesministers des Innern, Bonn 1952. Vgl. zur Gesetzgebungskompetenz: Löffler in NJW 1972, 1313.

[9] Ebd. S. 30 (zu den Streitfragen gehörten u. a. die Rechtsnatur des Anspruchs sowie die gerichtliche Durchsetzung).

[10] § 10 Entwurf des Deutschen Journalistenverbandes; § 13 Entwurf des Gesamtverbandes der Deutschen Zeitungsverleger; vgl. Becher, aaO. S. 18/19.

Ehrenschutzes"[11] durch einen neugefaßten § 20 BGB ein umfassendes Entgegnungsrecht „für jedermann gegen jedermann[12]" einzuführen. Dieses Recht sollte gegenüber jeder Behauptung tatsächlicher Art bestehen, „welche geeignet ist, einen anderen in seiner Persönlichkeit zu beeinträchtigen". Bei der damaligen lückenhaften rechtlichen Regelung auf dem Rundfunksektor hätte es sich vornehmlich auf Hörfunk und Fernsehen ausgewirkt. Mit Recht lehnte die herrschende Meinung eine derartige Verallgemeinerung und Ausdehnung des Gegendarstellungsgedankens aus grundsätzlichen[13] und verfassungsrechtlichen Erwägungen[14] ab. Das gleiche parlamentarische Schicksal erlitten Initiativgesetzentwürfe der Parteien für ein Presserechtsrahmengesetz des Bundes[15].

Zur Zeit erarbeitet die Bundesregierung den Entwurf für ein neues Presserechtsrahmengesetz, das jedoch die Gegendarstellung kaum betreffen wird[16]. Mit einer Verabschiedung dürfte nicht vor Mitte 1973 zu rechnen sein.

2. Hörfunk und Fernsehen als Massenmedien

Die Bedeutung der Massenmedien hinsichtlich ihrer meinungsbildenden Kraft verschiebt sich zusehends. War bis vor wenigen Jahren noch die Presse der überragende Informationsträger, so geht diese Funktion in zunehmendem Maße auf den Rundfunk über. Heute kommt dem

---

[11] Regierungsvorlage vom 18. August 1959 (BT-Drucks. III/1237).

[12] Schüle, Gutachten aaO. S. 80.

[13] Löffler, Kommentar aaO. § 11 LPG Rdz. 177; Burger, aaO. S. 104; Greiff in NJW 1961, 97 ff. mit überzeugenden Ausführungen zur praktischen Undurchführbarkeit; Groß in ArchPR 1965, 521 und Grundzüge aaO. S. 102; Haase-Becher, aaO. S. 27; Köbl, aaO. S. 130 ff. mit ausführlicher Begründung; Löffler, Persönlichkeitsschutz aaO. S. 10; ebd., Arndt, aaO. 52 und Leiling, aaO. S. 28/29; a. M. Nipperdey, aaO. S. 28; Reinhardt, aaO. S. 9.

[14] Leinveber, aaO. S. 21 ff.; Löffler in ArchPR 1962, 229 und in UFITA Bd. 30 (1960) S. 69, 80; Schüle, Gutachten aaO. S. 81 ff. mit ausführlichen Nachweisen; a. M. Weitnauer, aaO. S. 48.

[15] FDP (§ 7) vom 8. Januar 1964, BT-Drucksache IV/1814; SPD (§ 8) vom 20. Januar 1964, BT-Drucksache IV/1849.

[16] Vgl. AfP 1/71 S. 42 und AfP 3/71 S. 143. Nach einer Auskunft des Bundesministers des Innern vom 3. Juni 1971 wird sich die neue Regelung „eng an die bestehenden Vorschriften in den Landespressegesetzen anlehnen und wie dort nur Tatsachenbehauptungen erfassen. Sie wird als Pauschalvorschrift den Ländern das Nähere über Inhalt, Voraussetzungen und Umfang sowie die Durchsetzbarkeit des Anspruchs überlassen".

Hörfunk als akustischem sowie dem Fernsehen als audiovisuellem Massenkommunikationsmittel bereits eine überragende Bedeutung zu[17].

a) Abgrenzung zur Presse

Der Rundfunk spricht einen sehr großen Teilnehmerkreis auf Landes- oder Bundesebene an, vergleichbar nur den überregionalen Massenblättern. Der einzelne Zuhörer oder Zuschauer hat dabei nicht die Möglichkeit, den Wahrheitsgehalt der Sendungen im gleichen Medium, etwa in einem Konkurrenzprogramm zu überprüfen. *Bappert-Selbherr* weisen zu Recht darauf hin, daß Hörfunk und Fernsehen im Gegensatz zur Presse als relativ glaubwürdige Medien gelten, da man ihnen wegen ihrer öffentlich-rechtlichen Organisationsform einen gewissen „halbamtlichen Charakter" beimißt[18]. Zudem sind das gehörte Wort oder das gesehene Bild im Gegensatz zu gedruckten Erzeugnissen nicht reproduzierbar. *Greiff* meint fälschlicherweise, hieraus auf eine geringere Gefährlichkeit schließen zu können[19]. Das aber ist nicht der Fall. Ein einmal gewonnener Eindruck kann nämlich nicht durch erneutes Heranziehen der Informationsquelle nachgeprüft werden; er verblaßt schnell, läßt aber einen Informationskern zurück, auf dem sich eine möglicherweise einseitige Meinung aufbaut. Vor allem darin liegt die Gefahr, die aus einem Mißbrauch dieser Medien resultieren kann.

b) Übertragung der „ratio legis" des Gegendarstellungsanspruchs auf Hörfunk und Fernsehen

Eine bloß öffentlich-rechtliche Organisationsform der deutschen Rundfunkanstalten allein gewährleistet ebensowenig die erforderliche Objektivität in der Information sowie die Ausgewogenheit in der Darstellung wie eine privatwirtschaftlich organiserte Presse diese Ziele mißachtet. Man kann daher auch nicht *Greiff* zustimmen, der 1950 den Rundfunkanstalten die Objektivität einer Behörde beimessen und dem-

---

[17] Gesamtzahl der gebührenpflichtigen Teilnehmer (in Millionen): Hörfunk 19,2, Fernsehen 17,2. Vgl. Pressemitteilungen des Bundesministeriums für das Post- und Fernmeldewesen, Bonn 15. Februar 1973. – Demgegenüber verzeichnet die Presse folgende Auflagen (in Millionen Exemplaren): Tageszeitungen ca. 22, Zeitschriften ca. 80, Kundenzeitschriften ca. 16. Vgl. IVW-Auflagenliste für das IV. Quartal 1972, Bonn März 1973.

[18] aaO. S. 564; vgl. zur geschichtlichen Entwicklung des deutschen Rundfunk wesens die gedrängte Zusammenfassung bei L ö f f l e r, Kommentar, aaO.; § 25 LPG Rdz. 22 ff.

[19] NJW 1950, 241; eingeschränkt in NJW 1950, 761, 764.

gemäß die Kontrolle des Rundfunkrates und eine Disziplinaraufsicht genügen lassen wollte[20]. Schon die häufigen Zwischenfälle um kritische Magazinsendungen im Fernsehen – wie z. B. „Monitor", „Panorama" und „Report" – beweisen, daß sich auch bei öffentlich-rechtlichen Institutionen die Objektivität nicht allein aus dem journalistischen Ethos ergibt.

Gegenüber Hörfunk und Fernsehen bot sich daher in noch stärkerem Maße als gegenüber der Presse der Gegendarstellungsanspruch an. Dieser Anspruch kann – im Gegensatz zu „vergleichbaren" Ansprüchen des BGB – dem Betroffenen zügig Rechtsschutz vermitteln. Die Grundgedanken, die seinerzeit zur Schaffung des Gegendarstellungsrechts in § 11 RPG führten, müßten also, möglicherweise modifiziert, auf Hörfunk und Fernsehen übertragen werden[21]. Presse und Rundfunk genießen verfassungsrechtlich gem. Art. 5 Abs. 1 Satz 2 GG die gleichen Privilegien und sie unterliegen den gleichen „funktionsbezogenen Einschränkungen"[22]. Übereinstimmend wurde daher bereits vor Inkrafttreten der Landespressegesetze oder vergleichbarer spezieller gesetzlicher Bestimmungen die Notwendigkeit eines Gegendarstellungsanspruchs in Hörfunk und Fernsehen anerkannt, z. T. unter ausdrücklicher Ablehnung der obigen Ansicht von *Greiff*[23].

Im presserechtlichen Bereich verfügt das Gegendarstellungsrecht über eine fast hundertjährige, gefestigte Tradition, während der Anspruch in Hörfunk und Fernsehen überwiegend erst seit wenigen Jahren kodifiziert ist. Bei der Presse scheint sich der Anspruch „eingespielt" zu haben, in Hörfunk und Fernsehen hat er dagegen bisher nur eine sehr geringe Resonanz erlangt[24]. So gingen im Jahre 1970 bei den deutschen Rundfunkanstalten (9 Anstalten der ARD, 2 Bundesanstalten sowie dem ZDF) insgesamt 34 Verlangen ein, eine Gegendarstellung aus-

---

[20] NJW 1950, 761, 764.

[21] Vgl. im einzelnen zu den materiellen Fragen unten Punkt C.

[22] v. Gamm, Massenmedien, aaO., S. 3; vgl. BVerfGE 12, 205 ff = UFITA Bd. 34 (1961) S. 46 ff. (Fernsehurteil); unter Bezugnahme hierauf BVerfG NJW 1971, 1739; vgl. zur internen Organisation der deutschen Rundfunkanstalten Löffler, Kommentar aaO. § 25 LPG Rdz. 27 ff.

[23] Löffler, Kommentar aaO. § 25 LPG Rdz. 12; Scheer, aaO. § 25 nds. PresseG Erl. B II; Bappert-Selbherr, aaO. S. 564/565; Haase-Becher, aaO. S. 25; Koebel in NJW 1963, 790, 792; Köbl, aaO. S. 122; Wenzel Recht, aaO. S. 240 ff. (aus dem fraglichen Gesichtspunkt einer Schadensminderungspflicht). Vgl. Erman-Weitnauer, Anh. zu § 12 BGB Anm. 7b.

[24] Löffler, Kommentar aaO. § 11 LPG Rdz. 80; ders. in NJW 1972, 2161; Haensel, aaO. S. 249; Kupke, aaO. S. 245.

zustrahlen. Lediglich 8 Ansprüche, d. h. knapp 25% entsprachen den gesetzlichen Erfordernissen und wurden auf entsprechende Weise ausgestrahlt[25]. Dieser Prozentsatz entspricht im wesentlichen auch dem der voraufgegangenen Jahre.

Die meisten geltend gemachten Ansprüche scheitern an der gesetzlichen Unklarheit sowie an den strengen Formerfordernissen, so daß von einem „Recht für jedermann" nicht die Rede sein kann. In der Öffentlichkeit mußte daher auch der Eindruck entstehen, das rundfunkrechtliche Gegendarstellungsrecht sei entweder ein „Kampfmittel für Interessenten — vor allem der Mächtigen und Reichen[26]", es sei „nicht vorhanden oder der besonderen Eigenart dieser Medien nicht angepaßt[27]" oder es führe einen „Dornröschenschlaf[28]". Dieser Eindruck entspricht auch der Tatsache, was vor allem wegen der Bedeutung von Hörfunk und Fernsehen sowie auf Grund der Tatsache bedenklich ist, daß andere Ansprüche zur Erfüllung dieses speziellen Zwecks ungeeignet sind. Eine Lösung liegt gewiß nicht in den seitens der ARD aufgestellten und unveröffentlichten „Empfehlungen für die einheitliche Handhabung des Gegendarstellungsrechts innerhalb der ARD" vom 16. April 1967[29]. Diese mögen zwar in der Praxis zu befriedigenden Regelungen führen. Sie entbinden den Gesetzgeber und die Rechtsprechung aber nicht von der Verpflichtung, ein gesetzlich abgesichertes, transparentes und praktikables Gegendarstellungsrecht für Hörfunk und Fernsehen zu schaffen.

---

[25] Umfrage des Verf. von April/Mai 1971. Beim ZDF gingen in den ersten sieben Jahren seines Bestehens insgesamt überhaupt nur 14 Gegendarstellungsverlangen ein, von denen nur 1 Verlangen begründet war (7 aus gewerblichen Unternehmen, 2 aus Verbänden und 5 von Privatpersonen).

[26] „Der Spiegel" 18/71 S. 56/57.

[27] „Die Zeit" 15/71 S. 54.

[28] Gerhardt in FAZ vom 9. Januar 1971. Vgl. auch Kriewitz in Stuttgarter Zeitung vom 20. März 1971 mit einer aufschlußreichen Umfrage unter Moderatoren politischer Fernseh-Magazine.

[29] Vgl. Punkt 3: „Soweit programmlich vertretbar, soll darauf hingewirkt werden, daß an Stelle einer förmlichen Gegendarstellung der Standpunkt des Betroffenen in anderer Weise zur Geltung gebracht wird, beispielsweise durch ein Interview oder durch Beteiligung des Betroffenen an einer Diskussion." In diesem Zusammenhang existieren seitens der ARD Bestrebungen, ähnlich der Leserbriefspalte in der Presse, auch im Rundfunk Programme für kritische Anliegen und Beschwerden einzurichten.

B) Rechtliche Grundlagen

1. Gesetzgebungskompetenzen von Bund und Ländern

Das deutsche Rundfunkwesen ist grundsätzlich föderalistisch geregelt[30]. Das GG erwähnt den Rundfunk lediglich in Art. 5; eine der Presse entsprechende Rahmenkompetenz des Bundes gem. Art. 75 Abs. 1 Ziff. 2 GG existiert nicht. Da eine ausdehnende Auslegung der Art. 73 ff. GG unzulässig ist, fallen rundfunkrechtliche Fragen gem. Art. 30 und 70 Abs. 1 GG unbestritten in die Zuständigkeit der Länder. Das BVerfG unterscheidet daher auch in seinem „Fernsehurteil" zwischen der sendetechnischen Zuständigkeit des Bundes und der mehr auf kulturellem Gebiet liegenden Programmgestaltung der Länder[31]. Diese haben von der ihnen zustehenden Befugnis zwar heute ausnahmslos Gebrauch gemacht, die Materie der Gegendarstellung jedoch keinesfalls einheitlich geregelt, wie es im Interesse der Betroffenen wünschenswert gewesen wäre. Aus dieser gesetzestechnischen Nachlässigkeit ergeben sich zahlreiche, vermeidbare Probleme.

2. Bundesgesetzliche Regelung

Gem. Art. 73 Ziff. 1 GG steht dem Bund die ausschließliche Gesetzgebungskompetenz in auswärtigen Angelegenheiten zu. Seiner Zuständigkeit unterlag daher die Errichtung der beiden gemeinnützigen Anstalten des öffenltichen Rechts „Deutschlandfunk" (DLF) und „Deutsche Welle" (DW). Der DLF sendet auf Mittel- und Langwelle Informationen in europäischen Sprachen für das europäische Ausalnd, die DW informiert auf Kurzwelle in Richtprogrammen das außereuropäische Ausland in allen bedeutenden Weltsprachen.

Die Errichtung beider Anstalten erfogIte durch das „Gesetz über die Errichtung von Rundfunkanstalten des Bundesrechts" vom 22. November 1960[32]. Die in § 25 dieses Gesetzes getroffene Regelung über die

---

[30] Die amerikanischen Informationssender „RIAS Berlin" sowie „Radio Free Europe" und „Radio Liberty" (beide in München) bleiben bei den folgenden Erörterungen außer Betracht; gleiches gilt für die Soldatensender der amerikanischen, britischen und kanadischen Stationierungsstreitkräfte sowie für den französischen Werbesender „Europe 1" (Saarbrücken).

[31] BVerfGE 12, 205 ff. = UFITA Bd. 34 (1961) S. 46 ff. (Fernsehurteil). Vgl. Löffler, Kommentar, aaO. § 25 LPG Rdz. 12 und 26; Bappert-Selbherr, aaO. S. 565; Groß in ArchPR 1965, 521 und Grundzüge, aaO. S. 102/103; Haase-Becher, aaO. S. 29 ff. m. w. N.

[32] BGBl. I S. 862.

Gegendarstellung kann als vorbildlich bezeichnet werden, da sie kaum Platz für unterschiedliche Auslegungen und Streitfragen läßt[33].

3. Landesgesetzliche Regelungen

Die Errichtung der deutschen Rundfunkanstalten erfolgte teils durch Staatsverträge (ZDF, NDR und SWF) und teils durch besondere Landesgesetze. Die verschiedenartige Entstehungsgeschichte der einzelnen Anstalten sowie die Tatsache, daß sich die Sendebereiche – wie z. B. beim SDR/SWF – nicht immer mit dem Landesgebiet decken, hat dazu geführt, daß sich auch hinsichtlich des Gegendarstellungsrechts ein „buntscheckiges" Bild ergibt[34]. Seit jeher ist das Gegendarstellungsrecht im Rundfunk ein Stiefkind der allgemeinen Rechtsentwicklung gewesen. Es findet sich entweder in den Staatsverträgen (ZDF und SWF) sowie den speziellen Rundfunkgesetzen (BR, SDR, SR) oder auch durch eine Verweisungsnorm im Rundfunkgesetz (HR), in der Satzung der Anstalt (WDR) oder in dem für das Sendegebiet geltenden Landespressegesetz selbst (NDR, RB und SFB). Der Zusammenschluß der Landes- und Bundesrundfunkanstalten (außer ZDF) in der ARD vermochte trotz § 2 der ARD-Satzung nicht die erwünschte Einheitlichkeit herbeizuführen[35].

Bedauerlicherweise haben aber auch die Länder als zuständige Gesetzgeber im Bereich von Hörfunk und Fernsehen nicht die Möglichkeit genutzt, einheitlich den presserechtlichen § 11 des Modellentwurfs der Ständigen Konferenz der Innenminister der Länder entsprechend für anwendbar zu erklären[36]. Für die Presse haben sie diesen Entwurf dagegen trotz einiger Abweichungen grundsätzlich übereinstimmend übernommen. Diese Zersplitterung ist ein weiterer Grund dafür, daß sich der Gegendarstellungsanspruch bei Hörfunk- und Fern-

---

[33] Dennoch sind Gegendarstellungen bei beiden Anstalten noch niemals relevant geworden. Vgl. Gesetzestext im Anhang Punkt A. 1. b).

[34] Bappert-Selbherr, aaO. S. 565. Vgl. allgemein Greiff in NJW 1950, 761; Haensel, aaO. S. 245 ff.

[35] Satzung der Arbeitsgemeinschaft der öffentlich-rechtlichen Rundfunkanstalten der Bundesrepublik Deutschland (ARD) vom 9./10. Juni 1950 i. d. F. vom 7. Juni 1962; vgl. Lehr-Berg, aaO. Text R 6.1.

[36] Modellentwurf für ein Landespressegesetz der Ständigen Konferenz der Innenminister der Länder vom 3. Januar und 1. Februar 1963; § 11: Gegendarstellungsanspruch. Abgedruckt z. B. in ArchPR 1963, 329. Zitiert: Modellentwurf. Gesetzestext vgl. Anhang Punkt A. 1. c). Niedersachsen und Schleswig-Holstein u. a. haben diese Verweisung zwar vorgenommen, betonen aber ausdrücklich ihren provisorischen Charakter („bis auf weiteres!").

sehsendungen bislang kaum durchsetzen konnte[37]. Nur die Länder selbst könnten auf Grund ihrer Gesetzgebungskompetenzen eine einheitliche Regelung herbeiführen.

a) Rechtsanalogie zur „Lückenschließung"

Angesichts der uneinheitlichen Regelung bei den einzelnen Rundfunkanstalten erhebt sich die Frage, inwieweit bestehende „Lücken" des Gegendarstellungsanspruchs durch Analogie zu den entsprechenden presserechtlichen Bestimmungen geschlossen werden können. Vor allem die Probleme der Aktiv- und Passivlegitimation, des Wahrheitsgehaltes der beanstandeten Äußerung sowie der gerichtlichen Durchsetzung des Anspruchs haben in einigen Bestimmungen nur eine Teilregelung erfahren.

Im Anschluß an die herrschende Meinung lassen sich bestehende „Lücken" durch Anwendung einer Rechtsanalogie zu den entsprechenden Vorschriften des Presserechts durch Ergänzung und Auslegung schließen, da der Grundgedanke des Anspruchs wegen der „gleichgelagerten Interessenlage" bei Presse und Rundfunk der gleiche ist[38]. Dies kann jedoch naturgemäß nur dort gelten, wo die rundfunkrechtliche Regelung nicht ausdrücklich etwas anderes bestimmt. Eine Gesetzesanalogie, wie sie von *Scholz* vorgeschlagen wird, verbietet sich wegen der Verschiedenheit beider Massenmedien[39]. Man muß sich jedoch bewußt sein, daß sich manche Formalien nur schwerlich sinngemäß oder entsprechend auf den Rundfunk übertragen lassen, da sie pressetypisch sind.

---

[37] Vgl. Haensel, aaO. S. 249; Kupke, aaO. S. 245, der richtigerweise fordert, die Vorschriften über die Gegendarstellung einheitlich in den Rundfunkgesetzen bzw. den diesen gleichstehenden Staatsverträgen zusammenzufassen. Vgl. auch oben Punkt A. 2. b). Wie unten darzustellen sein wird, ergeben sich bisweilen Probleme des Internationalen Privatrechts. Köbl, aaO., S. 122.

[38] Erman, Kommentar, aaO. Anhang zu § 12 BGB Anm. 7b; Löffler, Kommentar aaO. § 11 LPG Rdz. 176; Keller, aaO. S. 930; Thies, aaO. S. 116/117. Vgl. Burger, aaO. S. 137. Ähnlich, allerdings noch von der früheren Rechtslage ausgehend: Bappert-Selbher, aaO. S. 568; ergänzend dazu mit einer interessanten verfassungsrechtlichen Begründung: Beyer, aaO. S. 582/583; Koebel in NJW 1963, 790, 792. Vgl. Thies, aaO. S. 116.

[39] Scholz, aaO. S. 340; Koebel in NJW 1963, 790, 792. Vgl. oben Punkt A. 2. a) und b).

b) Zweites Deutsches Fernsehen

Für den Bereich des Zweiten Deutschen Fernsehens (ZDF) ist der Gegendarstellungsanspruch in § 4 des Staatsvertrages geregelt[40]. Er deckt sich grundsätzlich mit § 11 des Modellentwurfs sowie dem entsprechenden § 25 für die Bundesrundfunkanstalten. Diese Bestimmung kann, abgesehen von der unklaren Regelung über die gerichtliche Durchsetzbarkeit, im wesentlichen als vorbildlich bezeichnet werden.

c) Rundfunkanstalten nach Landesrecht

aa) *Bayerischer Rundfunk*

Für den Bayerischen Rundfunk (BR) ist der Gegendarstellungsanspruch in Art. 17 des Rundfunkgesetzes verankert, dessen Fassung im wesentlichen der ZDF-Regelung entspricht. Durch ein politisch umstrittenes Änderungsgesetz wurde Anfang 1972 das Verfahren bei Einreichung einer Gegendarstellung gesetzlich fixiert. Zusätzlich wurde in Art. 19 a ein Beschwerderecht eingeführt. Art. 18 droht dem Intendanten eine Geld- oder Haftstrafe für den Fall an, daß er die „gewährleistete Verbreitung" der Gegendarstellung verweigert[41]. Diese wirkungslose und daher überflüssige Strafsanktion kann nur als Relikt des früheren § 19 RPG verstanden werden.

bb) *Hessischer Rundfunk*

Im Bereich des Hessischen Rundfunks (HR) stehen sich § 3 Ziffer 8 und 9 des Rundfunkgesetzes sowie § 10 des Hessischen Pressegesetzes gegenüber[42]: § 3 Ziffer 9 des Rundfunkgesetzes bestimmt, daß eine

---

[40] Bekanntmachung des Staatsvertrages über die Errichtung der Anstalt „Zweites Deutsches Fernsehen" vom 6. Juni 1961. Abgedruckt z. B. in GV NW S. 269. Gesetzestext vgl. Anhang Punkt A. 1. b). Für die Ersten und Dritten Fernsehprogramme der ARD-Anstalten gilt die jeweilige rundfunkrechtliche Regelung.

[41] Gesetz über die Errichtung einer Anstalt des öffentlichen Rechts „Der Bayerische Rundfunk" vom 10. August 1948 i. d. F. der Bekanntmachung vom 22. Dezember 1959 (Bay. GVBl. S. 314), zuletzt geändert durch Gesetz vom 1. März 1972 (Bay. GVBl. S. 59). Vgl. Anhang Punkt A. 1. b). Vgl. auch Bay. LT-Drucks. 7/1860 vom 21. Januar 1972, die Darstellung in FuR 1972, 115 ff. sowie v. Dewall in FuR 1972, 129.

[42] Gesetz über den Hessischen Rundfunk vom 20. Oktober 1948 (Hess. GVBl. S. 123) i. d. F. des Gesetzes zur Bereinigung des Hessischen Landesrechts vom 6. Februar 1962 (Hess. GVBl. S. 21). Hessisches Gesetz über Freiheit und Recht der Presse vom 20. November 1958 (Hess. GVBl. S. 183). Vgl. Anhang Punkt A. 1. c).

„unwahre Behauptung ... auf Verlangen einer beteiligten Behörde oder Privatperson zu berichtigen" sei und verweist gleichzeitig auf § 10 LPG, der wiederum – unter Weglassung einiger Tatbestandsmerkmale – dem Modellentwurf ähnelt. Man wird dennoch aus dem Sinn und Zweck der gesetzlichen Regelung sowie der geschichtlichen Entwicklung davon ausgehen müssen, daß auch für den Hessischen Rundfunk eine allgemeine Gegendarstellung und nicht bloß eine Berichtigung unwahrer Behauptungen besteht[43]. Eine andere Auslegung, die sich formaljuristisch am Wortlaut orientiert, kann nicht dem Willen des Gesetzgebers entsprechen, der ausdrücklich fordert, § 10 LPG sei sinngemäß anzuwenden.

cc) *Norddeutscher Rundfunk*

Für den Sendebereich des Norddeutschen Rundfunks (NDR) ist die Gegendarstellung in den Landespressegesetzen der Vertragspartner des Staatsvertrages geregelt[44]. § 11 hamb. PresseG verweist für die Gegendarstellung in Abs. 6 ausdrücklich auf Sendungen des NDR und eine entsprechende Anwendung der Abs. 1 bis 5, während Niedersachsen diese Verweisung durch § 25 Abs. 2 i. V. m. § 11 nds. PresseG und Schleswig-Holstein durch § 25 Abs. 1 i. V. m. § 11 schl.-holst. PresseG vornimmt[45]. Auch diese Bestimmungen gehen vom Modellentwurf aus[46]. *Bappert-Selbherr* ist jedoch zuzustimmen, daß die Regelungen in Niedersachsen und Schleswig-Holstein „praktisch ohne Bedeutung" sind[47], denn beide Länder bilden zusammen mit der Freien und Hansestadt Hamburg den durch Staatsvertrag errichteten NDR; sie verfügen also über keine eigenen, selbständigen Rundfunkanstalten innerhalb ihrer Landesgrenzen. Eine Gegendarstellung richtet sich daher immer gegen

---

[43] So Kupke, aaO. S. 242/243 mit ausführlicher Begründung; a. M. Bappert-Selbherr, aaO. S. 565/566; Haensel, aaO. S. 248; vgl. Greiff in NJW 1950, 761, 762 ff.

[44] Staatsvertrag über den Norddeutschen Rundfunk zwischen den Ländern Freie und Hansestadt Hamburg, Niedersachsen und Schleswig-Holstein vom 16. Februar 1955 (Hamb. GVBl. S. 197; Nds. GVBl. S. 167; GVBl. Schl.-H. S. 92).

[45] Hamburgisches Pressegesetz vom 29. Januar 1965 (Hamb. GVBl. S. 15); Niedersächsisches Pressegesetz vom 22. 3. 1965 (Nds. GVBl. A Nr. 4 S. 9); Gesetz über die Presse (Landespressegesetz) vom 19. Juni 1964 (GVBl. Schl.-H. S. 71).

[46] Vgl. Anhang Punkt A. 1. c).

[47] Bappert-Selbherr, aaO. S. 567/568; ihm folgend Haensel, aaO. S. 247; Keller, aaO. S. 930. A. A. Kupke, aaO. S. 240, der die rechtliche Stellung der Landesstudios falsch einschätzt. Vgl. aber unten Punkt D. 5. c) „Interlokales Recht".

den NDR mit seinem Sitz in Hamburg (§ 2 Abs. 1 des Staatsvertrages). Auch die Landesstudios Kiel und Hannover des NDR sind trotz selbst produzierter Regionalprogramme lediglich „Zweigstellen“ im Sinne des Staatsvertrages (§ 2 Abs. 2).

dd) *Radio Bremen*

Für Radio Bremen (RB) war die Gegendarstellung ursprünglich in völlig unzureichender Form durch § 2 Abs. 8 Satz 2 des Rundfunkgesetzes geregelt: „Der Gegenseite ist die Möglichkeit einer sachlichen Entgegnung oder Rechtfertigung zu geben und zwar zu gleicher Sendezeit und bei gleicher Sendedauer.“[48] Diese Bestimmung kann gemäß § 25 Abs. 2 i. V. m. § 11 brem. PresseG als überholt angesehen werden, die sich am Modellentwurf orientieren[49].

ee) *Saarländischer Rundfunk*

§ 2 des Rundfunkgesetzes bestimmt für den Saarländischen Rundfunk (SR) die entsprechende Geltung der „landesrechtlichen Bestimmungen über die Rechte und Pflichten der Presse“[50]. Es greift somit § 11 des Landespressegesetzes ein, der dem Modellentwurf nachgeformt ist[51].

ff) *Sender Freies Berlin*

Ähnlich der Regelung in Hamburg erklärt § 10 Abs. 6 des Berliner Pressegesetzes für den Bereich des Senders Freies Berlin (SFB) die Art. 1 bis 5 der Vorschrift für entsprechend anwendbar[52]. Die Bestimmung ist ähnlich klar wie die entsprechende Regelung für die Bundesrundfunkanstalten.

gg) *Süddeutscher Rundfunk*

Eine völlig unbefriedigende Gegendarstellungsregelung gilt für den Süddeutschen Rundfunk (SDR). Gemäß § 2 Abs. 4 Ziff. 8 Satz 2 des

---

[48] Gesetz über die Errichtung und Aufgaben einer Anstalt des öffentlichen Rechts „Radio Bremen“ vom 22. November 1948 (Brem. GBl. S. 225) i. d. F. vom 9. September 1969 (aaO. S. 105).

[49] Gesetz über die Presse (Pressegesetz) vom 16. März 1965 (Brem. GBl. S. 63). Vgl. Anhang Punkt A. 1. c).

[50] Gesetz Nr. 806 über die Veranstaltung von Rundfunksendungen im Saarland (GVRS vom 2. Dezember 1964, Amtsbl. Saar S. 1111) i. d. F. der Bekanntmachung vom 1. August 1968 (Amtsbl. Saar S. 302).

[51] Saarländisches Pressegesetz, Gesetz Nr. 817 vom 12. Mai 1965 (Amtsbl. Saar S. 409). Vgl. Anhang Punkt A. 1. c).

[52] Berliner Pressegesetz vom 15. Juni 1965 (Berl. GVBl. S. 744). Vgl. Anhang Punkt A. 1. b).

Rundfunkgesetzes[53] hat der SDR „der Regierung und allen ... kritisierten Persönlichkeiten, Amtsstellen und Organisationen das Recht zu sichern, sich zu gleichwertiger Sendezeit und in angemessener Weise gegen ... Angriffe zu verteidigen oder verteidigen zu lassen". § 25 Abs. 1 des für das Sendegebiet des SDR (Nordbaden und Nordwürttemberg) geltenden bad.-württ. PresseG schließt den Gegendarstellungsanspruch für den Rundfunk ausdrücklich aus[54]. Eine praktikable gesetzliche Regelung besteht für den SDR somit nicht.

Angesichts dieser Tatsache hat der Intendant des SDR auf Empfehlung des Rundfunkrates „Richtlinien" zur Gegendarstellung erlassen, die in großen Teilen der ZDF-Regelung entsprechen[55]. Allerdings wird ein berechtigtes Interesse entgegen dem Grundgedanken der Gegendarstellung vor allem bei unrichtigen Tatsachen angenommen. Ferner befassen sich die Richtlinien entgegen allen anderen Regelungen mit der Frage einer bildmäßigen Gegendarstellung. Die Richtlinien stellen zwar einen Fortschritt gegenüber dem Rundfunkgesetz dar, viele Unklarheiten bleiben aber bestehen. Man sollte schließlich auch nicht übersehen, daß die „Richtlinien" keine rechtsverbindliche Kraft besitzen. Da eine gesetzliche Regelung des Gegendarstellungsrechts somit weiterhin fehlt, fehlt es auch an einem einklagbaren Anspruch. Es gelten daher die für die anderen Anstalten gültigen Grundsätze analog.

hh) *Südwestfunk*

Das Sendegebiet des Südwestfunks (SWF) deckt sich mit den Landesgrenzen von Rheinland-Pfalz, umfaßt aber auch die früheren Länder Baden und Württemberg-Hohenzollern. Für Nordbaden und Nordwürttemberg ist dagegen der SDR zuständig. Dennoch greift über die Verweisung des § 24 Abs. 1 rh.-pf. PresseG nicht der § 11 dieses Gesetzes ein[56], sondern § 7 des Staatsvertrages[57]. Dies ergibt sich entweder

---

[53] Gesetz Nr. 1096 – Rundfunkgesetz – vom 21. November 1950 i. d. F. des Gesetzes Nr. 1113 vom 2. August 1951 (Württ.-Bad. Reg.-Bl. 1951 S. 1).

[54] Gesetz über die Freiheit der Presse (Pressegesetz) vom 14. Januar 1964 (GBl. Bad.-Württ. S. 11).

[55] Richtlinien betr. Gegendarstellung in Hörfunk und Fernsehen des SDR; Stuttgart, den 18. Januar 1967. Vgl. Text Anhang Punkt A 1. d). Im Schrifttum wurde die Existenz dieser Richtlinien bislang nicht erwähnt.

[56] Landesgesetz über die Presse (Landespressegesetz) vom 14. Juni 1965 (Rh.-Pf. GVBl. S. 107). Vgl. Anhang Punkt A. 1. c).

[57] Staatsvertrag über den Südwestfunk vom 27. August 1951 i. d. F. vom 22. April 1952 (Rh.-Pf. GVBl. S. 71; Baden. GVBl. S. 40) und i. d. F. vom 16. März 1959 (GBl. Bad.-Württ. S. 56; Rh.-Pf. GVBl. S. 109). Vgl. Text Anhang Punkt A. 1. e). § 7 des Staatsvertrages basiert auf Art. 10 der „Verordnung

bereits aus der ausdrücklichen Erwähnung des „Südwestfunks“ als Anspruchsverpflichtetem, möglicherweise aber auch aus Gesichtspunkten des Interlokalen Rechts. Obwohl sich der Anspruch nach dem Gesetz nur gegen „wahrheitswidrige“ Nachrichten oder Tatsachen richtet, kann diese Bestimmung als klare Gegendarstellungsregelung angesprochen werden. § 11 RPG ist zwar nur als Folgeverweisung anzusehen; dennoch gelten die beim HR angestellten Überlegungen, soweit in diesem Fall nicht klare Regelungen getroffen wurden[58].

ii) *Westdeutscher Rundfunk*

Für den Westdeutschen Rundfunk (WDR) galt bis zum Inkrafttreten des Landespressegesetzes unter Hinweis auf § 11 RPG die Bestimmung, daß „unrichtige Behauptungen ... auf Verlangen einer Person oder Personenmehrheit, die in ihren Rechten verletzt ist, berichtigt werden“ sollen (§ 3 Abs. 2 Satzung des WDR). Heute bestimmt § 3 Abs. 2 dieser Satzung, daß gemäß § 26 Abs. 1 und 2 LPG der § 11 des Landespressegesetzes eingreift[59]. Diese Regelung ist unproblematisch; sie entspricht dem Modellentwurf[60].

C. Materielle Einordnung

Seit Inkrafttreten des RPG sind die materiell-rechtlichen Fragen des Gegendarstellungsanspruchs von Lehre und Rechtsprechung eingehend erörtert werden. Heute besteht in allen wesentlichen Punkten Übereinstimmung. Selbst das Problem der Rechtsnatur des Anspruchs kann heute im Ergebnis als gelöst angesehen werden. Es soll daher im Rahmen dieser Arbeit lediglich versucht werden, die Entwicklung deutlich zu machen.

1. Formeller Charakter

Aus der Natur des Anspruchs, dem Betroffenen ohne Verzögerung durch die Klärung materieller Vorfragen die Gelegenheit zur Entgegnung zu vermitteln, folgt, daß es auf die Frage der objektiven Wahr-

---

der Franz. Mil.-Reg. Nr. 187 über die Errichtung des Südwestfunks“ (Journ. Offic. 1948 S. 1756).

[58] So Kupke, aaO. S. 244; a. A. Müller, aaO. S. 313. Vgl. oben Punkt B. 3. c) bb). Vgl. auch unten Punkt D. 5. c) (Interlokales Recht).

[59] Satzung des WDR in der geänderten Fassung vom 13. September 1966 (GVBl. NW S. 473). Pressegesetz für das Land Nordrhein-Westfalen (Landespressegesetz NW) vom 24. Mai 1966 (GV NW S. 340/SGV 2250).

[60] Vgl. Anhang Punkt A. 1. c).

heit in diesem Zusammenhang nicht ankommen darf. Das Gesetz läßt daher die formellen Voraussetzungen der Vorschrift ausreichen, um den Anspruch zu gewähren. Eine Beweisführung über die Frage der Wahrheit findet somit vor Entscheidungen über die Ausstrahlung einer Gegendarstellung in der Regel nicht statt[61]. Dieser formelle Charakter wurde im übrigen bereits gegenüber dem früheren § 11 RPG übereinstimmend bejaht, der in Wahrheit trotz seiner Bezeichnung keine objektive „Berichtigung", sondern ein subjektives „Richtigstellen" beinhaltete[62].

Es kann daher durchaus geschehen, daß Hörfunk oder Fernsehen eine objektiv richtige Tatsachenbehauptung auf Verlangen des Betroffenen in der von ihm geforderten – vielleicht auch objektiv falschen – Weise darstellen müssen. Damit ist jedoch noch nichts über den objektiven Wahrheitsgehalt dieser Äußerung gesagt, worauf die Sendeanstalten bei allen derartigen Gegendarstellungen zu Recht hinweisen. Denn trotz der presserechtlichen Gegendarstellung besteht in der Öffentlichkeit noch häufig der Eindruck, eine Gedenarstellung sei gleichbedeutend mit einem „Widerruf" oder gar einer „Berichtigung".

Hinsichtlich der Unwahrheit gilt jedoch eine wichtige Einschränkung. Enthält die Gegendarstellung ganz oder auch nur teilweise „offensichtliche oder gerichtsbekannte Unwahrheiten", so besteht kein Anspruch. An diese Definition sind jedoch notwendigerweise strenge Anforderungen zu stellen, da das formelle Recht des Betroffenen andernfalls zu leicht eingeengt werden könnte. Daher reicht auch die bloße Vermutung nicht aus, sondern die Gegendarstellung muß nachweisbar unrichtig sein[63].

---

[61] RGSt. 24, 278; BGH in NJW 1964, 1132, 1134 m. w. N.; zuletzt in NJW 1967, 562 m. w. N.; Erman-Weitnauer, aaO. Anhang zu § 12 BGB Anm. 7b; Löffler, Kommentar aaO. § 11 LPG Rdz. 37 und 38 mit vielen Nachweisen; Scheer, aaO. § 11 nds. PresseG Erl. A I; Burger, aaO. S. 50 („Vorfeld der Wahrheit"); Haible, aaO. S. 135; Köbl, aaO. S. 54/55; Thiele in DVBl. 1963, 905, 908; Uhlitz, aaO. S. 526/527.

[62] Born, aaO. S. 65; Haentzschel, aaO. § 11 RPG Anm. 3 m. w. N.; Kitzinger, Kommentar aaO. § 11 RPG Anm. I; v. Liszt, aaO. S. 94; Mannheim, aaO. § 11 RPG Anm. IV 3; vgl. Kloeppel, aaO. S. 239/240 m. w. N.; Ebner, aaO. S. 903; Kraehling, aaO. S. 38/39; Kroeger, aaO. S. 11 ff. m. w. N. ;Regensburger, aaO. S. 9; Reimann, aaO. S. 11 ff.; Schüssler, aaO. S. 13/14; Westphal, aaO. S. 28 ff.; Kritisch: Meves, aaO. S. 333 ff. Vgl. Löffler in BB 1956, 356, 357 m. w. N.; Neumann-Duesberg, Presseberichterstattung aaO. S. 2/3; Reumann, aaO. S. 8.

[63] Löffler, Kommentar aaO. § 11 LPG Rdz. 35, 39 und 89 mit vielen Nachweisen zu Lehre und Rechtsprechung. Vgl. BayObLG in NJW 1970, 1927,

Wegen dieser Schranke kann man selbst auch bei sehr kritischer Betrachtung das Gegendarstellungsrecht aber nicht als ein „Recht auf Lüge" bezeichnen, wenngleich sich Extremfälle konstruieren lassen, die das formelle Prinzip ad absurdum zu führen scheinen[64]. Wird nämlich vom Betroffenen die Ausstrahlung einer derart unwahren Gegendarstellung verlangt, kann sie vom Veranstalter der Sendung mit dem Einwand der unzulässigen Rechtsausübung zurückgewiesen werden. Auch dürfte in diesen Fällen ein „berechtigtes Interesse" des Betroffenen fehlen[65].

2. Rechtsnatur

Kaum ein anderes Problem des Gegendarstellungsrechts hat Lehre und Rechtsprechung in den vergangenen Jahrzehnten so sehr bewegt wie die Frage nach der Rechtsnatur. Unter diesem Oberbegriff lassen sich vor allem die Fragen nach der allgemeinen und dogmatischen Einordnung des Anspruchs als auch nach dem geschützten Rechtsgut erfassen. Auch hier sollen aus der fast unübersehbar gewordenen Literatur sowie aus der Fülle der verschiedenen Meinungen lediglich die Grundzüge herausgestellt werden. Obwohl heute in allen rundfunkrechtlichen Regelungen der Zivilrechtsweg entweder ausdrücklich oder analog eröffnet wird, bleibt für die Ausgestaltung des Anspruchs (z. B. eine mögliche Analogie zu presserechtlichen Bestimmungen) die Frage nach der Rechtsnatur weiterhin bedeutsam.

a) Öffentlich-rechtliche Theorie

Die Grundlage der Gegendarstellung kann entweder im öffentlichen oder privaten Recht gesehen werden. Aus der Entstehungsgeschichte

---

1929; OLG Stuttgart in BB 1963, 1199; OLG Köln in AfP 1972, 231; OLG Köln in UFITA Bd. 64 (1972) S. 333, 334: „Es kann den Publikationsorganen nicht zugemutet werden, sich in den Augen ihres Publikums der Lächerlichkeit preiszugeben, indem sie Darstellungen zu veröffentlichen gezwungen sind, deren Unrichtigkeit ..."; ähnlich in UFITA Bd. 64 (1972) S. 337. Vgl. auch LG Hamburg Urt. vom 8. März 1971 – 74 O 84/71 (unveröffentlicht) S. 41. Vgl. Gensior, aaO. S. 29; Koebel in NJW 1963, 790, 791; Reinhardt, aaO. S. 9 (zu § 20 Modellentwurf); Riewe, aaO. S. 252; Scholz, aaO. S. 335; Schultz, aaO. S. 321.

[64] So aber Kitzinger, Kommentar aaO. § 11 RPG Anm. I; ders. in ZStW 46 (1925) 111, 114/115. Einschränkend: Henrich, aaO. S. 3.

[65] Löffler, Kommentar aaO. § 11 LPG Rdz. 39 m. w. N.; Reh-Groß, aaO. § 10 hess. PresseG Anm. 4; Roeber-Alberding, aaO. § 11 nwPresseG Erl. 4; Scheer, aaO. § 11 nds. PresseG Erl. A I; Loeffler in BB 1956, 356, 357; Nipperdey, aaO. S. 28; zweifelnd: Thiele, Pressefreiheit, aaO. S. 53/54; ders., in DVBl. 1963, 908. Vgl. LG Berlin Urt. vom 29. April 1968 – 7.O. 39/68 (unveröffentlicht) S. 11 ff.

des § 11 RPG, der damals fehlenden Rechtswegregelung, der Aufzählung von „Behörden“ als Anspruchsberechtigten sowie der Strafsanktion des § 19 RPG wurde verschiedentlich geschlossen, der Anspruch habe öffentlich-rechtlichen Charakter. Diese zunächst von *Oetker* vertretene Ansicht[66] konnte sich jedoch nicht durchsetzen, da sie dem Wesen des Anspruchs nicht gerecht wurde[67]. *Köbl* ist allerdings noch heute der Meinung, der Anspruch sei grundsätzlich öffentlich-rechtlicher Natur, soweit nicht ausdrücklich der ordentliche Rechtsweg eröffnet werde. Dieser Auffassung kann nicht gefolgt werden, da sich bestehende Lücken in der Rechtswegverweisung durch Analogie schließen lassen[68].

b) Privatrechtliche Theorie

Allgemein aber kann heute nach Sinn und Zweck, der Formulierung der entsprechenden Vorschriften und der Anerkennung eines allgemeinen Persönlichkeitsrechts kaum noch ein Zweifel darüber bestehen, daß der Anspruch privatrechtlicher Natur ist. Begründet wurde diese Theorie durch die wegweisenden Ausführungen von *Kitzinger*[69]. Der Anspruch zielt nämlich in erster Linie auf den Schutz des durch eine Tatsachenbehauptung Betroffenen und erst an zweiter Stelle auf den Schutz des Interesses der Allgemeinheit an einer objektiven Berichterstattung durch die Massenmedien. Dieser Standpunkt wird heute übereinstimmend von Lehre und Rechtsprechung vertreten[70]. Zuständig sind daher die ordentlichen Gerichte. Dies gilt selbst in den Fäl-

---

[66] Oetker in DJZ 1909, 639 ff.; ders., in GS 68 (1906) 320, 321 ff.; zustimmend Westphal, aaO. S. 28 ff.

[67] Vertreten u. a. von Haentzschel, aaO. § 11 RPG Anm. 1 und 2; Ebner, aaO. S. 903; Kröger, aaO. S. 16 ff. m. w. N.; Schüssler, aaO. S. 1 („Störung der öffentlichen Ordnung“); vgl. Reimann, aaO. S. 11. Vgl. BGHZ 3, 270 = GRUR 1952; 412; OLG Frankfurt in NJW 1950, 270; Übersicht mit weiteren Hinweisen und Kritik: Löffler, Kommentar aaO. § 11 LPG Rdz. 27; Haase-Becher, aaO. S. 68 ff.; Köbl, aaO. S. 78 ff., S. 93 ff.; Thies, aaO. S. 97, 99/100.

[68] Vgl. oben Punkt B. 3. a). Köbl, aaO. S. 122 ff.; dagegen Haase-Becher, aaO. S. 72/73; vgl. Burger, aaO. S. 138 ff. Vgl. auch Müller, aaO. S. 314 ff m. w. N. zur Frage der öffentlich- bzw, privatrechtlichen Tätigkeit der Rundfunkanstalten; grundsätzlich zur allgemeinen Problematik auch Buri, aaO. m. w. N. und Fette, aaO. S. 2211.

[69] ZStW 27 (1907) 872 ff.; Kommentar aaO. § 11 RPG Anm. 1 S. 68 mit vielen Nachweisen. Schüssler, aaO. S. 7 ff. Köbl, aaO. S. 81 ff. zur Entwicklung m. w. N. Vgl. auch Held, aaO. S. 733.

[70] Löffler, Kommentar aaO. § 11 LPG Rdz. 21/22 mit umfangreichen Nachweisen; Palandt-Thomas, aaO. Einf. vor § 823 BGB Anm. 9b. Haible,

len, in denen diese Verweisung nicht ausdrücklich ausgesprochen ist. Auch der Gegendarstellungsanspruch gegen die öffentlich-rechtliche Tätigkeit der Rundfunkanstalten ist daher zivilrechtlich durchsetzbar.

c) Geschütztes Rechtsgut

Dennoch bleibt die Rechtsnatur „dieser Sonderkonstruktion, die weder im zivilen noch im öffentlichen Recht vergleichbare Parallelen besitzt", umstritten[71]. Vor allem zur Frage des geschützten Rechtsgutes haben Literatur und Rechtsprechung sehr verschiedene Ansichten entwickelt.

aa) *Vereinzelt gebliebene Lösungsversuche*

Von vorneherein mußten die Versuche zum Scheitern verurteilt sein, die den Anspruch nach den Grundsätzen über unerlaubte Handlungen (§§ 823 ff. BGB) oder über § 1004 BGB einordnen wollten, denn das Gegendarstellungsrecht setzt wesensmäßig eben kein objektiv rechtswidriges und schuldhaftes Handeln voraus[72]. Dies ergibt sich aus seiner formellen Natur[73]. Unabhängig davon ist jedoch ein Schadensersatz-, kein Erfüllungsanspruch gem. § 823 Abs. 2 BGB denkbar[74]. Auch der von *Neumann-Duesberg* erwähnte Weg, Treu und Glauben (§ 242 BGB) zur Begründung heranzuziehen, konnte sich nicht durchsetzen, da § 242 BGB keine selbständige Anspruchsgrundlage bildet[75].

Von diesen beiden Versuchen abgesehen, lassen sich die heute vertretenen Auffassungen im wesentlichen in drei Gruppen unterteilen. Es

---

aaO. S. 136 spricht fälschlich von der „gemischtrechtlichen Theorie" als der h. M.; ähnlich Schüle, Gutachten aaO. S. 81. Vgl. Haase-Becher, aaO. S. 73/74 m. w. N.

[71] Löffler, Kommentar aaO. § 11 LPG Rdz. 25. Vgl. für die folgenden Erörterungen die umfangreichen Ausführungen bei Haase-Becher, aaO. S. 74 ff., 165 ff und Köbl, aaO. S. 85 ff.

[72] Vgl. OLG Köln in NJW 1962, 48. Kritisch: BayObLG in NJW 1958, 1825; Groß in NJW 1963, 479; ders., in DVBl. 1963, 710; ders., in ArchPR 1965, 521; ders., in Grundzüge, aaO. S. 103/104; Haase-Becher, aaO. S. 75 m. w. N.; Scholler, aaO. S. 168/169.

[73] Vgl. oben Punkt C. 1.

[74] So schon Haentzschel, aaO. § 11 RPG Anm. 2 für die ältere Lehre. OLG Köln in NJW 1962, 1348; unentschieden OLG Frankfurt in NJW 1960, 2059, 2060; Löffler, Kommentar aaO. § 11 LPG Rdz. 28, 150 m. w. N.; Roeber-Alberding, aaO. § 11 nw. PresseG Vorbem. 3a); Neumann-Duesberg in NJW 1960, 2032, 2033/2034 Haible, aaO., S. 145; Uhlitz in NJW 1962, 526; Wenzel in JZ 1962, 112, 113/114; zweifelnd: Haase-Becher, aaO. S. 214 ff.

[75] 11. Arbeitstagung des Studienkreises für Presserecht und Pressefreiheit: DÖV 1962, 380.

handelt sich zunächst um diejenigen Meinungen, die die Rechtsgrundlage unmittelbar oder mittelbar in Art. 5 GG sehen. Andere versuchen, das Problem durch allgemeine Rechtsprinzipien zu erfassen, ohne diese jedoch eindeutig definieren zu können. Ihnen stehen schließlich diejenigen Theorien gegenüber, die ihre Basis in persönlichkeitsrechtlichen Erwägungen finden.

bb) *Lösungsversuche aus Art. 5 GG*

Zur ersten Gruppe zählen *Greiff* und *Groß*. Beide verfolgen ihre Ansichten konsequent, ohne jedoch in der Lehre Zustimmung gefunden zu haben. *Greiff* entnimmt aus der Freiheit der Berichterstattung gem. Art. 5 GG „die auf Wahrheit gerichtete Berichterstattungspflicht[76]" und nähert sich damit wieder der überholten öffentlich-rechtlichen Theorie. Er übersieht, daß das Interesse der Allgemeinheit erst in zweiter Linie vom Gegendarstellungsanspruch erfaßt wird und es entscheidender auf das betroffene Individuum ankommt[77]. Zudem existiert keine Pflicht der Massenmedien zur wahrheitsgemäßen Berichterstattung, wie auch grundsätzlich die Wahrheit als solche kein anerkanntes Rechtsgut darstellt[78].

Groß hingegen bezieht sich unter Anführung eines Urteils des BVerfG – das im übrigen seine Auffassung nicht zu tragen vermag[79] – unmittelbar auf Art. 5 Abs. 1 Satz 1 GG und bezeichnet den Gegendarstellungsanspruch als „besondere Ausprägung des Rechts der freien Meinungsäußerung", d. h. als immanente Grundrechtsschranke der Pressefreiheit[80]. Dem stehen jedoch sowohl die bewußte Beschränkung auf Tatsachen als auch die gesetzlich im einzelnen geregelten Veröffentlichungsformalitäten entgegen, die über den Rahmen des Art. 5 GG hinausreichen[81].

---

[76] NJW 1963, 1137, 1139; vgl. ders. in NJW 1961, 97, 98; ähnlich ders. in Anm. zu LG Mannheim in NJW 1956, 384, 385. Vgl. Burger, aaO. S. 103, der dies sogar als „rechtsethisches Prinzip" der Presse bezeichnet .

[77] Vgl. oben Punkt C. 2. b).

[78] Zur Kritik an Greiff.: Groß in DVBl. 1963, 710, 712; Haase-Becher, aaO. S. 166, S. 179/180 m. w. N.;; Köbl, aaO. S. 86/87; Scholler, aaO. S. 160/171 m. w. N.; vgl. auch Kraehling, aaO. S. 35 für § 11 RPG.

[79] BVerfGE 12, 113 ff. = UFITA Bd. 35 (1961) 1, 82 ff. (Schmid-Urteil).

[80] NJW 1963, 479, 480; ders. in DVBl. 1963, 710, 712 ff.; ders. in ArchPR 1965, 521, 522; ders. in Grundzüge, aaO. S. 105 ff. m. w. N. Vgl. Reh-Groß, aaO. § 10 hess. PresseG Anm. 2. Ohne Begründung: LG Mannheim in NJW 1956, 384 mit abl. Anm. Greiff ebd.

[81] Zur Kritik an Groß: Löffler, Kommentar aaO. § 11 LPG Rdz. 34. Greiff in NJW 1963, 1137, 1138; Haase-Becher, aaO. S. 167/168 m.

cc) *Lösungsversuche aus allgemeinen Rechtsprinzipien*

Zur Darstellung der Einzellösungsversuche an Hand allgemeiner Rechtsprinzipien kann auf die umfassende Übersicht und Kritik bei *Greiff* verwiesen werden[82]. Soweit sich die Verfasser auf das rechtliche Gehör im Sinne von Art. 103 Abs. 1 GG berufen, wird verkannt, daß ein solcher Anspruch nur gegenüber der öffentlichen Gewalt besteht. Soweit schließlich Begriffe wie „Waffengleichheit", „audiatur et altera pars", „Chancengleichheit" und ähnlich allgemeine Prinzipien aufgezählt werden, tragen diese zur Lösung des Problems wenig bei[83].

dd) *Recht auf Identität als Bestandteil des allgemeinen Persönlichkeitsrechts*

Das Gegendarstellungsrecht läßt sich daher nur aus dem Persönlichkeitsrecht selbst bestimmen. Allerdings ist es kein absolutes, spezielles presserechtliches Persönlichkeitsrecht, da sich der Anspruch nur (relativ) gegen den Veranstalter der betreffenden Sendung richtet[84]. Insoweit ist auch der häufig zitierte Satz des Bundesgerichtshofs in dessen erstem grundlegenden Urteil zu dieser Frage wenig aussagekräftig, der das Gegendarstellungsrecht als einen „gesetzlich näher ausgestalteten Rechtsschutz des allgemeinen Persönlichkeitsrechts auf einem Sondergebiet" versteht[85]. Die hieraus gezogene Folgerung der Lehre, das Gegendarstellungsrecht sei ein „Ausfluß des allgemeinen Persön-

---

w. N.; Köbl, aaO. S. 87/88, 101 ff.; Neumann-Duesberg in NJW 1956, 833 (Anm. zu LG Mannheim in NJW 1956, 384); Scholler, aaO. S. 171; Thies, aaO. S. 102/103.

[82] NJW 1963, 1137 ff.; Vgl. Haase-Becher, aaO. S. 76/77; Köbl, aaO. S. 98 ff.; früher schon Kitzinger, aaO. § 11 RPG Anm. I.

[83] Vgl. BayObLG in NJW 1958, 1825. Gensior, aaO. S. 29; Schüle, Gutachten aaO. S. 82; Scholler, aaO. S. 173 (Chancengleichheit). Die direkte Anwendung von § 11 RPG ist durch die neuen LPG überholt; so aber noch Scholz, aaO. S. 335.

[84] So aber: Bussman, aaO. S. 18; Helle in DRiZ 1963, 334, 336; Leinveber, aaO. S. 20; Neumann-Duesberg in NJW 1956, 833 (Anm. zu LG Mannheim in NJW 1956, 384); unklar ders. in DB 1957, 861; aufgegeben in NJW 1960, 2032; Uhlitz, aaO. S. 527. Kritisch: Haase-Becher, aaO. S. 169 ff.; Köbl, aaO. S. 104/105; Thies, aaO. S. 101.

[85] Unter Aufgabe seiner früheren Rechtsprechung: BGH in NJW 1963, 151 = UFITA Bd. 40 (1963) S. 141; NJW 1963, 1155 = UFITA Bd. 40 (1963) S. 183 mit zust. Anm. Löffler in GRUR 1963, 639/640; NJW 1964, 1132, 1134. Im Anschluß: OLG Düsseldorf in JR 1965, 302; OLG Karlsruhe in NJW 1965, 979, 980; KG in NJW 1971, 947; LG Bonn in NJW 1967, 574; LG Berlin Urt. vom 29. April 1968 – 7. O. 39/68 (unveröffentlicht). Vgl. für die vorangegangene Zeit: OLG Frankfurt in NJW 1960, 2069; OLG Köln in NJW 1962, 48.

lichkeitsrechts", kann zwar als herrschend bezeichnet werden, zeigt aber nur den allgemeinen Lösungsweg auf. Aus dem allgemeinen Persönlichkeitsrecht kann die Gegendarstellung nämlich nur dann begründet werden, wenn sich in diesem Rahmen zugleich ein genau bestimmbares, zu schützendes Rechtsgut entwickeln läßt[86]. Diese Notwendigkeit übersieht auch *Löffler*, der sich mit umfangreichen Hinweisen dennoch nur auf die Anführung der „Wurzeln" des Gegendarstellungsrechts beschränkt. Nach ihm erwächst der Anspruch aus „dem Persönlichkeitsrecht und dem Recht auf Mitwirkung bei der öffentlichen Meinungsbildung[87]".

Das zu schützende Rechtsgut kann im Anschluß an die umfangreichen Untersuchungen von *Köbl* zutreffend als das „Recht auf Identität" charakterisiert werden. Es ist das Recht einer Person, Verfälschungen ihres Persönlichkeitsbildes unverzüglich entgegenzutreten, ohne damit abschließende Aussagen über den Wahrheitsgehalt oder mögliche Ehrverletzungen zu treffen[88]. *Köbl* weist überzeugend nach, daß diese Qualifizierung am ehestenem Sinn und Zweck der gesetzlichen Vorschriften entspricht, daß sie bereits die „ratio legis" des RPG darstellte und sich dogmatisch ohne wesentliche Schwierigkeiten in die von Lehre und Rechtsprechung aufgestellten Grundsätze über das Persönlichkeitsrecht einfügt. Problematisch könnte allenfalls die Frage der Wahrheitsprüfung sein, die sich jedoch wegen der besonderen formalen Ausgestaltung des Anspruchs im Einklang mit der hier vertretenen Konstruktion befindet[89].

---

[86] Haase-Becher, aaO. S. 170. Vgl. Groß in NJW 1963, 479/480; ders. in DVBl. 1963, 710, 711/712; ähnlich ders. in ArchPR 1965, 521/522 und in Grundzügen aaO. S. 104/105; Scholler, aaO. S. 169 m. w. N.; Thies, aaO. S. 101/102. Unter Übernahme der allgemeinen Formulierungen der Rechtsprechung aber: Löffler, Kommentar aaO. § 11 LPG Rdz. 31 ff. m. w. N.; Bappert in ArchPR 1965, 524, 526; Bappert-Selbherr, aaO. S. 568; Coing, aaO. S. 19; v. Gamm, Massenmedien aaO. S. 59; Haensel, aaO. S. 245; Haible, aaO. S. 136/137; Helle in DRiZ 1963, 334, 336; Keller, aaO. S. 929; Koebel in NJW 1963, 790/791; Nipperdey, aaO. S. 28; Wenzel in NJW 1963, 1710, 1711.

[87] Kommentar aaO. § 11 LPG Rdz. 30 ff.; vgl. ders. früher mit ähnlichen Ergebnissen (z. T. unter Annahme eines Kontrahierungszwanges) in JZ 1956, 344 ff. (Anm. zu OLG Hamburg ebd.); BB 1956, 356, 357; NJW 1957, 714 (Anm. zu OLG Frankfurt ebd.); DÖV 1962, 380; ArchPR 1962, 229/230. Kritisch hierzu Köbl, aaO. S. 88.

[88] Köbl, aaO. S. 109 ff. mit umfangreichen Nachweisen. Vgl. Haase-Becher, aaO. S. 170 ff m. w. N.; Hubmann, aaO. S. 271 ff. KG in NJW 1970, 2029 („möglichst zutreffendes Bild seiner Persönlichkeit").

[89] Köbl, aaO. S. 112 ff.

d) Dogmatische Einordnung

So unkonventionell sich auch *Köbl* bei den Untersuchungen nach dem geschützten Rechtsgut des Gegendarstellungsanspruchs zeigte, so traditionell verhaftet blieben dennoch seine Ausführungen zur dogmatischen Einordnung. Ohne das Wesen des Anspruchs aus sich heraus eingehend zu würdigen und ohne dessen Sonderstellung zu beachten, bezeichnete er ihn wegen der Identität auf der Tatbestandsseite gegenüber dem Widerruf des BGB als eine „Vorstufe zum Widerruf". Diese Meinung dürfte sich u. a. daraus erklären lassen, daß *Köbl* die Gegendarstellung noch zu sehr als ein, wenn auch nur mittelbares Instrument der Wahrheitsfindung betrachtet[90]. *Haase-Becher* kommt dagegen zu dem konsequenten Ergebnis, daß sich diese Ansicht aus vorwiegend materiellen Gründen wegen der Selbständigkeit des Anspruchs verbietet[91]. Abzulehnen ist auch die von *Wenzel* entwickelte Konstruktion eines „Aufopferungsanspruchs", da Begriffe wie „Beeinträchtigung" und „Wiedergutmachung" dem Institut der Gegendarstellung fremd sind[92].

Das Gegendarstellungsrecht ist vielmehr ein endgültiges Recht, das bei einer bloßen Gefährdung des Rechts auf Identität eingreift. Ist die Sendung der Gegendarstellung erfolgt, d. h. der vorläufige Interessenausgleich – bis zur Klärung der materiellen Wahrheit – erreicht, ist der Schutzzweck erfüllt. Es handelt sich soweit um einen selbständigen Anspruch eigener Art auf dem Gebiet des Privatrechts[93].

3. Nichtvermögensrechtlicher Anspruch

Der Gegendarstellungsanspruch zielt – wie oben erläutert – lediglich auf das Recht eines Betroffenen, in einem formellen Verfahren seinen Standpunkt vor dem gleichen Publikum darzustellen. Ihm soll zum

[90] aaO. S. 112 ff. mit ausführlichen Nachweisen. Vgl. Müller, aaO. S. 312. Unbestritten schließt die Gegendarstellung die negatorischen Ansprüche nicht aus: vgl. Erman-Weitnauer, aaO. Anhang zu § 12 BGB Anm. 7b. Vgl. zu Abgrenzungsproblemen und weiteren Ansprüchen: v. Gamm in GRUR 1956, 170 ff.; ders. in Massenmedien, aaO. S. 50 ff.; Haase-Becher, aaO.. S. 24, 210 ff.; Köbl, aaO. S. 139 ff.; Rötelmann, aaO. S. 1636 ff.; Thies, aaO. S. 105 ff.; Weitnauer, aaO. S. 47.

[91] aaO. S. 78/79, 175 ff.

[92] Handbuch, aaO. S. 244/245 mit allgemein gehaltenen Erwägungen. Vgl. Haase-Becher, aaO. S. 79/80, 173 ff.

[93] Haase-Becher, aaO. S. 80/81, 177/178. Möglicherweise entspricht dieses Ergebnis auch Thies, aaO. S. 104 („privatrechtlich-presserechtlicher Anspruch") und der von ihr zitierten Literatur. Vgl. auch BGH in NJW 1968, 792, 793 = UFITA Bd. 54 (1969) S. 261.

Schutz seines Rechtes auf Identität Gehör verschafft werden, ohne daß in diesem Verfahren die Frage der materiellen Wahrheit und erst recht nicht die eines möglichen Vermögensnachteils untersucht wird.

Unbestritten wird der Anspruch daher als nichtvermögensrechtlich qualifiziert. Ausgehend von Sinn und Zweck sowie der formalen Ausgestaltung hat eine einheitliche Würdigung zu erfolgen[94]. Es ist daher auch unerheblich, wenn bei dem Betroffenen zugleich wirtschaftliche Motive eine Rolle spielen. Dies hat selbst dann zu gelten, wenn die Geschäftsinteressen des Betroffenen im Vordergrund stehen sollten. *Wenzel*, der die gegenteilige These vertritt, kann insoweit nicht gefolgt werden[95].

D. Ausgestaltung des Anspruchs

Ließen sich die materiellen Fragen noch einheitlich für alle geltenden Gegendarstellungsregelungen behandeln, so zeigt sich die Zersplitterung der Gesetzgebung um so deutlicher bei der Untersuchung der einzelnen Tatbestandsvoraussetzungen. Soweit es sich um hier weniger interessierende Randfragen handelt, kann wieder auf das umfangreiche presserechtliche Schrifttum verwiesen werden[96].

1. Beteiligte

a) Anspruchsberechtigter

Anspruchsberechtigt ist nach den meisten Vorschriften eine auf bestimmte Weise „betroffene Person oder Stelle". Lediglich im Bereich

[94] BGH in NJW 1963, 151/152 = UFITA Bd. 40 (1963) S. 141. Vgl. OLG Frankfurt in NJW 1960, 2059; AG Kirchhain in NJW 1955, 470. Vgl. Baumbach-Lauterbach, aaO. Übers. 3 vor § 1 ZPO; Löffler, Kommentar aaO. § 11 LPG Rdz. 156 m. w. N.; Palandt-Thomas, aaO. Einf. 9 b vor § 823 BGB; Rebmann, aaO. Vorbem. II. vor § 11 bad.-württ. PresseG; Roeber-Alberding, aaO. Vorbem. 3 a vor § 11 nw. PresseG; Scheer, aaO. § 11 bad.-württ. PresseG Erl. 4. Bappert in ArchPR 1963, 399, 400/401; Haase-Becher, aaO. S. 63/64 m. w. N.; Helle, Schutz, aaO. S. 194; Möller, aaO. S. 401.

[95] JZ 1962, 112, 114/115; ders. unter Aufrechterhaltung seiner Ansicht in Handbuch, aaO. S. 245/246. Ähnlich Schultz, aaO. S. 320. Im Ergebnis übereinstimmend Köbl, aaO. S. 145/146 m. w. N.

[96] Die Fundstellen für die im folgenden zitierten, als bekannt vorausgesetzten Vorschriften für die einzelnen Rundfunkanstalten ergeben sich aus den Fußnoten der obigen Ausführungen (Rechtliche Grundlagen); vgl. im einzelnen oben Punkt B. 2. (Bundesrundfunkanstalten), B. 3. b) (ZDF) sowie B. 3. c) aa)–ii) (Landesrundfunkanstalten der ARD).

des BR sind „Personen oder Behörden" anspruchsberechtigt, während für den SWF diese Gruppe um „Personenmehrheiten" erweitert wird. § 3 Ziff. 9 des Hessischen Rundfunkgesetzes spricht noch von „Behörden oder Privatpersonen", während § 2 Abs. 4 Ziff. 8 des Rundfunkgesetzes für den SDR die „Regierung, alle kritisierten Persönlichkeiten, Amtsstellen und Organisationen" erwähnt.

aa) *Person oder Stelle*

Unter „Personen und Stellen" sind dabei nach herrschender Meinung unter dem Gesichtspunkt einer möglichst großen Breitenwirkung des Anspruchs neben natürlichen und juristischen Personen fast alle Institutionen und Gruppierungen zu verstehen. Es ist gegenüber der „Behörde" der weitere Begriff. Diese erweiternde Regelung gilt allerdings nur in den Grenzen dieses Anspruchs; sie schafft keine neue allgemeine Rechtsfähigkeit[97].

Der Ansicht *Haentzschels*, das Gegendarstellungsrecht lasse sich Ausländern gegenüber unter den Voraussetzungen des Art. 31 EGBGB (Vergeltungsrecht) möglicherweise entziehen, kann nicht zugestimmt werden. *Löffler* weist nach, daß einer derartigen Maßnahme – die zudem praktisch kaum denkbar ist – verfassungsrechtliche Bedenken entgegenstehen[98]. Wegen ihres diskriminierenden Charakters und des gleichzeitigen Verstoßes gegen die durch das Grundgesetz geschützten Menschenrechte wäre sie sogar verfassungswidrig.

bb) *Betroffensein*

Um den Anspruch nicht uferlos ausweiten zu lassen, muß der Berechtigte durch eine Äußerung „betroffen" sein, was sich inhaltlich mit dem „Beteiligtsein" in § 11 RPG deckt. Soweit sich die Vorschriften auf diese Formulierung beschränken, muß die „eigene Interessensphäre un-

---

[97] KG in NJW 1971, 947/948 m. w. N. Löffler, Kommentar aaO. § 11 LPG Rdz. 40 ff.; Rebmann, aaO. § 11 bad.-württ. PresseG Rdnr. 1; Groß in ArchPR 1965, 521, 522; ders. in Grundzüge aaO. S. 108/109; Köbl, aaO. S. 31/32 mit zahlreichen Beispielen; Wenzel, Handbuch aaO. S. 250. Teilweise zustimmend Haentzschel, aaO. § 11 RPG Anm. 5 m. w. N. zum älteren Schrifttum. Vgl. Haible, aaO. S. 143; Scholz, aaO. S. 339.

[98] Haentzschel, aaO. § 11 RPG Anm. 5. Dagegen Löffler, Kommentar, aaO. § 11 LPG Rdz. 45 m. w. N.; ders. in NJW 1972, 2161, 2163 m. w. N. zum internationalen Gegendarstellungsrecht; vgl. Fuhr, Kommentar, aaO. § 4 Anm. 2 b. Köbl, aaO. S. 32; mit gleichem Ergebnis Wenzel, Handbuch, aaO. S. 250. Vgl. Palandt-Lauterbach, aaO. Art. 31 EGBGB Anm. 1.

mittelbar oder mittelbar berührt" sein, und man muß „zu der mitgeteilten Tatsache in einer individuellen Beziehung" stehen[99]. Eine namentliche Bezeichnung ist nicht erforderlich, jedoch muß objektiv erkennbar sein, daß der Berechtigte betroffen ist. Diese Voraussetzungen schaffen einen brauchbaren Ausgleich zwischen den Interessen der berechtigten Betroffenen sowie der verpflichteten Rundfunkanstalten.

Verlangen die Vorschriften allerdings ausdrücklich ein unmittelbares Betroffensein, reicht die Mittelbarkeit nicht mehr aus (DLF, DW, ZDF, BR, SDR). Insoweit liegt nämlich keine Gesetzeslücke vor, die durch Analogie geschlossen werden könnte. Man mag dieses Ergebnis – wie *Löffler* – für eine „ungerechtfertigte Einschränkung" halten, kommt aber an dem eindeutigen Ausspruch des Gesetzgebers nicht vorbei[100]. Ist allerdings wie beim SWF dieses Problem nicht einmal erwähnt, so greifen die Vorschriften der presserechtlichen Gegendarstellung auf entsprechende Weise ein. Allgemein anerkannt ist schließlich, daß auch positive Äußerungen den Anspruch auslösen können, der Betroffene also weder „verletzt" noch „angegriffen" sein muß[101].

b) Anspruchsverpflichteter

Bedauerlicherweise gehört die Frage, wer Adressat des geltend gemachten Anspruchs ist, von Formulierung und Fundort her zu den unklarsten Regelungen. Gerade dieses Problem ist aber für den Betroffenen entscheidend, nicht zuletzt aus dem Gesichtspunkt einer möglichst umgehenden Erwiderung.

---

[99] Löffler, Kommentar, aaO. § 11 LPG Rdz. 46, 47 ff. m. w. N.; so auch die h. M. Vgl. außer den bei Löffler angeführten Stellen: BGH in NJW 1963, 1155 = UFITA Bd. 40 (1963) S. 183 mit zust. Anm. Löffler in GRUR 1963, 639, 640; BayObLG in NJW 1961, 2075; OLG Köln in UFITA Bd. 64 (1972) S. 337, 341/342; Erman-Weitnauer, aaO. Anhang zu § 12 BGB Anm. 7 b; Scheer, aaO. § 11 nds. PresseG Erl. A. VI; v. Gamm, Massenmedien, aaO. Rdz. 58/59, 79; Groß in ArchPR 1965, 521, 522; ders. in Grundzüge, aaO. S. 108/109; Haase-Becher, aaO. S. 32/33 m. w. N.; Haible, aaO. S. 143; Keller, aaO. S. 930; Köbl, aaO. S. 33 ff.; Thies, aaO. S. 93; Wenzel, Handbuch, aaO. S. 250/251. Riklin, aaO, S. 213/214 verkennt diese Erfordernis.

[100] Kommentar, aaO. § 11 LPG Rdz. 48 und 193. Vgl. aus der bayerischen Rechtsprechung: BayObLG in NJW 1961, 2075 bezugnehmend auf OLG München in NJW 1954, 297.

[101] Löffler, Kommentar, aaO. § 11 LPG Rdz. 54 m. w. N.; Rebmann, aaO. § 11 bad.-württ. PresseG Rdnr. 4; Köbl, aaO. S. 35/36.

aa) *Gesetzliche Regelung*

Der Anspruch richtet sich kraft eindeutiger gesetzlicher Bestimmung

- beim SWF gegen die Anstalt selbst (§ 7 Abs. 1 des Staatsvertrages),
- beim SFB gegen die Rundfunkanstalt, die für die redaktionelle Gestaltung der Sendung verantwortlich ist (§ 10 Abs. 6),
- beim BR unmittelbar gegen den Intendanten (Art. 17 Abs. 1),
- beim DLF, DW, ZDF, NDR und WDR durch unterschiedliche Verweisungsnormen gegen den „Veranstalter der Sendung", wobei die Verantwortlichkeit des Intendanten für das ausgestrahlte Programm bei DLF, DW (§ 28 Abs. 2) und ZDF (§ 7 Abs. 2) besonders hervorgehoben ist,
- beim HR, RB und SR in entsprechender Anwendung der jeweiligen presserechtlichen Vorschriften gegen den „verantwortlichen Redakteur oder Verleger", wobei der SR (§ 27) ausdrücklich die Verantwortlichkeit des Intendanten betont.

Für den SDR ist weder im Rundfunkgesetz noch in den Richtlinien ein Adressat vorgesehen.

bb) *Ausstrahlung eigener Produktionen*

Problemlos ist somit bei eigenen (selbst oder im Auftrag produzierten) Programmen der Adressat beim BR, SFB und SWF, wo in jedem Fall der Intendant entweder aus eigenem Recht (BR) oder als Vertreter der Anstalt (SFB, SWF) verpflichtet ist.

Wird dagegen der „Veranstalter der Sendung" verpflichtet, so fragt sich, welche Personen hierunter zu verstehen sind. Wendet man presserechtliche Grundsätze an, wonach der verantwortliche Redakteur sowie der Verleger gesamtschuldnerisch haften, so würde dies beim Rundfunk dem Tätigkeitsbereich und der Verantwortung nach dem für das betreffende Sachgebiet verantwortlichen Sendeleiter sowie der Anstalt, vertreten durch den Intendanten, entsprechen[102]. Die ausstrahlende, d. h. für dieses Sendegebiet zuständige Anstalt sowie deren verantwortlicher Sendeleiter sind somit „Veranstalter" im Sinne des Gesetzes und damit Adressaten des Anspruchs. Zu dem gleichen Ergebnis gelangt man in den Fällen, in denen eine Verpflichtung durch entsprechende Anwendung presserechtlicher Normen entsteht (HR,

---

[102] Löffler, Kommentar, aaO. § 11 LPG Rdz. 194, 56 ff.; Keller, aaO. S. 930; Kupke, aaO. S. 238. Dagegen Bappert-Selbherr, aaO. S. 567, die die Verpflichtung parallel zum früheren RPG auf den Sendeleiter beschränkt sehen; diese Auffassung dürfte überholt sein.

RB, SR). Diese Regelungen gelten durch Rechtsanalogie auch für den SDR[103].

cc) *Ausstrahlung fremder Produktionen*

Problematischer sind die Fälle, in denen die eine Anstalt ein von einer anderen Anstalt produziertes Programm übernommen hat, durch das ein Gegendarstellungsanspruch ausgelöst wurde; im Fernsehen wird dies vor allem bei Tagesschau und Magazinsendungen relevant. Für den BR tritt hierfür kraft gesetzlicher Regelung weiterhin der Intendant ein, und beim SWF bleibt die Anstalt, vertreten durch den Intendanten, verpflichtet.

Bei einem Anspruch im Bereich des SFB wird gesetzlich nun allerdings die für die redaktionelle Gestaltung der Sendung verantwortliche Anstalt verpflichtet, die damit Adressat des Anspruchs wird. Diese Bestimmung kann allerdings nur so verstanden werden, daß hierdurch andere Berliner Rundfunkanstalten verpflichtet werden sollen, denn ein Berliner Gesetz kann Anstalten außerhalb Berlins nicht binden. Aber selbst wenn diese Regelung nur der Deutlichkeit dienen sollte, ist sie zumindest zum gegenwärtigen Zeitpunkt überflüssig. Andere Rundfunkanstalten in Berlin – RIAS und die Soldatensender der alliierten Schutzmächte – unterliegen nämlich nicht der deutschen Gesetzgebung[104].

Im übrigen trifft die Verpflichtung im Ergebnis – einschließlich der Lückenfüllung beim SDR – wiederum den Veranstalter der Sendung. Es muß daher geklärt werden, wer bei dieser Fallgestaltung hierunter zu verstehen ist.

Als einzige Vorschrift unterscheidet das nds. PresseG in § 25 Abs. 2 Satz 1 zwischen „veranstalten" und „verbreiten". Es erscheint aber richtiger, „veranstalten" als Oberbegriff zu verstehen, das die künst-

---

[103] Für die im Zusammenhang mit presserechtlichen Vorschriften entstandenen Probleme kann auf das umfangreiche Schrifttum verwiesen werden, vor allem aber auf die ausführlichen Untersuchungen von Köbl, aaO. S. 37 ff. mit vielen Nachweisen. Vgl. auch Haentzschel, aaO. § 11 RPG Anm. 6 m. w. N. zu früheren Veröffentlichungen; Löffler, Kommentar, aaO. § 11 LPG Rdz. 56 ff. m. w. N.; Rebmann, aaO. § 11 bad.-württ. PresseG Rdz. 5 ff.; Haase-Becher, aaO. S. 34/35; Haible, aaO. S. 143; Schultz, aaO. S. 320; Wenzel, aaO. S. 251/252. Vgl. ebenso zur Durchsetzbarkeit des Anspruchs gegen den verantwortlichen Redakteur bei Widerstand des Verlegers OLG Köln in NJW 1969, 755 und OLG Hamburg in ArchPR 1970, 932.

[104] Kritisch hierzu auch Magen, aaO. S. 326.

lerische und technische Produktion (gestalten) sowie die Verbreitung umfaßt. Eine Verbreitung ohne gleichzeitige Veranstaltung ist begrifflich nicht denkbar, während andererseits eine Veranstaltung ohne gleichzeitige Verbreitung möglich ist. Werden aber die Begriffe vom Gesetzgeber nicht getrennt, muß die Veranstaltung den gesamten Rahmen der Tätigkeit einer Rundfunkanstalt erfassen. Dies steht auch nicht dem allgemeinen Sprachgebrauch entgegen, der „veranstalten" und „gestalten" trennt[105].

Wird demnach eine solche Sendung ausgestrahlt, gilt die ausstrahlende Anstalt als Veranstalterin. Sie nämlich stellt organisatorisch und technisch ihre Einrichtungen und ihren Apparat zur Verfügung, um ihren Hörern und Zuschauern ein Programm zu vermitteln. Dies hindert den Betroffenen aber nicht, seinen Anspruch auch bei der Anstalt geltend zu machen, die die Sendung produziert hat.

Diese Argumentation entspricht auch der Ansicht von *Bappert-Selbherr,* die sich wiederum auf eine ständige Rechtsprechung zum Begriff des „Veranstalters" berufen können[106]. Das Ergebnis wird vor allem auch dem Interesse des Betroffenen gerecht, da er sich an seine, ihm bekannte Landesrundfunkanstalt wenden kann; langwierige Rückfragen und damit Zeitverlust und Kosten bleiben ihm erspart. Die verbreitende Anstalt wird auch nicht übermäßig beschwert, da sie sich in keinem Fall bei Vorliegen der Voraussetzungen von der Verpflichtung zur Sendung einer Gegendarstellung befreien kann[107]. Sollte sich der SR gem. § 36 des Saarländischen Rundfunkgesetzes von dieser Verpflichtung freizeichnen wollen, wäre die Bestimmung rechtswidrig[108].

Grundsätzlich kann sich der Betroffene demnach bei Eigen- oder Fremdprogrammen an den Intendanten der ausstrahlenden Anstalt wenden. Möchte er aber stattdessen den gesamtschuldnerisch haftenden, verantwortlichen Sendeleiter in Anspruch nehmen, so sind ihm

---

[105] So aber: Scheer, aaO. § 25 nds. PresseG Erl. Zweiter Teil, I. Haase-Becher, aaO. S. 36; Haensel, aaO. S. 247.

[106] aaO. S. 567/568 m. w. N. zur Rechtsprechung. Ebenso unter Berufung auf Bappert-Selbherr: Fuhr, Kommentar, aaO. § 4 Anm. 3 a. Im Ergebnis gleich: Löffler, Kommentar, aaO. § 11 LPG Rdz. 194; Roeber-Alberding, aaO. § 11 nw. PresseG Erl. 2. A. A. ohne Begründung: Keller, aaO. S. 930; Magen, aaO. S. 326.

[107] Haase-Becher, aaO. S. 37.

[108] § 36 Abs. 1 (Haftung des Veranstalters): „. . . gilt nicht für Sendungen, die im Rahmen eines Gemeinschaftsprogramms ohne die Möglichkeit vorheriger Prüfung durch den Saarländischen Rundfunk von anderen deutschen Rundfunkanstalten übernommen werden."

nach dem Rechtsgedanken des § 242 BGB Namen und Anschrift mitzuteilen. Im Zweifel kann der Betroffene – wie gegenüber dem Intendanten – die Geschäftsanschrift der Rundfunkanstalt benutzen. Diese Auskunftspflicht ist beim DLF, DW (§ 28 Abs. 2), beim ZDF (§ 7 Abs. 2) sowie beim SR (§ 6) ausdrücklich im Rundfunkgesetz verankert. Der SR schränkt gem. § 36 Abs. 2 diese Verpflichtung lediglich bei Fremdprogrammen ein.

2. Anspruchsbegründende Voraussetzungen

Die anspruchsbegründenden Voraussetzungen – Tatsachenbehauptung, berechtigtes Interesse sowie bestimmte anspruchsausschließende Tatbestände – stimmen bei sämtlichen Anstalten im wesentlichen überein.

a) Tatsachenbehauptungen

Der Anspruch wird nach fast allen Vorschriften durch eine aufgestellte bzw. bzw. verbreitete Tatsachenbehauptung ausgelöst. Formulierungsmäßige Ausnahmen gelten für den BR (Tatsache) sowie den SWF (Nachricht oder Tatsache). Die Beschränkung auf Tatsachenbehauptungen ist ein nowendiges Korrektiv, um Gegendarstellungen über Meinungen und Werturteile auszuschließen. Andernfalls könnten Meinungsäußerungen in Massenmedien auf diese Weise faktisch sehr leicht eingeschränkt werden.

aa) *Begriffsbestimmung und Abgrenzung*

Zur Begriffsbestimmung der Tatsache sowie vor allem zu ihrer Abgrenzung gegenüber Meinungen und Werturteilen liegen zahlreiche Stellungnahmen aus Literatur und Rechtsprechung vor, auf die im folgenden im wesentlichen verwiesen werden kann. Schon zu § 11 RPG war anerkannt, daß sich zwischen äußeren und inneren Tatsachen unterscheiden läßt. Äußere Tatsachen sind danach solche Vorgänge, die sinnlich wahrgenommen werden können und nach außen hin vom Empfänger als Tatsache verstanden werden. Innere Tatsachen dagegen umfassen die subjektive Sphäre desjenigen, den sie betreffen (z. B. Motive und Beweggründe), während sie sich nach außen hin ebenfalls objektiv äußern[109].

---

[109] Zu § 11 RPG: vgl. statt aller die ausführliche Übersicht bei Haentzschel, aaO. § 11 RPG Anm. 7 A. m. w. N. zur Rechtsprechung; Conrad, aaO. § 11 RPG Anm. 7 m. w. N.; Hirsch, aaO. S. 68/69; Mannheim, aaO. S. 24. Aus dem neueren Schrifttum, auch für die folgenden Ausführungen: Löffler, Kommentar, aaO. § 11 LPG Rdz. 82 ff. m. w. N.; Reb-

Insbesondere gegenüber inneren Tatsachen ist die Abgrenzung zu den über das Tatsächliche hinausreichenden Meinungen und Werturteilen schwierig. Allgemein gültige Kriterien existieren nicht. Vielmehr sind die Auffassungen fließend, so daß jeweils auf die Besonderheiten des Einzelfalles abzustellen ist; so wird z. B. im politischen Bereich aus allgemeinen Schutzerwägungen der Meinungsbegriff weiter, im gewerblichen Raum dagegen enger zu ziehen sein[110]. Wegen der Wesensgleichheit des Begriffes kann auch auf strafrechtliche Definition zurückgegriffen werden[111].

Im Normalfall werden Tatsachen und Meinungen eng vermischt sein. Nur wenn der Tatsachenkern gegenüber dem Wertungsgehalt überwiegt, greift der Anspruch durch[112]. Ein weiteres, brauchbares Unterscheidungsmerkmal ist die Frage, ob die Äußerung dem Beweis zugänglich ist[113]. Dies können aber nur Anhaltspunkte sein. Die Schwierigkeit einer Abgrenzung wird schließlich auch nicht durch die – vereinzelt gebliebene – Unterscheidung von *Wenzel* gelöst, zwischen „sachlichen Angaben einerseits und unsachlichen Schilderungen andererseits" zu trennen; vielmehr wird dadurch in Gestalt einer Wertung lediglich ein neues Unsicherheitsmoment eingeführt[114].

bb) *Bildliche Darstellung im Fernsehen*

Die gleichen Kriterien sind anzulegen, wenn es sich um eine Gegendarstellung im Fernsehen gegen Standfotos, graphische Darstellungen oder Filmberichte handelt. Bereits in der älteren Literatur herrschte Übereinstimmung, daß auch Karikaturen und Fotos in der Presse Tat-

---

[110] L ö f f l e r, Kommentar ,aaO. § 11 LPG Rdz. 81 m. w. N. zur Rechtsprechung. Vgl. OLG Frankfurt in NJW 1971, 471, 472; ähnlich OLG Hamburg in NJW 1967, 159, 160/161 m. w. N. Vgl. R e u m a n n , aaO. S. 33 ff.; vgl. auch F u h r, Kommentar, aaO. § 4 Anm. 2a.

[111] Vgl. D r e h e r, aaO. Anm. 1 A. zu § 186 StGB sowie Anm. 1. A. und B zu § 263 StGB mit umfangreichen Nachweisen zur Rechtsprechung.

[112] BayObLGZ 14, 55, 58; OLG Düsseldorf in JR 1965, 302, 303; OLG Frankfurt in NJW 1971, 471, 472; OLG Köln in AfP 1972, 231. Vgl. v. G a m m , Massenmedien, aaO. Rdz. 31; d e r s., ebd. mit einer Fülle von Beispielen aus der Rechtsprechung: Rdz. 32 (Tatsachenbehauptungen), Rdz. 33 (Meinungsäußerungen und Werturteile).

[113] RGSt. 55, 129, 131. Vgl. BayObLG in NJW 1970, 1927, 1928/1929; LG Bonn in NJW 1967, 574. B a u m b a c h - L a u t e r b a c h , aaO. Einf. 4 A. vor § 282 ZPO.

[114] W e n z e l in NJW 1963, 1710, 1711. Ablehnend: H a a s e - B e c h e r , aaO. S. 40; K ö b l , aaO. S. 52. Vgl. hierzu BGH in NJW 1963, 1155 = UFITA Bd. 40 (1963) S. 183.

sachen enthalten können und insoweit gegendarstellungsfähig sind. Diese Ansicht verstieß nicht gegen den Wortlaut des Gesetzes, solange man bildliche Darstellungen an der obigen Definition der Tatsache maß[115].

Dies muß wegen der Einprägsamkeit in weit stärkerem Maß für bildliche Darstellungen im Fernsehen gelten. Da dieses Medium von vornherein wegen der angeblichen Objektivität fotografierter oder gefilmter Geschehnisse eine größere Überzeugungskraft als etwa Behauptungen im Hörfunk besitzt, wirken sich derartige Behauptungen auf den Betroffenen ungleich stärker aus. Zu leicht wird in der Öffentlichkeit übersehen, daß sich Fotos oder Filme durch Retusche, Montage und Schnitt verändern lassen, daß sich durch eine manipulierte Kombination von Bild und Begleittext jede Behauptung stützen läßt. Eine Gegendarstellung auf diesem Sektor wird daher heute übereinstimmend für zulässig erachtet[116]. In jedem Fall ist jedoch zu prüfen, ob die Tatsachenbehauptung nur im Text bzw. Bild oder durch eine Verbindung von beiden aufgestellt ist.

Da im Presserecht nach herrschender Meinung ein Gegendarstellungsanspruch bei Anzeigen, die ausschließlich dem geschäftlichen Verkehr dienen, nicht eingreift, lassen sich die obigen Grundsätze auch nicht auf Werbefunk und -fernsehen übertragen[117].

---

mann, aaO. § 11 bad.-württ. PresseG Rdnr. 9 ff.; Scheer, aaO. § 11 nds. PresseG Erl. A. IV. 1 bis 3; Haase-Becher, aaO. S. 39 ff.; Haible, aaO. S. 138/139. Vgl. auch KG in NJW 1970, 2029, 2031 mit einem weiten Tatsachenbegriff; mit einer engen Auslegung dagegen OLG Celle in NJW 1953, 1767. Vgl. zur Abgrenzung Wenzel, Handbuch, aaO. S. 6 ff.; ders. in NJW 1968, 2353 ff.; ders. in AfP 4/71 S. 162.

[115] Conrad, aaO. § 11 RPG Anm. 7; Haentzschel, aaO. § 11 RPG Anm. 7 B; Schwarze-Appelius, aaO. § 11 RPG Anm. 5; Hirsch, aaO. S. 69; Oppenheimer in DJZ 1909, 432; einschränkend für den Fall, daß das Bild eine Beziehung zum nebenstehenden Text hat; Regensburger, aaO. S. 57; Löffler, Kommentar, aaO. § 11 LPG Rdz. 66 und 87; ders. in BB 1956, 356, 358; Rebmann, aaO. § 11 bad.-württ. PresseG Rdnr. 12; Becher, aaO. S. 31/32; Bongartz, aaO. S. 115; Burger, aaO. S. 136; Haible, aaO. S. 137; Köbl, aaO. S. 47/48; Scholz, aaO. S. 335; Wenzel, Handbuch, aaO. S. 248. Ähnlich Schmidt-Osten, aaO. S. 415, der dann jedoch inkonsequent „wegen des Wortlautes des § 11 RPG" eine bildliche Gegendarstellung ablehnt.

[116] Löffler, Kommentar aaO. § 11 LPG, Rdz. 200; Burger, aaO. S. 138; Haensel, aaO. S. 244/245; Riklin, aaO. S. 205.

[117] Vgl. zum Presserecht: Fuhr, Kommentar, aaO. § 4 Anm. 6 d; Löffler, Kommentar, aaO. § 11 LPG Rdz. 62 ff. mit vielen Nachweisen; Rebmann, aaO. § 11 bad.-württ. PresseG Rdnr. 19; Scheer, aaO. § 11 nds. PresseG

cc) *Aufstellung bzw. Verbreitung*

Die Tatsachenbehauptung muß nach allen Vorschriften aufgestellt bzw. verbreitet sein, was beim Rundfunk grundsätzlich der Sendung entspricht. Da der Anspruch aber bereits eingreift, wenn nicht nur die Allgemeinheit, sondern bereits schon einzelne die Behauptung vernommen haben, dürfte eine Gegendarstellung — in Übereinstimmung mit *Scheer* — auch dann gegeben sein, wenn die Sendung erst produziert, aber noch nicht ausgestrahlt ist[118].

Zu beachten ist ferner, daß der Verpflichtete sich dem Anspruch nicht entziehen kann, indem er bestimmte Tatsachenbehauptungen verschweigt oder sie als Mitteilungen Dritter hinzustellen versucht, für die er keine Verantwortung trage[119].

dd) *Wahrheitsgehalt*

Aus dem formellen Chrakter des Anspruchs folgt, daß es auf den Wahrheitsgehalt der Tatsachenbehauptung nicht ankommt[120]. Abzustellen ist allein auf die Frage, ob die Behauptung eine anspruchsbegründende Tatsache oder eine Meinung bzw. ein Werturteil beinhaltet.

Einzig für den SWF (wahrheitswidrige Verbreitung) sowie den HR (unwahre Behauptung) wird der formelle Charakter verneint. Da aber nach beiden Vorschriften das jeweilige LPG sinngemäß anzuwenden ist, kann man auch hier vom Vorhandensein echter Gegendarstellungsregelungen ausgehen[121]. *Köbl* weist zu Recht darauf hin, daß diese Einschränkung bei beiden Anstalten „systemwidrig" sei und den Gegendarstellungsanspruch überflüssig und wertlos mache[122].

Erl. B. I. 2; Thiele, Pressefreiheit, aaO. S. 54; Thies, aaO. S. 92/93, 111.

[118] Scheer, aaO. § 25 nds. PresseG Erl. Zweiter Teil III. Vgl. Arndt in Löffler, Persönlichkeitsschutz aaO. S. 52.

[119] Vgl. zu § 11 RPG: Conrad, aaO. § 11 RPG Anm. 7 m. w. N. Löffler, Kommentar, aaO. § 11 LPG Rdz. 88 m. w. N. Haase-Becher, aaO. S. 42; Köbl, aaO. S. 53. Vgl. auch BGH in NJW 1963, 1155 = UFITA Bd. 40 (1963) S. 183 mit zust. Anm. Löffler in GRUR 1963, 639, 640; OLG Düsseldorf in JR 1965, 302, 303.

[120] Vgl. die Ausführungen oben Punkt C. 1.

[121] Vgl. die obigen Ausführungen zum HR (Punkt B. 3. c) bb)) und SWF (Punkt B. 3. c) hh)). Vgl. auch den früheren § 3 Abs. 2 Satzung des WDR vom 27. Januar 1956 (GVBl. NW S. 107).

[122] aaO. S. 121; vgl. Kübler in Tempel, aaO. S. 19.

b) Berechtigtes Interesse des Betroffenen

Ein berechtigtes Interesse des durch eine Tatsachenbehauptung Betroffenen ist in fast allen Vorschriften als Korrektiv vor einem Rechtsmißbrauch eingebaut. Es entspricht damit dem allgemeinen, aus § 242 BGB entnommenen Rechtsgedanken, daß ein Anspruch nicht verfolgt werden kann, wenn er rechtsmißbräuchlich, d. h. unzulässig ausgeübt werden soll[123]. Es ist daher unerheblich, wenn die Regelungen für den BR, NDR und SR nicht ausdrücklich ein berechtigtes Interesse verlangen. Man mag sie mit *Köbl* sogar für klarer halten, da es sich bei dem berechtigten Interesse um ein allgemeines Prinzip handelt, das immer Gültigkeit hat[124]. Auch § 11 PRG enthielt im übrigen dieses Erfordernis nicht ausdrücklich, so daß man von einem „rechtlich beachtenswerten Interesse" sprach[125].

Löffler bezeichnet das berechtigte Interesse zutreffend als einen „materiellen Gesichtspunkt, der den streng formellen Charakter des Gegendarstellungsanspruchs mildert"[126]. Da der Anspruch ohne Rücksicht auf Wahrheit oder Unwahrheit eingreift, sollen hierdurch u. a. offensichtlich unwahre Gegendarstellungen ausgeschieden werden, obwohl in Einzelfällen auch eine Anwendung von § 226 BGB denkbar wäre[127]. Entscheidend ist daher im Einzelfall immer nur die Frage, ob ein berechtigtes Interesse vorliegt, nicht, ob die Entgegnung wahr ist. Dies muß – entgegen *Riewe*[128] – auch für wissenschaftliche Veröffentlichungen gelten.

Ein berechtigtes Interesse kann u. a. schließlich auch dann fehlen, wenn eine Personenmehrheit durch die gleiche Behauptung auf die gleiche Weise betroffen ist und ein Mitglied der Gruppe bereits eine Gegendarstellung erwirkt hat[129]. Es geht aber nicht an, ein berechtigtes

---

[123] Vgl. BGH in NJW 1965, 1230 mit Beispielen = UFITA Bd. 45 (1965) S. 183; Haase-Becher, a aO. S. 51/52; Oswald, aaO. S. 28; Scholz, aaO. S. 335; Wenzel, Handbuch, aaO. S. 249. A. A. Thiele, Pressefreiheit, aaO. S. 53/54.

[124] aaO. S. 66/67.

[125] Vgl. Haentzschel, aaO. § 11 RPG Anm. 5 und 6 m. w. N.

[126] Kommentar, aaO. § 11 LPG Rdz. 69 m. w. N.; ders. in NJW 1959, 417, 419. Vgl. Bappert-Selbherr, aaO. S. 566 (Verhinderung von Bagatellsachen); Bischoff, aaO. S. 306. Vgl. auch die Aufzählung bei Fuhr, Kommentar aaO. § 4 Anm. 3 b.

[127] Vgl. im einzelnen oben Punkt C. 1. und die dort angeführten Quellen; vgl. auch Riklin, aaO. S. 200/201.

[128] aaO. S. 252 (Angaben müssen richtig sein, d. h. unveränderlichen Naturgesetzen entsprechen).

[129] Vgl. Löffler, Kommentar, aaO. § 11 LPG Rdz. 44 m. w. N.; Rebmann,

Interesse auszuschließen, „wenn die Rundfunkanstalt den Interessen des Betroffenen in anderer Weise als durch Gegendarstellung, etwa durch eine eigene Erklärung der Rundfunkanstalt, in einer entsprechenden Sendung genügt" (Richtlinien des SDR, Ziff. 2)[130]. Das ist nur dann möglich, wenn diese Erklärung mit Zustimmung des Betroffenen erfolgt ist. Grundsätzlich liegt es völlig im Belieben des Betroffenen, welcher Ansprüche er sich zur Durchsetzung seines Rechts bedient (u. a. Unterlassung, Widerruf, Schadensersatz). Die Anstalt kann dieses Recht nicht durch eigene Maßnahmen beschneiden, ganz gewiß aber nicht durch unverbindliche Richtlinien[131]. Auch für den SDR gelten nämlich in Zweifelsfragen in analoger Anwendung die entsprechenden Bestimmungen anderer Gegendarstellungsregelungen sowie allgemeine Rechtsprinzipien.

c) Ausschluß bei wahrheitsgetreuer Parlaments- und Gerichtsberichterstattung

Ein Gegendarstellungsrecht ist nach den meisten Vorschriften gegenüber wahrheitsgetreuen Berichten über öffentliche Sitzungen parlamentarischer Gremien in Bund, Ländern und Gemeinden sowie der Gerichte ausgeschlossen. Die Rundfunkgesetze für den DLF, die DW und das ZDF erwähnen zusätzlich „Sendungen, deren Verbreitung durch Gesetz oder Satzung vorgeschrieben oder geboten ist".

Gesetzlich ergibt sich die Befreiung bei Parlamentsberichten aus dem Bundestag bereits aus Art. 42 Abs. 3 GG; für die Länder greifen die entsprechenden Bestimmungen der Landesverfassungen sowie § 12 StGB ein. Nur in diesem Rahmen ist die Befreiung von der Gegendarstellung daher auch beim BR, SR und SWF möglich, die über keine ausdrücklichen Regelungen verfügen. Grundsätzlich müssen die Berichte „wahrheitsgetreu" sein, was eng auszulegen und nicht mit „wortgetreu" gleichzusetzen ist[132].

---

aaO. § 11 bad.-württ. PresseG Rdnr. 1; Köbl, aaO. S. 36; Schultz, aaO. S. 320; Wenzel, Handbuch, aaO. S. 251.

[130] Vgl. oben Punkt B. 3. c) gg).

[131] Die „Unverbindlichkeit" wird nicht dadurch im Sinne eines einklagbaren Anspruchs abgeschwächt, daß der SDR eine „förmliche Bindungserklärung" gegenüber der bad.-württ. Landesregierung abgegeben hat, wie Berg aaO. meint.

[132] Haentzschel, aaO. § 11 RPG Anm. 4b; Löffler, Kommentar, aaO. § 11 LPG Rdz. 75; Rebmann, aaO. § 11 bad.-württ. PresseG Rdnr. 49/50; Wenzel, Handbuch, aaO. S. 249/250. Rundfunkaufnahmen von Gerichtsverhandlungen sind gem. § 169 Satz 2 GVG unzulässig.

Diese Ausnahmen stoßen mit Recht auf Kritik. Die zu ihrer Rechtfertigung angeführten Gründe vermögen nicht zu überzeugen, denn weder würde der Rundfunk durch die Zulassung von Gegendarstellungen übermäßig belastet, vielleicht sogar abgeschreckt, noch würde eine ausgestrahlte Gegendarstellung die Verantwortlichkeit des Abgeordneten beeinflussen können[133].

3. Frist, Form und Inhalt des Anspruchs

Es muß unterschieden werden zwischen dem Verlangen, eine Gegendarstellung zu senden, sowie dem eigentlichen Text der zu verbreitenden Gegdarstellungserklärung.

a) Unverzügliche Geltendmachung des Gegendarstellungsverlangens

Das Verlangen ist formfrei, muß aber fristgerecht gestellt werden. Gleichzeitig ist die Gegendarstellungserklärung einzureichen, die aber auch mit dem Verlangen verbunden werden kann[134]. Alle Vorschriften fordern zumindest eine „unverzügliche" Geltendmachung. NDR, RB, SR und WDR begrenzen den Anspruch darüber hinaus auf spätestens drei Monate nach der Sendung. Lediglich der BR sowie der SWF verfügen über keine Fristenregelung; hier greift daher das berechtigte Interesse als Korrektiv ein.

Gem. § 121 Abs. 1 Satz 1 BGB bedeutet „unverzüglich" ohne schuldhaftes Zögern; maßgeblich ist der Zeitpunkt des Zugehens (§ 130 Abs. 1 Satz 1 BGB). Daher ist bei einer Entscheidung innerhalb der drei Monate (Ausschlußfrist) auf den Einzelfall abzustellen. Es sind schwierige Sachverhalte denkbar, in denen der Betroffene zunächst seine Schritte in tatsächlicher und rechtlicher Hinsicht sorgfältig überprüfen muß, um eine angemessene Gegendarstellung entwerfen. Denkbar ist auch, daß er zunächst den Weg der gütlichen Auseinandersetzung mit der Rundfunkanstalt sucht, um auf andere Weise seinen Standpunkt zu erläutern. Die Definition dürfte jedoch Mißbräuche aus-

[133] So aber: Reh-Groß, aaO. § 10 hess. PresseG Anm. 8; Groß in ArchPR 1965, 521, 523; ders. in Grundzüge aaO. S. 117. Vgl. Haible, aaO. S. 138; Kloeppel, aaO. S. 238. Dagegen: Löffler, Kommentar aaO. § 11 LPG Rdz. 74; Köbl, aaO. S. 53/54 Fußnote 68.

[134] Für § 11 RPG war keine Frist vorgesehen; vgl. Conrad, aaO. § 11 RPG Anm. 5 m. w. N.; Haentzschel, aaO. § 11 RPG Anm. 8 a m. w. N. A. A. Oetker in DJZ 1906, 639 ff. Vgl. hierzu und zum Nachstehenden Löffler, Kommentar, aaO. § 11 LPG Rdz. 121 ff. m. w. N. Haase-Becher, aaO. S. 48 ff.; Haible, aaO. S. 139; Wenzel, Handbuch aaO. S. 260. Vgl. auch LG Hamburg in AfP 1972, 232/233.

schließen, obwohl eine Gegendarstellung grundsätzlich aktuell sein sollte[135].

Dies muß schon deswegen gelten, weil, anders als bei der Presse, im Rundfunk eine Behauptung vom Zeitpunkt ihrer Sendung ab nicht auf unbegrenzte Zeit reproduzierbar ist. Nur vier deutsche Anstalten haben die gesetzliche Verpflichtung, Nachrichten, Kommentare und sonstige Sendungen aufzuzeichnen und zwei (SR) bzw. vier Wochen (DLF, DW, ZDF) aufzubewahren[136]. Auch wegen dieses Umstandes sollte eine Gegendarstellung unverzüglich erfolgen, da zumindest bei Bildsendungen eine Überprüfung nach diesem Zeitpunkt nicht mehr gewährleistet ist. Diese Überprüfung sollte dem Betroffenen in angemessener Weise durch die Rundfunkanstalt gewährt werden[137]. *Haensel* verlangt darüber hinaus, dem Betroffenen im Fernsehen den Film vor der Sendung zu zeigen, damit er im Anschluß sofort seine Gegendarstellung verbreiten könne; dieser Vorschlag ist unrealistisch[138].

b) Gegendarstellungserklärung

Während bei dem Gegendarstellungsverlangen, abgesehen von der Frist, keine formellen Vorschriften beachtet werden müssen, ist die eigentliche Gegendarstellungserklärung an strenge Formerfordernisse gebunden.

aa) *Schriftform und Unterzeichnung*

Die Erklärung muß in schriftlicher Form eingereicht werden. Dies ist heute in allen Bestimmungen klar geregelt. Für den BR sowie den SWF

---

[135] Zur Schwierigkeit des Begriffs „Aktualität" v. Holstein Anm. zu OLG München in ArchPR 1965, 153. Vgl. BayObLG in NJW 1970, 1927/1928; KG in NJW 1970, 2029, 2030; OLG Celle in BB 1969, 560; OLG Hamburg in ArchPR 1965, 578; NJW 1967, 159/160 (2 Wochen); Urteil vom 18. Juli 1968 – 3 U 66/68 (unveröffentlicht) S. 11 ff.; UFITA Bd. 60 (1971) S. 334, 337; LG Hamburg Urt. vom 8. März 1971 – 74 O 84/71 (unveröffentlicht) S. 27 ff. Vgl. weiterhin Koebel in NJW 1964, 1108, 1109; Köbl, aaO. S. 65/66 m. w. N.; Oswald, aaO. S. 29; Schultz, aaO. S. 321; Wenzel, Handbuch, aaO. S. 261 ff. Vgl. auch aus presserechtlicher Sicht die ausführliche Darstellung bei Mathy, aaO. S. 158 ff.

[136] SR: § 7 Rundfunkgesetz (eingeschränkt durch § 1 VO vom 22. Dezember 1964 AmtsBl. Saar S. 1131); DLF, DW: § 32 Bundesrundfunkgesetz; ZDF: § 11 Staatsvertrag. In der Praxis bewahrt die ARD Tonbänder und Ampexbänder drei Monate auf. Vgl. Scheer, aaO. § 25 nds. PresseG Erl. Vierter Teil II.3 (betr. NDR); Bappert-Selbherr, aaO. S. 567; Haase-Becher, aaO. S. 50.

[137] Keller, aaO. S. 930.

[138] aaO. S. 250/251.

ergibt es sich konkludent aus der Fassung der Vorschrift. Alle Regelungen verlangen weiterhin die Unterzeichnung der Erklärung; für bildliche Darstellungen gilt Entsprechendes. Soweit dies nicht – wie bei RB und dem SFB – ausgesprochen ist, greift § 126 Abs. 1 BGB ein.

Im Zusammenhang mit der geforderten Unterschrift haben sich im wesentlichen zwei Probleme ergeben. Es ist heute kaum noch bestritten, daß die Unterzeichnung nicht nur handschriftlich erfolgen kann. Die Unterschrift besitzt lediglich Legitimationsfunktion. Ist der Unterzeichnete daher identifiziert, wäre es ein sinnloser Formalismus, an diesem Erfordernis festzuhalten[139]. Beim DLF, der DW, dem ZDF, dem BR und dem SDR kann darüber hinaus bei Zweifeln an der Echtheit der Unterschrift deren Beglaubigung verlangt werden.

Lange Zeit war auch bestritten, ob die Unterzeichnung möglicherweise auch durch einen Stellvertreter erfolgen kann. NDR, SR und WDR haben diese Frage dahingehend gelöst, daß nur der Betroffene und sein gesetzlicher, nicht der gewillkürte Vertreter unterzeichnungsberechtigt sind. Die übrigen Vorschriften verlangen die Unterzeichnung durch den Betroffenen. Relevant bleibt die Frage daher nur für RB und den SFB. Wenn hierfür insoweit auch § 126 Abs. 1 BGB eingreift und eine gewillkürte Stellvertretung im Rahmen dieser Vorschrift anerkannt ist[140], so wird man dennoch wegen des höchstpersönlichen Charakters eine Stellvertretung in der Regel ausschließen müssen[141]. Eine Gegendarstellung kann nämlich sinnvollerweise nur vom Betroffenen selbst verfaßt werden, der anderenfalls – und das wäre als Ausnahme denkbar – eine genau begrenzte Vollmacht ausstellen müßte[142].

---

[139] H. M.: Löffler, Kommentar, aaO. § LPG Rdz. 98 mit vielen Nachweisen; Rebmann, aaO. § 11 bad.-württ. PresseG Rdnr. 26. Greiff in NJW 1950, 241, 243; Haase-Becher, aaO. S. 45; Haible, aaO. S. 239/240; Köbl, aaO. S. 56/57; Scholz, aaO. S. 326. A. A. OLG Hamburg in AfP 1971, 37; v. Gamm, Massenmedien aaO. Rdz. 82; Wenzel, Handbuch, aaO. S. 258/259. Vgl. OLG Frankfurt in NJW 1953, 1068; OLG Düsseldorf in NJW 1970, 760. Vgl. zu § 11 RPG Haentzschel, aaO. § 11 RPG Anm. 8 b m. w. N.

[140] Palandt-Danckelmann/Heinrichs, aaO. § 126 BGB Anm. 4 unter Hinweis auf RGZ 81, 1.

[141] OLG Köln in UFITA Bd. 64 (1972) S. 337, 340/341; AG Hamburg in AnwBl. 1954, 129; Magen, aaO. S. 325; Schultz, aaO. S. 320; Wenzel, Handbuch, aaO. S. 259. A. A. Bischoff, aaO. S. 306 und die bei Löffler zitierten Quellen. Zweifelnd Löffler, Kommentar, aaO. § 11 LPG Rdz. 99 ff. m. w. N.; ders. in ArchPR 1962, 229, 231.

[142] Haase-Becher, aaO. S. 45/46; Köbl, aaO. S. 57/58 m. w. N.; Thies, aaO. S. 94/95: Vgl. KG in NJW 1970, 2029, 2031 (auch bei allgemeiner Verfahrensvollmacht).

bb) *Inhaltliche Voraussetzungen*

Die Gegendarstellung muß die beanstandete Sendung (DLF, DW, ZDF, SDR) bzw. die beanstandeten Stellen (BR) bezeichnen. Selbst ohne ausdrückliche gesetzliche Bestimmung würde sich dieses Erfordernis bereits aus dem Grundgedanken der Gegendarstellung ergeben. Die Beziehung muß sich zumindest sinngemäß aus dem Wortlaut der Gegendarstellung entnehmen lassen.

Da sich der Anspruch nur gegen Tatsachenbehauptungen richtet, muß sich auch die Gegendarstellung auf tatsächliche Angaben beschränken, wie dies in allen Bestimmungen vorgesehen ist. Hierunter können auch bildliche Darstellungen verstanden werden. Mit der Gegendarstellung wird das Ziel des Anspruchs – Tatsachen gegen Tatsachen – erfüllt. Dies ist aber nur möglich, wenn man in engem Rahlen auch zusätzliche, möglicherweise sogar neue Tatsachen zuläßt, soweit der gedankliche Zusammenhang gewahrt bleibt[143]. Aus dem formellen Charakter des Anspruchs folgt, daß auch die tatsächlichen Angaben in der Gegendarstellung nicht der Wahrheit zu entsprechen brauchen. Möglicherweise kann jedoch in diesen Fällen ein berechtigtes Interesse fehlen[144].

Als dritte inhaltliche Voraussetzung ist erforderlich, daß die Gegendarstellung keinen strafbaren Inhalt hat. Diese Forderung ist in allen Bestimmungen enthalten. Es kann dem Anspruchsverpflichteten nicht zugemutet werden, sich straf- oder zivilrechtlicher Verfolgung auszusetzen[145]. Der Inhalt einer Gegendarstellung ist „strafbar", wenn die Tatbestandsmerkmale einer strafrechtlichen Norm objektiv und rechtswidrig erfüllt sind, d. h. wenn eine „mit Strafe bedrohte Handlung" vorliegt[146].

cc) *Angemessenheit des Umfangs*

Alle Regelungen begrenzen heute – im Gegensatz zu § 11 RPG – durch unterschiedliche Formulierungen die Länge der Gegendarstellung; beim SWF ergibt sich dies konkludent aus der Kostenregelung.

---

[143] Zum Begriff der Tatsache oben Punkt D. 2. a) aa) sowie Rebmann, aaO. § 11 bad.-württ. PresseG Rdnr. 115/116; Greiff in NJW 1950, 241, 242; Köbl, aaO. S. 63/64 m. w. N. Vgl. Haentzschel, aaO. § 11 RPG Anm. 9 b und c.

[144] Vgl. oben Punkt D. 2. b).

[145] Löffler, Kommentar, aaO. § 11 LPG Rdz. 103 ff. m. w. N. Vgl. auch Schultz, aaO. S. 321; Wenzel, Handbuch, aaO. S. 255/256.

[146] Im Strafrecht z. B. §§ 42 b, 48, 49, 330 a. Vgl. Dreher, aaO. Vorbem. D. 3. vor § 47 StGB. Vgl. auch Köbl, aaO. S. 62.

Beim DLF, der DW, dem ZDF, dem BR sowie dem SDR darf die Gegendarstellung den Umfang des beanstandeten Teils der Sendung nicht wesentlich übersteigen (BR: Wortlaut der Sendung nicht wesentlich überschreiten). Der HR beschränkt sich auf einen „angemessenen Umfang". Die restlichen Anstalten halten den Umfang für angemessen, wenn durch die Gegendarstellung der Umfang des beanstandeten „Textes" nicht wesentlich überschritten wird.

Was im Einzelfall als angemessen zu gelten hat, läßt sich nur aus den besonderen Umständen des Falles entnehmen. Man sollte zum Schutz des Betroffenen einen großzügigen Maßstab anlegen, da eine Erwiderung auch über die ursprüngliche Sendezeit hinausgehen kann, wenn sie ihren Zweck vor dem Forum der Öffentlichkeit erfüllen soll[147]. Der Anregung von *Haase-Becher*, einen gesetzlich ausdrücklich festgelegten, in absoluten Zahlen gefaßten Umfang zu bestimmen, sollte nicht gefolgt werden[148]. Den Interessen des Betroffenen würde damit nicht gedient. Zwar fällt ihm nach den geltenden Regelungen zunächst die Pflicht zu, selbst zu bestimmen, was er für angemessen hält. Dies wird aber nicht nur bei komplizierten Sachverhalten meist zu seinem Vorteil ausschlagen.

4. Erfüllung des Anspruchs

Der Gegendarstellungsanspruch ist erst dann erfült, wenn die vorgelegte Fassung zur richtigen Zeit, auf die richtige Art und Weise sowie ohne Veränderung gesendet worden ist.

a) Mitwirkungspflicht der Rundfunkanstalt
bei der Formulierung der Gegendarstellung

Eine Verpflichtung der Rundfunkanstalt zur Sendung der Gegendarstellung besteht nur insoweit, als die Darstellung den gesetzlichen Erfordernissen entspricht. Tut sie dies als Ganzes oder auch nur zu Teilen nicht, wäre die Anstalt nach dem Gesetz berechtigt, eine Sendung ohne weitere Nachricht und ohne Angabe von Gründen abzulehnen. Diese Konsequenz kann jedoch wegen der offensichtlichen Nachteile

---

[147] OLG Hamburg in ArchPR 1965, 758; NJW 1968, 1337 (großzügiger Maßstab bei öffentlichem Interesse) mit abl. Anm. Sellheim in NJW 1968, 2383 (Aushöhlung des formellen Charakters); LG Hamburg Urt. vom 8. März 1971 – 74 O 84/71 (unveröffentlicht) S. 35; Löffler, Kommentar, aaO. § 11 LPG Rdz. 70, 112, 117 ff., 196; Scheer, aaO. § 11 nds. PresseG Erl. B. I. 1; Oswald, aaO. S. 28; Reumann, aaO. S. 27 ff.; Wenzel, Handbuch, aaO. S. 257/258.

[148] Haase-Becher, aaO. S. 191/192. Vgl. Helle, Schutz, aaO. S. 191.

für die Mehrheit der rechtsunkundigen Betroffenen nicht dem Willen des Gesetzgebers entsprechen.

Es besteht Einigkeit darüber, daß die Gegendarstellung grundsätzlich in veröffentlichungsreifer Form einzureichen ist. Daraus sowie aus der Gesetzesfassung folgerte vor allem ein Teil der älteren Rechtsprechung, man könne vom Anspruchsverpflichteten lediglich die Veröffentlichung verlangen; jede weitere Mitwirkung sei ihm nicht zuzumuten[149]. Das OLG Frankfurt bezog in zwei vereinzelt gebliebenen Entscheidungen einen entgegengesetzten Standpunkt: vor allem aus der Aufgabe der Presse (objektive Informationspflicht gegenüber der Öffentlichkeit) sowie aus praktischen Gründen resultiere eine aktive Mitwirkungspflicht bei der Änderung teilweise unzulässiger Passagen[150].

Die wohl herrschende Meinung lehnt eine positive Mitwirkungspflicht dagegen zu Recht ab. Der Anspruchsverpflichtete geriete durch die Überarbeitung der Gegendarstellung in einen Interessenkonflikt zwischen seinen Interessen als Verfasser der Tatsachenbehauptung und denen des Betroffenen auf möglichst positive Wiedergabe des eigenen Standpunktes[151]. Ihm ist daher nach Treu und Glauben vielmehr lediglich eine Hinweispflicht aufzuerlegen, den Berechtigten über die Ablehnung und deren Gründe zu informieren[152]. Es ist dann Sache des Berechtigten, weitere Schritte zu unternehmen. Diese Auffassung erscheint als billiger Ausgleich der beiderseitigen Interessen. Sie fand gesetzlich zum ersten Mal in Art. 17 Abs. 3 und 4 des Anfang 1972 geänderten Bayerischen Rundfunkgesetzes ihren Niederschlag.

---

[149] Heute nicht mehr herrschend; OLG Celle in NJW 1953, 1767; OLG München in NJW 1954, 927; LG Mannheim in NJW 1956, 384, 386 mit abl. Anm. Greiff. Vgl. auch v. Gamm, Massenmedien, aaO. Rdz. 82; Kloeppel, aaO. S. 241; Nesselkauf, aaO. S. 757/758 mit sehr einseitiger Begründung; Neumann-Duesberg in JR 1956, 288. Beachte auch den Rechtsgedanken des § 139 BGB. Ähnlich wohl auch Fuhr, Kommentar, aaO. § 4 Anm. 2. g) und j).

[150] NJW 1950, 270 und NJW 1953, 1068, 1069. Zustimmend, aber doch mehr zu einer Ablehnung tendierend Greiff in NJW 1950, 241, 243 und in Anm. zu LG Mannheim in NJW 1956, 384, 386. Vgl. auch OLG München in NJW 1955, 267 und Riklin, aaO. S. 202.

[151] Vgl. Haase-Becher, aaO. S. 195 ff., die diesen Gesichtspunkt zutreffend für das entscheidende Argument hält.

[152] KG in NJW 1970, 2031; OLG Düsseldorf in NJW 1970, 760, 761; OLG Frankfurt in NJW 1971, 471, 472; OLG München in NJW 1965, 2161, 2163. Löffler, Kommentar, aaO. § 11 LPG Rdz. 145/146, der fälschlicherweise noch die zuerst erwähnte Auffassung als herrschend bezeichnet; erweiternd Rebmann, aaO. § 11 bad.-württ. PresseG Rdnr. 35; so auch Scheer, aaO. § 11 nds. PresseG Erl. C. IV. 3; Koebel in NJW 1963, 790, 791/792;

b) Sendung der Gegendarstellung

Zu Recht regelt das Gesetz im einzelnen, wie die Veröffentlichung der Gegendarstellung zu erfolgen hat. Dies geschieht im Interesse des Betroffenen, dessen Erklärung seitens der Rundfunkanstalt sonst zu leicht durch eine verzögerte Sendung, durch eine zeitlich und programmäßig ungünstige Placierung sowie durch Zwischenbemerkungen, Nachsätze oder eine wenig wirkungsvolle Gestaltung verfälscht werden könnte.

aa) *Art und Weise der Ausstrahlung*

Die Gegendarstellung ist nach allen Bestimmungen „unverzüglich" auszustrahlen, d. h. nach der Legaldefinition des § 121 Abs. 1 Satz 1 BGB „ohne schuldhaftes Zögern". Sie wird auch bereits deswegen nicht immer sofort ausgestrahlt werden können, da große Teile des Programms gerade in den Abendstunden langfristig im Verbund mit anderen Anstalten verplant sind (ARD, Eurovision, Gastspiele, Satellitensendungen usw.), wobei viele Anfangszeiten wegen der gemieteten Übertragungswege auf die Minute genau abgestimmt sein müssen. Entscheidend werden daher auch hier die Umstände des Einzelfalles sein. Wird wie beim HR und SR auf presserechtliche Vorschriften verwiesen, gelten die dort entwickelten Überlegungen zum Begriff der „nächsten, für den Druck noch nicht abgeschlossenen Nummer" entsprechend[153].

DLF und DW verlangen die Sendung der Gegendarstellung ausdrücklich in „gleicher Art und Weise". Dem entspricht der in den Vorschriften anderer Anstalten verwandte analoge presserechtliche Begriff des „gleichen Teils des Druckwerks" sowie der „gleichen Schrift". ZDF und BR haben keine ausdrückliche Regelung, doch greifen hier presserechtliche Grundsätze analog ein[154]. Dies beduetet zunächst, daß die Gegendarstellung im Vergleich zur beanstandeten Sendung in

---

Köbl, aaO. S. 71; Löffler in ArchPR 1962, 229, 231 und in DÖV 1962, 380, 381; ders. zweifelnd in GRUR 1963, 639, 640 (Anm. zu BGH in NJW 1963, 1155 = UFITA Bd. 40 [1963] S. 183); Mathy, aaO. S. 160; Sänger, aaO. S. 755/756 mit einem Vorschlag zur Änderung des hess. PresseG; Schultz, aaO. S. 322 (aus Kostengesichtspunkten); Wenzel, Handbuch, aaO. S. 264; ders. in NJW 1963, 1710, 1711; ders. in ArchPR 1968, 756. A. A. Groß, Grundzüge, aaO. S. 114/115.

[153] Scheer, aaO. § 25 Nds. PresseG Erl. Dritter Teil I. 2. Vgl. Löffler, Kommentar, aaO. § 11 LPG Rdz. 129 ff. m. w. N.

[154] Vgl. zur Presse: Löffler, Kommentar, aaO. § 11 LPG Rdz. 137 ff. m. w. N.; Rebmann, aaO. § 11 bad.-württ. PresseG Rdnr. 31 ff.; vgl. zum Problem des „presserechtlichen Druckwerks", auch im folgenden, Gesing in NJW 1972, 617.

einer gleichwertigen Aufmachung in Sprache und Bild zu verbreiten ist. In Verbindung mit dem Merkmal der Unverzüglichkeit heißt es aber auch, daß sie im Rahmen der gleichen oder einer vergleichbaren Sendung einzusetzen ist. Für einmalige tägliche oder auch wöchentlich ausgestrahlte Programme ist dies nicht problematisch, da die Gegendarstellung innerhalb der nächsten Tage oder Woche gesendet werden könnte. Bei monatlich wiederkehrenden Programmen – wie z. B. einigen Fernseh-Magazinen – werden jedoch mindestens vier Wochen bis zur Sendung der Gegendarstellung vergehen können. Für den SWF ist daher ausdrücklich bestimmt, daß die Gegendarstellung am übernächsten Tag nach Eingang der Erklärung zu erfolgen habe, falls eine vergleichbare Sendung für denselben Hörerkreis nicht innerhalb einer Woche vorgesehen ist. Diese Formulierung entspricht fast wörtlich einem früheren Vorschlag von *Greiff*[155].

Die Gegendarstellung hat nach allen Bestimmungen entweder ausdrücklich oder analog presserechtlichen Bestimmungen (BR, HR, SR) für den „gleichen Bereich" verbreitet zu werden. Dieser Begriff ist räumlich zu verstehen. Die Hörfunk- und Fernsehteilnehmer eines bestimmten Sendebereichs, die die beanstandete Sendung empfangen haben, müssen auch in die Lage versetzt werden, die Gegendarstellung zu vernehmen.

„Dem Erfordernis des „gleichen Teils des Druckwerks" im Presserecht entspricht teilweise die Forderung nach „gleichwertiger Sendezeit" im Rundfunk, die für alle Anstalten gilt[156]. Beim BR muß auf Verlangen des Betroffenen sogar die gleiche Sendezeit gewährt werden. Die Gleichwertigkeit, d. h, die zu einer bestimmten Zeit zu erwartende Teilnehmerzahl sowie ihre soziologische Zusammensetzung läßt sich Erfahrungssätzen entnehmen.

DLF, DW und ZDF untersagen ausdrücklich eine Erwiderung auf die Gegendarstellung am gleichen Tage. Die übrigen Anstalten – beim SWF in Analogie zum Presserecht – beschränken eine Erwiderung auf tatsächliche Angaben. Alle Vorschriften verlangen aber übereinstimmend, daß die Gegendarstellung „ohne Einschaltungen oder Weglassungen" zu erfolgen habe. Hierdurch wird garantiert, daß die vom Betroffenen eingereichte Gegendarstellung in der von ihm formulierten Fassung auch tatsächlich in dieser Form gesendet wird. Diese Vor-

---

[155] NJW 1950, 761, 764. Vgl. R e u m a n n , aaO. S. 15 ff.; R i k l i n , aaO. S. 203/204.

[156] Vgl. K e l l e r , aaO. S. 929; K ö b l , aaO. S. 122; S c h m i d t - O s t e n, aaO. S. 5.

schrift ist zum Schutz des Betroffenen eng auszulegen[157]. Gleiches gilt sinngemäß für die An- bzw. Abmoderation vor bzw. nach Gegendarstellungen[158]. Wird hierbei durch Wort, Bild oder Geste wertend Stellung genommen, so ist der Anspruch möglicherweise nicht erfüllt. Treten dagegen seitens der Anstalt neue Tatsachenbehauptungen hinzu, kann insoweit ein neuer Anspruch begründet sein. Der übliche Hinweis der Rundfunkanstalten, die Wahrheit von Behauptung und Gegenbehauptung werde im Gegendarstellungsverfahren nicht geklärt, ist allerdings aus Informationsgründen für zulässig zu erachten.

bb) *Bildliche Gegendarstellung im Fernsehen*

Wenn man, wie die herrschende Meinung, zu Recht anerkennt, daß auch bildliche Darstellungen wegen ihres Tatsachencharakters den Anspruch auslösen können, kann es dem Anspruchsberechtigten nicht verwehrt sein, als Gegendarstellung auch ein Bild einzureichen. Sind die übrigen Voraussetzungen des Anspruchs erfüllt und begründet das Bild selbst und nicht nur der Begleittext den Anspruch, so ist das Fernsehen zur Gegendarstellung verpflichtet[159].

Diese Forderung läßt sich nicht de lege lata aufstellen, entspricht aber de lege ferenda dem Sinn des Anspruchs. In der Praxis wird sie allerdings kaum relevant. Das dürfte u. a. auch der Grund sein, warum dieses Problem in keiner gesetzlichen Vorschrift erwähnt wird. Einzig die Richtlinien des SDR lassen eine bildmäßige Gegendarstellung – unter fälschlichem Hinweis auf die „Richtigkeit“ – zu, „als bei einer unrich-

---

[157] Rebmann, aaO. § 11 bad.-württ. PresseG Rdnr. 34; Scheer, aaO. § 25 nds. PresseG Erl. Dritter Teil IV. Vgl. Bappert-Selbherr, aaO. S. 567; Wenzel, Handbuch, aaO. S. 266 ff. Vgl. auch Haentzschel, aaO. § 11 RPG Anm. 10 a.

[158] Im Bereich der Presse bekannt als „Glossierungsbeschränkung“; vgl. hierzu: OLG Frankfurt in NJW 1965, 2163/2164; OLG Karlsruhe in NJW 1965, 979/980; Löffler, Kommentar, aaO. § 11 LPG Rdz. 135/136; Reh-Groß, aaO. § 10 hess. PresseG Anm. 6; Scheer, aaO. § 11 nds. PresseG Erl. C. VII. Vgl. Fuhr, Kommentar, aaO. § 4 Anm. 4 d) mit Hinweisen zur Rechtsprechung; Bappert in ArchPR 1965, 524; Bischoff, aaO. S. 306; Haase-Becher, aaO. S. 53 ff., 194/195; Haible, aaO. S. 141/142; Köbl, aaO. S. 70/71. Vgl. Reumann, aaO. S. 25 ff.; Riklin, aaO. S. 204.

[159] Vgl. hierzu oben Punkt D. 2. a) bb) (Tatsachenbehauptung) und D. 3. b) bb) (Inhaltliche Voraussetzungen) sowie die dort angeführten Hinweise. Kupke, aaO. S. 239 hält nur eine akustische Wiedergabe für zulässig; ähnlich, auf die Presse bezogen, Hirsch, aaO. S. 69 und Regensburger, aaO. S. 57; ähnlich auch Wenzel, Handbuch, aaO. S. 248. Vgl. die Ausführungen Beyers, aaO. S. 583 (Adäquanz).

tigen bildlchen Darstellung die Richtigstellung nur bildmäßig möglich ist"[160].

Abgesehen von der bloßen Verwechslung von Personen ist bislang kaum ein Fall ersichtlich, in dem das Fernsehen eine bildliche Gegendarstellung gesendet hat[161]. 1965 filmte „Report" Verlagsgebäude kleinerer Heimatzeitungen in Franken derart, daß beim Zuschauer der Eindruck entstehen mußte, es handele sich um „sterbene Zeitungen". Die Betroffenen akzeptierten jedoch eine wörtliche Gegendarstellung, so daß es nicht zu einem klärenden Musterprozeß kam[162]. Man sollte in der Regel jedoch den Grundsatz beibehalten, den eingereichten Text durch einen Sprecher des Fernsehens verlesen zu lassen[163]. Eine bildliche Gegendarstellung ist nur dann gerechtfertigt, wenn die Tatsachenbehauptung ausschließlich in dem Bild selbst liegt.

cc) *Mitwirkung des Betroffenen*

Es fragt sich in diesem Zusammenhang, wie weit der Betroffene selbst an der Gestaltung der Gegendarstellung mitwirken darf. Nach dem Gesetz beschränkt sich seine Tätigkeit darauf, die Gegendarstellung zu formulieren, allenfalls ein eigenes Bild zur Verfügung zu stellen. Die Durchführung ist grundsätzlich Sache der Rundfunkanstalt[164].

Im Hörfunk besteht keine Notwendigkeit, den Betroffenen selbst auftreten zu lassen, da die Verlesung der Gegendarstellung durch einen neutralen Sprecher wesentlich objektiver erfolgt[165]. Im Gegensatz zu *Scholz* sind auch kaum Fälle denkbar, in denen dies möglicherweise zweckmäßiger wäre[166]. Anders allerdings beim Fernsehen, in dem dem Betroffenen durchaus daran gelegen sein kann, seine Gegendarstellung in Ausnahmefällen selbst zu verlesen[167]. Ebenso könnte er ein Interesse daran haben, statt eines bloßen Standfotos einen kurzen Filmbericht ausstrahlen zu lassen. Dies gilt allerdings nur unter der

---

[160] Ziff. 3; vgl. Anhang Punkt A. 1. d).

[161] Einzige Ausnahme: WDR im Dezember 1970 (Bentz).

[162] Vgl. Merkel, aaO. S. 1796 ff.; Riklin, aaO. S. 206. Vgl. hierzu auch ZV + ZV 1965, 1176 ff.

[163] So auch Reumann, aaO. S. 16.

[164] Löffler, Kommentar, aaO. § 11 LPG Rdz. 200; vgl. ders., aaO. Rdz. 127.

[165] Scheer, aaO. § 25 nds. PresseG Erl. Vierter Teil III; Burger, aaO. S. 138; Greiff in NJW 1950, 761, 762; Riklin, aaO. S. 199. Vgl. Haensel, aaO. S. 250.

[166] aaO. S. 340. Vgl. Burger, aaO. S. 138.

[167] Vgl. Scheer, aaO. § 25 nds. PresseG Erl. Vierter Teil IV. 1.; gegen eine Ausweitung des Anspruchs ders. aaO. ebd. IV 4.

Voraussetzung, daß sich die beanstandete Tatsachenbehauptung überwiegend aus dem gesendeten Bildmaterial ergibt. Soweit der Betroffene selbst einen Film herstellt, wird der Anspruch auch in Ausnahmefällen in dieser Form begründet sein[168]. Der Anspruch würde jedoch über Gebühr ausgeweitet, wenn man die Rundfunkanstalten – wie *Keller*[169] – verpflichten wollte, bei der Herstellung der Bilder oder des Films technisch, etwa durch ein Kamerateam, mitzuwirken.

c) Kostenpflicht

Die Kosten für die ausgestrahlte Gegendarstellung trägt die Rundfunkanstalt (BR, SR, SDR und SWF). Der HR übernimmt nur dann die Kosten, wenn der Umfang der beanstandeten Erstmitteilung durch die Gegendarstellung nicht überschritten wird. NDR, RB und SFB schließen die Kostenpflicht bei einer Gegendarstellung gegen Anzeigen aus. Die allgemeinen presserechtlichen Grundsätze gelten analog für den DLF, die DW sowie das ZDF, die keine besondere Regelung besitzen.

Die Kostenpflicht ist ein publiztisches Risiko, das der Anspruchsverpflichtete auf Grund seiner Funktion und seines vorangegangenen Tuns zu tragen hat[170]. Insoweit läßt sich der Anspruch unter Vorbehalten mit Tatbeständen aus dem Bereich der Gefährdungshaftung vergleichen. Die Kostenpflicht erstreckt sich allerdings nur auf die eigene Sphäre (vorherige Korrespondenz, Abspielen der Bänder, Versenden von Filmen und Bändern, Sendung usw.). Es wäre unbillig, der Rundfunkanstalt zusätzlich die Kosten des Berechtigten aufzubürden, die in dessen Sphäre anfallen können (z. B. Fahrtkosten zum nächstgelegenen Studio zum Abhören des Bandes oder Abspielen des Filmes). Kommt es zu einem gerichtlichen Verfahren, gelten die Kostenbestimmungen der ZPO. Darüber hinaus sind Schadensersatzansprüche lediglich im Rahmen der allgemeinen Vorschriften des BGB geltend zu machen[171].

---

[168] Burger, aaO. S. 138; Keller, aaO. S. 930.

[169] aaO. S. 930. Ablehnend auch Fuhr, Kommentar, aaO. § 4 Anm. 4 b, der sich jedoch zusätzlich auf das formalistische Argument der „eigenhändigen persönlichen Unterzeichnung" stützt.

[170] Vgl. zur Presse: Löffler, Kommentar, aaO. § 11 LPG Rdz. 120, 142; Haase-Becher, aaO. S. 47/48; Haible, aaO. S. 141; Köbl, aaO. S. 73/74. Vgl. auch die ausdrückliche Regelung für den SDR, Ziff. 5 der Richtlinien (selbst gestaltete Sendungen).

[171] Löffler, Kommentar, aaO. § 11 LPG Rdz. 165 m. w. N. Vgl. zu immateriellen Schäden sowie zu Schadensersatzansprüchen des Anspruchsverpflichteten die ausführliche Darstellung bei Haase-Becher, aaO. S. 210 ff. mit vielen Nachweisen.

5. Gerichtliche Durchsetzung

Unter der Geltung des § 11 RPG war heftig umstritten, auf welche Weise der Gegendarstellungsanspruch gerichtlich durchzusetzen sei, da die strafrechtlichen Sanktionen allgemein als unzureichend empfunden wurden[172]. Heute dagegen ist in allen Vorschriften ausnahmslos – beim SDR analog – der ordentliche Rechtsweg eröffnet. Das Gesetz sagt jedoch nichts über das Problem der Zuständigkeit aus.

a) Zuständigkeit

Da der Anspruch nach herrschender Meinung nichtvermögensrechtlicher Natur ist, ist gem. §§ 23 Nr. 1, 71 Abs. 1 GVG das Landgericht als 1. Instanz sachlich zuständig[173].

Auch zur Frage der örtlichen Zuständigkeit bestehen kaum Meinungsverschiedenheiten. Zur Geltendmachung der Veröffentlichung einer Gegendarstellung kommen entweder der allgemeine Gerichsstand des verantwortlichen Sendeleiters (§§ 12 ,13 ZPO) oder der der Rundfunkanstalt (§ 17 ZPO) in Betracht. Der Betroffene kann demnach zwischen diesen beiden Gerichtsständen wählen, da die Anspruchsverpflichteten gesamtschuldnerisch haften[174]. In diesem Fall kann gem. § 36 Ziff. 3 ZPO auch ein gemeinsamer Gerichtsstand bestimmt werden[175].

Der Gerichtsstand der unerlaubten Handlung (§ 32 ZPO) greift nicht ein, da der Anspruch keinen deliktischen Charakter hat. Auch die Auffassung *Neumann-Duesbergs*, § 29 ZPO (Erfüllungsort) anzuwenden, stieß auf einhellige Ablehnung, da der Anspruch ein gesetzliches, kein

---

[172] Vgl. oben Punkt C. 2. a)/b). Vgl. zur Entwicklung Löffler, Kommentar, aaO. § 11 LPG Rdz. 147 ff. m. w. N.

[173] Vgl. oben Punkt C. 3.; der Streitwert ergibt sich aus § 14 GKG.

[174] Mit Ausnahme des BR, SFB und SWF. OLG Frankfurt in NJW 1960, 2059/2060. Löffler, Kommentar, aaO. § 11 LPG Rdz. 157 m. w. N.; ders. in ArchPR 1962, 229, 230; Palandt-Thomas, aaO. Einf. 9 b) vor § 823 BGB; Rebmann, aaO. Rdnr. 2 vor § 11 bad.-württ. PresseG; Roeber-Alberding, aaO. Vorbem. 3. b) zu § 11 nw. PresseG. Groß, Grundzüge, aaO. S. 116; Haase-Becher, aaO. S. 62/63; Koebel in NJW 1963, 790, 791; ders. in NJW 1964, 1108, 1110; Köbl, aaO. S. 144 ff. (analoge Anwendung von § 32 ZPO); Scholz, aaO. S. 338; Schultz, aaO. S. 320; Wenzel, in JZ 1962, 112/113; ders. in Handbuch aaO. S. 271/272. Unter Verkennung des Problems Haensel, aaO. S. 251. Vgl. zu den entsprechenden strafprozessualen Problemen LG Arnsberg in UFITA Bd. 47 (1966) S. 345 und Dorbritz, aaO. S. 1209.

[175] Vgl. hierzu Baumbach-Lauterbach, aaO. § 36 ZPO Anm. 3 c).

vertragliches Schuldverhältnis beinhaltet[176]. Eine Prorogation gem. § 40 Abs. 2 ZPO scheidet gleichfalls aus.

b) Einstweilige Verfügung

Die Eröffnung des ordentlichen Rechtsweges allein bedeutet jedoch noch nicht, daß der Anspruch auf Verbreitung der Gegendarstellung auch im Verfahren der Einstweiligen Verfügung (mit der Vollstrekkungsmöglichkeit gem. § 888 ZPO) geltend gemacht werden kann.

aa) *Gesetzliche Regelung*

Wegen der Notwendigkeit, den Anspruch schnell und ohne Rücksicht auf die Wahrheit sowie ein zeitraubendes Beweisverfahren durchzusetzen, forderten Lehre und Rechtsprechung schon vor der späteren gesetzlichen Regelung, die Einstweilige Verfügung, z. T. allerdings mit Einschränkungen, zuzulassen[177]. Die verfassungsrechtlichen Bedenken hinsichtlich der entsprechenden Kompetenz des Landesgesetzgebers konnten bald überwunden werden[178].

Eine Einstweilige Verfügung ist daher heute in allen Bestimmungen mit Ausnahme des ZDF, BR, SDR und des SWF ausdrücklich vorgesehen. Aber auch in den letzteren Fällen wird von der herrschenden Meinung zu Recht wegen der ratio legis sowie wegen der gegenseitigen Interessen der Parteien eine Einstweilige Verfügung für zulässig erachtet[179]. Für den Bereich von RB, des SR, SFB sowie des WDR (Ver-

---

[176] DÖV 1962, 380 unter Aufgabe seiner Ansicht in NJW 1960, 2032, 2034. Vgl. auch oben Punkt C. 2. c) aa).

[177] OLG Stuttgart in NJW 1962, 2066, 2067; LG Mannheim in NJW 1956, 384 mit insoweit abl. Anm. Greiff ebd. S. 385 und zust. Anm. Neumann-Duesberg in NJW 1956, 833; AG Kirchhain in NJW 1955, 470; Bappert in ArchPR 1963, 399; Greiff in NJW 1950, 241, 243/244; ders. in NJW 1950, 761, 764; Held, aaO. S. 734; Koebel in NJW 1963, 790, 792; Anm. Löffler in JZ 1956, 344, 345 zu OLG Hamburg ebd.; ders. in ArchPR 1962, 229, 230; ders. Anm. in GRUR 1963, 639, 640 zu BGH NJW 1963, 1155 = UFITA Bd. 40 (1963) S. 183; Neumann-Duesberg in JR 1956, 289/290; ders. in DB 1957, 861/862; ders. in NJW 1960, 2032, 2035; Nipperdey, aaO. S. 28; Scholz, aaO. S. 339; Thies, aaO. S. 108 ff. m. w. N.; Wenzel in JZ 1962, 112. Vgl. OLG Hamburg in JZ 1956, 344. Haase-Becher, aaO. S. 60 ff. Vgl. aber Beyer Anm. in NJW 1968, 1138 zu BGH NJW 1968, 792: „formal bleibendes Besserwissen" (= UFITA Bd. 54 [1969] S. 261.

[178] Vgl. BGH in NJW 1965, 1230 = UFITA Bd. 40 (1963) S. 183; NJW 1968, 792 = UFITA Bd. 54 (1969) S. 261; Löffler, Kommentar, aaO. § 11 LPG Rdz. 153/154 m. w. N.; Scheer, aaO. § 11 nds. PresseG Erl. D. I. 2. und 3.; ders. aaO. § 11 bad.-württ. PresseG Erl. 4. a). Haible, aaO, S. 144/145. Wenzel, Handbuch, aaO. S. 272 ff. hält die Regelung für verfassungswidrig.

[179] OLG München in NJW 1965, 2161. Löffler, Kommentar, aaO. § 11 LPG

fahren zur Hauptsache findet nicht statt) ist ausschließlich die Einstweilige Verfügung anwendbar. Zum gleichen Ergebnis gelangt man über eine Nichtanwendbarkeit des § 926 ZPO für den DLF und die DW.

Kann der Betroffene demnach gegenüber allen Rundfunkanstalten seinen Anspruch im Einstweiligen Verfügungsverfahren geltend machen, so lassen die Regelungen beim ZDF, BR, HR, SDR und SWF nach dem Wortlaut der jeweiligen Vorschriften daneben auch ein Hauptverfahren zu. Diese Verfahrensart wird der Natur sowie dem Ziel des Gegendarstellungsanspruchs nicht gerecht. Wegen der Formalitäten und der Dauer eines solchen Hauptverfahrens scheidet es nach herrschender Meinung in der Regel neben dem Verfahren der Einstweiligen Verfügung aus[180]. Weitergehende Ansprüche der Parteien, d. h. die eigentliche Auseinandersetzung über Wahrheit und Unwahrheit, werden hierdurch jedoch nicht abgeschnitten. Es erscheint im übrigen auch sehr fraglich, ob nach Erlaß einer Einstweiligen Verfügung noch ein Rechtsschutzinteresse für die Entscheidung in einem späteren Hauptverfahren vorliegen wird[181]. Aber selbst ohne ein Hauptverfahren verbleiben dem Anspruchsverpflichteten genügend juristische Möglichkeiten, um die Erfüllung des Anspruchs lange Zeit hinauszuzögern[182].

Rdz. 152 m. w. N., 199. Ähnlich Fuhr, Kommentar, aaO. § 4 Anm. 5 a, der jedoch eine „Abwägung zwischen den Nachteilen, die den Betroffenen bei verzögerter Verbreitung der Gegendarstellung drohen auf der einen und dem Schutzbedürfnis der Medien gegenüber der Gefahr der Verurteilung im lediglich vorläufigen Verfahren" für geboten hält. Köbl, aaO. S. 150/151; Kupke aaO. S. 239. A. A. Groß in ArchPR 1965, 521, 523; ders. in Grundzüge aaO. S. 114.

[180] OLG Hamburg in NJW 1968, 2383; OLG München in NJW 1965, 2161; Löffler, Kommentar, aaO. § 11 LPG Rdz. 152; ders. in NJW 1957, 714 (Anm. zu OLG Frankfurt ebd.); Scheer, aaO. § 11 nds. PresseG Erl. D. II. 1.; Haase-Becher, aaO. S. 59/60; Koebel in NJW 1964, 1108, 1109/1110; Köbl, aaO. S. 150/151. Mit gleichem Ergebnis Groß in ArchPR 1965, 521, 523; ders. in Grundzüge aaO. S. 114. Zweifelnd Bischoff, aaO. S. 306/307. Vgl. BGH in NJW 1968, 792 = UFITA Bd. 54 (1969) S. 261; KG in NJW 1967, 2215. A. A. v. Gamm, Massenmedien, aaO. Rdz. 81; Koebel in NJW 1963, 790, 792/793; Kupke, aaO. S. 239.

[181] Vgl. OLG Frankfurt in NJW 1957, 714 mit abl. Anm. Löffler ebd.; OLG Stuttgart in NJW 1962, 2066, 2067. Auch eine negative Feststellungsklage kommt nicht in Betracht; vgl. hierzu: BGH in NJW 1968, 792 = UFITA Bd. 54 (1969) S. 261 mit abl. Anm. Beyer in NJW 1968, 1138. Vgl. auch Wenzel, Handbuch, aaO. S. 278/279.

[182] Vgl. das aufschlußreiche Beispiel bei Reumann, aaO. S. 21.

bb) *Besondere Probleme des Verfahrens*

Auf das Verfahren der Einstweiligen Verfügung finden die Vorschriften der §§ 935 ff. ZPO entsprechende Anwendung. Gemäß § 937 Abs. 2 ZPO kann das Gericht seine Entscheidung in dringenden Fällen ohne vorherige mündliche Verhandlung treffen. Dabei sind jedoch strenge Maßstäbe anzulegen, da die „Einstweilige" Verfügung in Wirklichkeit den Rechtszustand „endgültig" regelt[183].

In seiner Entscheidung ordnet das Gericht an, in welcher Form und zu welcher Zeit die verlangte Gegendarstellung zu verbreiten ist. Dabei ist problematisch, wie weit das Gericht an einer Formulierung der Gegendarstellung selbst mitwirken darf. Unstreitig ist es bei einer mündlichen Verhandlung befugt, gem. § 139 ZPO auf die Formulierung einer sachdienlichen Gegendarstellung hinzuwirken. Findet jedoch keine mündliche Verhandlung statt, darf es im Rahmen des § 938 ZPO mit Zustimmung des Betroffenen unwesentliche Änderungen vornehmen, die den Streitgegenstand unberührt lassen. Dies entspricht mit geringfügigen Modifikationen der übereinstimmenden Ansicht von Lehre und Rechtsprechung. Die auf diese Weise geänderte Fassung muß jedoch vor Erlaß der Verfügung wegen der möglichen Prozeßkosten (§ 93 ZPO) dem Verpflichteten vorgelegt werden[184].

Außer dem ZDF, dem BR, HR, SDF und SWF gewähren alle Vorschriften dem Betroffenen eine Nachweiserleichterung. Er hat lediglich den „Verfügungsanspruch", nicht dagegen die Dringlichkeit bzw. Gefährdung seines Anspruchs („Verfügungsgrund") glaubhaft zu machen. Der Gedanke dieser Erleichterung erscheint wegen seines allgemeinen Charakters auch gegenüber den Rundfunkanstalten anwendbar zu sein, die ihn nicht ausdrücklich formuliert haben[185]. *Leiling* verkennt

---

183 Vgl. Rebmann, aaO. § 11 bad.-württ. PresseG Rdnr. 43 m. w. N.; Roeber-Alberding, aaO. § 11 nw. PresseG Erl. 8; Gensior, aaO. S. 30; Groß, Grundzüge, aaO. S. 116; Haase-Becher, aaO. S. 202; Haible, aaO. S. 144; Schultz, aaO. S. 321. Beachte aber § 924 ZPO (Widerspruch).

184 BGH in NJW 1963, 1155 = UFITA Bd. 40 (1963) S. 183 mit zust. Anm. Löffler in GRUR 1963, 639, 640; OLG Frankfurt in NJW 1971, 471, 473; LG Hamburg in MDR 1966, 58; Fuhr, Kommentar, aaO. § 4 Anm. 5 d); Löffler, Kommentar, aaO. § 11 LPG Rdz. 160; Rebmann, aaO. § 11 bad.-württ. PresseG Rdnr. 48; Greif in NJW 1950, 241, 243; Haase-Becher, aaO. S. 65; Schultz, aaO. S. 321/322. Sehr einschränkend Koebel in NJW 1963, 790, 793; Wenzel, Handbuch, aaO. S. 275 ff.; ders. in NJW 1963, 1710, 1711, Vgl. OLG Köln in UFITA Bd. 64 (1972) S. 333.

185 Löffler, Kommentar, aaO. § 11 LPG Rdz. 155; Rebmann, aaO. § 11 bad.-württ. PresseG Rdnr. 42 Vgl. in diesem Zusammenhang § 899 Abs. 2 Satz 2 BGB.

den Sinn dieser Regelung völlig, wenn er meint, hierdurch werde „dem Querulantentum Tür und Tor geöffnet[186].

Die Regelungen für RB, den SFB sowie den WDR verlangen, die Gegendarstellung vor Anrufung des Gerichts dem Anspruchsverpflichteten vorzulegen. Erst wenn der Anspruch vergeblich geltend gemacht worden ist, kann der Anspruchsberechtigte eine Einstweilige Verfügung beantragen. Im Einklang mit der herrschenden Meinung läßt sich auch dieser Grundsatz auf die übrigen Bestimmungen übertragen. Danach ist die vergebliche Geltendmachung eine Prozeßvoraussetzung, bei deren Fehlen der Antrag bereits als unzulässig abzuweisen ist. Diese Ansicht ergibt sich aus den ins Einzelne gehende Formalien des Anspruchs – z. B. Inhalt und Form –, sie entspringt dem Grundsatz von Treu und Glauben zwischen den Beteiligten und hat schließlich auch prozeßökonomische Gründe für sich[187]. Der Hinweis der Gegenmeinung auf das Regulativ des Kostenrisikos oder auf den Zeitgewinn erscheint formalistisch und wenig überzeugend. So empfehlen die meisten Verfechter dieser Meinung schließlich, in der Praxis zunächst die Ablehnung durch den Anspruchsverpflichteten abzuwarten[188].

c) Interlokales Recht

Fragen des Interlokalen Rechts können sich nicht ergeben, wenn lediglich die Rundfunkanstalt bzw. der Intendant verpflichtet werden. Hier greift der allgemeine Gerichtsstand der betreffenden Anstalt (§ 17 ZPO) unater Anwendung der jeweiligen landesrechtlichen Gegendarstellungsregelung ein[189]. Gleiches gilt auch bei den übrigen Anstalten, sofern sich der Gerichtsstand des verantwortlichen Sendeleiters (§§ 12, 13 ZPO) mit dem der Anstalt deckt[190]. Wird aber an einem Gerichtsstand verhandelt, der nicht im gleichen Bundesland wie der der

---

[186] In Löffler, Persönlichkeitsschutz, aaO. S. 28/29.

[187] OLG Frankfurt in NJW 1950, 270; LG Mannheim in NJW 1956 384, 386; Fuhr, Kommentar, aaO. § 4 Anm. 5e); Löffler, Kommentar, aaO. § 11 LPG Rdz. 161 ff.; Roeber-Alberding, aaO. § 11 nw. PresseG Erl. 8 (nach dem Gesetzeswortlaut); v. Gamm, Massenmedien, aaO. Rdz. 81; Greiff in NJW 1950, 241, 243; Neumann-Duesberg in JR 1956, 288, 289; Thiele, Pressefreiheit aaO. S. 54/55. Vgl. OLG Köln in UFITA Bd. 64 (1972) S. 337. Unklar KG in NJW 1970, 2029, 2030.

[188] Rebmann, aaO. § 11 bad.-württ. PresseG Rdnr. 44 ff.; Groß, Grundzüge, aaO. S. 114; Haase-Becher, aaO. S. 58; Helle, Schutz, aaO. S. 196; Wenzel, Handbuch, aaO. S. 269 ff. Vgl. Köbl, aaO. S. 64/65.

[189] BR: München, SFB: Berlin: SWF: Baden-Baden.

[190] DLF, DW und WDR: Köln, HR: Frankfurt, NDR: Hamburg, RB: Bremen, SR: Saarbrücken, SDR: Stuttgart.

Anstalt liegt – möglich wegen der gesamtschuldnerischen Haftung[191] –, so fragt sich, welches Landesrecht das nach der ZPO örtlich zuständige Gericht anzuwenden hat.

In Lehre und Rechtsprechung wurde dieses Problem bislang kaum erwähnt[192]. *Köbl* gelangt ohne rechtliche Begründung aus reinen Zweckmäßigkeitsgesichtspunkten zum Recht des Erscheinungsortes[193]. Zum gleichen Ergebnis führt aber auch eine sinngemäße Anwendung des Art. 12 EGBGB aus dem Internationalen Privatrecht. Kann dort ein deutsches Gericht ausländisches Recht anwenden, so kann hier das zuständige Gericht auch nach dem Recht eines anderes Bundeslandes Recht sprechen[194]. Will man dieses Ergebnis umgehen, so müßte das Gericht gem. § 36 Ziff. 3 ZPO den gemeinsamen Gerichtsstand am Sitz der Anstalt bestimmen, wie es in der Praxis auch geschieht. Letztlich kommt es daher stets auf das für die betreffende Rundfunkanstalt geltende Recht an. Rundfunkrechtliche Regelungen oder Verweisungen in Bundesländern, die keine eigene Rundfunkanstalt besitzen – Niedersachsen, Rheinland-Pfalz und Schleswig-Holstein –, sind insoweit zur Zeit bedeutungslos[195].

d) Durchsetzung gegenüber dem Gemeinschaftsprogramm „Deutsches Fernsehen – ARD"

Selbst wenn geklärt ist, gegen wen und an welchem Ort der Anspruch geltend zu machen ist, so ist bei Gemeinschaftsprogrammen damit noch nicht gewährleistet, daß alle beteiligten Rundfunkanstalten die Gegendarstellung auch wirklich übernehmen. Eine entsprechende Anwendung presserechtlicher Vorschriften kommt nicht in Betracht, da sich eine gemeinschaftliche Ausstrahlung wegen der rechtlichen Selbständigkeit der Anstalten nicht mit „Nebenausgaben der Druckwerke" in den Pressegesetzen vergleichen läßt. Auch Gedanken wie z. B. in § 11 Abs. 3 brem. PresseG oder in § 11 Abs. 3 rh.-pf. PresseG – nachdruckende Veröffentlichungen sind ebenfalls zur Gegendarstellung verpflichtet – können nicht herangezogen werden, da ein Landesge-

---

[191] Vgl. oben Punkt D. 1. b) aa) und 5 a).

[192] Vgl. Scholz, aaO. S. 338/339 m. w. N. (zu § 32 ZPO). Mißverständlich vom „Erfüllungsort" ausgehend, Roeber-Alberding, aaO. § 11 nw. PresseG Vorbem. 3 c). Ohne Berücksichigung der §§ 12, 13 ZPO Helle, Schutz, aaO. S. 198. Vgl. auch Greiff in NJW 1950, 241, 242.

[193] aaO S 152/153.

[194] Löffler, Kommentar, aaO. § 11 LPG Rdz. 158; Koebel in NJW 1964, 1108, 1110. Vgl. Palandt-Lauterbach, aaO. Art. 12 EGBGB Anm. 2 ff.

[195] Vgl. oben Punkte B. 3. c) cc) und hh).

setz nur Landesrundfunkanstalten zu binden vermag. Theoretisch müßte der Betroffene daher jede einzelne Anstalt verklagen, was jedoch sein Recht im Ergebnis vereiteln dürfte[196]. Relevant wird dieses Problem vor allem gegenüber dem Ersten Fernsehprogramm.

Der von *Müller* erwähnte Weg, das ARD-Fernsehgemeinschaftsprogramm „Deutsches Fernsehen" in Anspruch zu nehmen, muß daran scheitern, daß dieser öffentlich-rechtliche Zusammenschluß eigener Art nicht parteifähig ist (§ 50 ZPO)[197]. Eine Einstweilige Verfügung könnte also nicht vollstreckt werden. Die Ansicht des LG Berlin, die ARD-Anstalten unterlägen „dem Grundsatz der Gesetzmäßigkeit der Verwaltung und werden sich daher einer auf rechtskräftiger gerichtlicher Entscheidung beruhenden Verpflichtung eines ihrer Mitglieder zur Sendung einer Gegendarstellung im Gemeinschaftsprogramm nicht entgegenstellen", entspricht zwar der Praxis, ist aber ebenfalls nicht durchsetzbar[198]. Gleiches gilt auch für die internen und damit rechtlich unverbindlichen „Empfehlungen für die einheitliche Handhabung des Gegendarstellungsrechts innerhalb der ARD". Diese sehen vor, daß der Anspruch von der produzierenden oder geschäftsführenden Anstalt der ARD bearbeitet, dann aber von allen anderen ARD-Anstalten übernommen werden soll. Auf diese Praxis der Rundfunkanstalten, die jedoch noch nichts über die Rechtslage besagt, beruft sich auch zu Unrecht *Scharf*[199].

Auch die dritte Möglichkeit führt prozessual nicht zum Erfolg. Gem. § 1 des Länderabkommens sowie Nr. 1 der Verwaltungsvereinbarung veranstalten die ARD-Anstalten ein gemeinsames Fernsehprogramm. Sie können jedoch gem. Nr. 6 Satz 1 auf die Ausstrahlung von Teilen

---

[196] So aber K ö b l, aaO. S. 124.

[197] M ü l l e r, aaO. S. 318. Die ARD arbeitet auf Grund der „Satzung der Arbeitsgemeinschaft der öffentlich-rechtlichen Rundfunkanstalten der Bundesrepublik Deutschland" vom 9./10. Juni 1950 i. d. F. vom 7. Juni 1962; vgl. L e h r - B e r g, aaO. Text R 6.1. Vgl. „Länderabkommen über die Koordinierung des Ersten Fernsehprogramms" vom 17. April 1959 i. d. F. vom 8. November 1961 (GVBl. NW S. 116; 1962, S. 220). Vgl. auch „Verwaltungsvereinbarung über die Zusammenarbeit auf dem Gebiet des Fernsehens (Fernsehvertrag)" i. d. F. vom 2. Juli 1964; vgl. L e h r - B e r g, aaO. Text R 6.3.

[198] LG Berlin Urt. vom 29. April 1968 — 7. O. 39/68 (unveröffentlicht). Vgl. LG Hamburg Urt. vom 8. März 1971 — 74 O 84/71 (unveröffentlicht), das diese Frage unverständlicherweise offengelassen hat; nur der NDR als Veranstalter von „Panorama" wäre zur Ausstrahlung verpflichtet gewesen! Vgl. auch M ü l l e r, aaO. S. 318.

[199] „Empfehlungen" vom 16. April 1967 (unveröffentlicht); S c h a r f, aaO. S. 46/47.

des Gemeinschaftsprogramms verzichten und diese insoweit durch eigene Beiträge ersetzen. Selbst wenn man die Gegendarstellung noch als Teil der früher übernommenen, anspruchsbegründenden Sendung ansehen und die Anstalten zur Ausstrahlung für verpflichtet halten würde, wäre dieser Anspruch nicht durchsetzbar.

Es bleibt daher rechtlich nur die Möglichkeit, entweder alle Anstalten einzeln zu verklagen oder aber am Sitz der veranstaltenden Anstalt die übrigen Anstalten als notwendige Streitgenossen (§ 62 ZPO) in das Verfahren hineinzuziehen[200].

---

[200] Müller, aaO. S. 317/318. Vgl. den Hinweis Haase-Bechers auf die Beratungen der Ministerpräsidenten der Länder im Herbst 1966, aaO. S. 37.

„Communication is power, and exclusive access to it is a dangerous, unchecked power ..."
(Senator J. W. Fulbright, Hearings on S. J. Res. 209, 91 st. Cong. 2nd sess. vom 4. August 1970)

II. Teil: Das Right of reply in Hörfunk und Fernsehen im Recht der USA

A. Einführung eines allgemeinen Right of reply in allen Massenmedien

Ein kodifiziertes Gegendarstellungsrecht (Right of reply) ist in den USA ungeachtet der überragenden Bedeutung der Massenmedien grundsätzlich unbekannt[201]. Vielmehr lehnt sich die amerikanische Rechtsprechung an das aus dem englischen Common Law entwickelte Law of defamation (libel and slander) an, wobei der Widerruf einer beleidigenden Erklärung unter Umständen schadensmindernd berücksichtigt werden kann (retraction statutes). Hierauf soll im folgenden zum besseren Verständnis kurz eingegangen werden. Bereits an dieser Stelle sei aber darauf hingewiesen, daß mit derartigen Rechtsinstituten nicht der gesamte Anwendungsbereich des deutschen Gegendarstellungsrechts oder des französischen Droit de réponse abgedeckt werden kann.

Eine fehlende grundsätzliche gesetzliche Regelung des Right of reply bedeutet jedoch nicht, daß nicht andere Wege gegangen worden sind, die sich mit dem deutschen Gegendarstellungsrecht zumindest in Teilen vergleichen lassen. Soweit sich die maßgebliche deutsche Literatur bislang mit diesem Problem befaßt hat, sind das Right of reply in der Presse äußerst unvollständig, das Right of reply in Hörfunk und Fernsehen ,abgesehen von der bloßen Erwähnung des § 315 Communications Act, nicht behandelt worden[202]. So behauptete *Haase-Becher*

---

[201] Ausdrückliche gesetzliche Regelungen finden sich lediglich für die Presse in den Gesetzen der Staaten Nevada und Mississippi und für politische Kandidaten in Hörfunk und Fernsehen in § 315 Communications Act. Diese Vorschriften werden unten näher untersucht. Am 1. Januar 1973 waren von der FCC folgende Lizenzen an Hörfunk- und Fernsehstationen ausgegeben: AM Radio 4382, FM Radio 2411, VHF TV (Commercial) 511, VHF TV (Educational) 91, UHF TV (Commercial) 189, UHF TV (Educational) 131. Vgl. FCC Public Notice-B vom 17. Januar 1973, FCC-Mimeo 94883.

[202] GMPl, aaO. S. 296; Hébarre auf der 11. Arbeitstagung des Studienkreises für Presserecht und Pressefreiheit (Stuttgart) in DÖV 1962, 380; Löffler, Kommentar, aaO. Rdz. 174 S. 252. Vgl. Burger, aaO. S. 116; Leinveber, aaO. S. 20.

noch im Jahre 1969, in den USA sei die Diskussion über dieses Problem seit dem Jahre 1952 „eingeschlafen“[203].

Das kann jedoch nicht für die grundsätzliche Diskussion um die Einführung eines Right of reply im Rahmen eines „First Amendment Access to the Mass Media“ gelten, die vor allem nach drei bedeutsamen Urteilen (1967–1969) neu entfacht worden ist[204]. Und gewiß gilt diese Feststellung nicht für den rundfunkrechtlichen Bereich, wo in den von seiten der FCC im Jahre 1967 geschaffenen Personal Attack Provisions ein durch Verwaltungsverordnung (Rules and Regulations) kodifiziertes Right of reply entstanden ist[205]. Es ist in der Tat bemerkenswert, daß die allmähliche Entwicklung des Right of reply, dessen Umfang bereits nach dem heutigen Stand wesentlich über das deutsche Gegendarstellungsrecht hinausgeht, von der deutschen Literatur bisher nicht zur Kenntnis genommen worden ist.

1. Abgrenzungen

Wie oben ausgeführt, wird durch das deutsche Gegendarstellungsrecht nicht nur eine beleidigende, sondern vielmehr jede Äußerung von Tatsachen erfaßt, durch die sich eine Person oder Stelle „betroffen“ fühlt und an deren Darstellung sie ein berechtigtes Interesse hat. Es ist wohl nur aus der Verfassungsgeschichte der USA – vor allem aus dem First Amendment in der Bill of Rights[206] – sowie aus der engen Bindung an das englische Common law zu verstehen, daß die europäischen Gegendarstellungsregelungen des deutschen oder franzöischen „Systems“, die von einer Vielzahl anderer Staaten übernommen worden sind, noch keinen Niederschlag in der amerikanischen Gesetzgebung gefunden haben. Die amerikanische Rechtsordnung ist daher weiter im wesentlichen auf das Law of defamation angewiesen, das jedoch den Schutz des Individuums vor den übermächtig gewor-

---

[203] Haase-Becher, aaO. S. 152 unter Bezugnahme auf den Aufsatz von Leflar, aaO. S. 423.

[204] Red Lion Broadcasting Co. v. FCC 381 F. 2nd 908 (D. C. Cir. 1967); RTNDA v. US 400 F. 2nd 1002 (7th Cir. 1968); Red Lion Broadcasting Co. v. FCC/US v. RTNDA 395 U. S. 367 (1969) = UFITA Bd. 58 (1970) S. 363. Vgl. Barron, 80 Harv. L. Rev. 1656 ff. (1967) m. w. N.; ders. 6 Trial 38 (1970); Blake, aaO., S. 86; Botein, aaO. S. 302 m. w. N.

[205] Vgl. Memorandum Opinion and Order vom 10. Juli 1967 aaO., zuletzt geändert durch Memorandum Opinion and Order vom 29. März 1968, aaO.

[206] „Congress shall make no law ... abridging the freedom of speech, or of the press“ U. S. C. A. Const. Amend. 1.

denen Massenmedien nur noch unvollkommen zu gewährleisten vermag[207].

a) Law of defamation

Nach dem Common law muß zwischen „libel" und „slander" unterschieden werden. Unter „libel" versteht man jede Ehrverletzung durch „permanent means" (Druck, Schrift, Bild usw.), unter „slander" jede Ehrveletzung durch „transient means" (Wort, Ton, Ausdruck, Geste usw.)[208]. Geschütztes Rechtsgut ist der Ruf eines Menschen[209]. *Parker* definiert diese Ehrverletzung als eine Mitteilung, wodurch der Kläger Haß, Verachtung, Schande oder Verspottung ausgesetzt wird oder deretwegen er von anderen Menschen gemieden wird oder die die Tendenz hat, den Kläger in seinem Beruf zu beeinträchtigen"[210].

Diese Unterscheidung zwischen „libel" und „slander" ist nicht nur von abstrakt-theoretischer Bedeutung. Liegt „libel" vor, so braucht der Verletzte keine „special damages" nachzuweisen, vielmehr wird dieser Schaden vermutet. Anders bei „slander", wo dem Verletzten erst dann ein Schadensersatzanspruch zugestanden wird, wenn er diesen speziellen Schadensnachweis selbst geführt hat[211]. Lange Jahre herrschte in Rechtsprechung und Lehre Streit darüber, ob eine Ehrverletzung im Rundfunk als „libel" oder „slander" zu charakterisieren sei. Zumindest die Lehre stellt sich heute auf den Standpunkt, es liege grundsätzlich „libel" vor[212].

Für die in dieser Untersuchung zu behandelnden Fragen ist lediglich diejenige „defamation" von Interesse, die einen zivilrechtlichen Schadensersatzanspruch begründet, denn dem Verletzten steht nach dem Common law weder ein Anspruch auf Widerruf noch auf Unterlassung der ehrverletzenden Äußerung zu. Er ist daher auf den Schadensersatz

---

[207] Donelly bezeichnet das Law of defamation gar als „mausoleum of antiquities peculiar to the common law and unknown elsewhere in the civilized world", aaO. S. 870; vgl. Chafee, aaO. S. 139 ff.; Haase-Becher, aaO. S. 146.

[208] v. Caemmerer, aaO. S. 313; vgl. GMPl aaO. S. 103 mit zahlreichen Beispielen zur Schwierigkeit dieser Abgrenzung. Slander spielt naturgemäß im presserechtlichen Bereich kaum eine Rolle.

[209] GMPl, aaO. S. 259 m. w. N.

[210] Parker, aaO. S. 173.

[211] Eine Ausnahme besteht nur für das „slander per se", das wie eine schriftliche Ehrverletzung behandelt wird.

[212] 44 Am. Jur. Radio § 23 S. 196 m. w. N.; Cox, aaO. S. 104; Leflar, aaO. S. 445 ff. m. w. N. Vgl. GMPl, aaO. S. 258 m. w. N. Vgl. Sorensen v. Wood 243 N. W. 92 (1932).

angewiesen, der ihm in Gestalt von „special damages", „general damages" bei nicht exakt zu beziffernden Schäden sowie bloßen „nominal damages" als symbolische Abgeltung der Ehrverletzung zugesprochen werden. Die Schadenshöhe wird von der Jury bestimmt[213]. Demgegenüber kann der Beklagte entweder den Wahrheitsbeweis führen oder sich auf zahlreiche „Privilegien" berufen, die nach Art der Rechtfertigungsgründe die Äußerung unter Umständen rechtfertigen können[214].

b) Retraction Statutes

In den „retraction statutes" wurde eine Möglichkeit geschaffen, durch den sofortigen freiwilligen Widerruf einer ehrverletzenden Äußerung den Schadensersatzanspruch des Klägers zu vermindern. Man vermutet hierin die Absicht des Beklagten, sich von seiner Ehrverletzung zu distanzieren. Diese Statutes entstanden in den einzelnen Bundesstaaten der USA etwa um 1900; die meisten der Staaten verfügen heute über derartige Statutes, deren Verfassungsmäßigkeit mittlerweile nicht mehr in Frage gestellt wird. Meist gelten sie nur für die Presse, einige beziehen jedoch auch Hörfunk und Fernsehen ein[215].

c) Kritische Betrachtung

Einen ersten Anstoß, die Wirksamkeit der zur Verfügung stehenden Rechtsinstitute gegen „Angriffe" der Massenmedien auf das Individuum zu prüfen, erhielt die amerikanische Rechtslehre im Jahre 1947 durch die Untersuchungen der „Commission on Freedom of the Press"[216].

[213] Vgl. hierzu mit vielen Beispielen zur Höhe der Schadenssummen GMPl, aaO. S. 278 ff.

[214] Ausführlich für den Bereich der Presse: Chafee, aaO. S. 80 ff. m. w. N.

[215] Vgl. zum Vorstehenden mit jeweils ausführlichen Nachweisen: GMPl, aaO. S. 294/295; Haase-Becher, aaO. S. 142 ff.; Chafee, aaO. S. 162 ff.; Donelly, aaO. S. 893 ff.; Leflar, aaO. S. 437 ff.

[216] Die „Commission on Freedom of the Press" wurde nach dem 2. Weltkrieg als ein unabhängiges Gremium durch private Institutionen geschaffen und unter Verwaltung der Universität von Chicago im wesentlichen von Time, Inc. sowie der Encyclopaedia Britannica, Inc. finanziert. Das Ergebnis ihrer Arbeit findet sich in dem offiziellen Bericht „A Free and Responsible Press: A General Report on Mass Communication: Newspapers, Radio, Motion Pictures, Magazines, and Books", erschienen bei University of Chicago Press, Chicago 1947. Vgl. Ziff 3 der Empfehlungen: „As an alternative to the present remedy for libel, we recommend legislation by which the injured party might obtain a retraction or a restatement of the facts by the offender or an opportunity to reply." Zitiert nach Chafee, aaO. S. 801.

Es herrschte Übereinstimmung, daß das Law of defamation kein ausreichendes Abwehrmittel darstellt[217]. Schon die Abgrenzung von Libel and Slander ist nicht immer einfach; zudem ist es der Jury überlassen, ob sie eine Äußerung als ehrverletzend ansieht oder nicht. Schließlich sind viele Fälle denkbar, in denen ein finanzieller Schadensersatz schon allein grundsätzlich oder wegen der Höhe der Ersatzsumme oder auch wegen der Trägheit des Verfahrens den tatsächlichen „Schaden" nicht wiedergutmachen kann[218]. Auch die Zuerkennung bloßer „nominal damages" stellt keine Lösung dar, da der beabsichtigte Effekt, die Ehre des Klägers wiederherzustellen, leicht der Lächerlichkeit preisgegeben werden kann[219].

Auch die Möglichkeit, im Rahmen der „retraction statutes" durch einen freiwilligen Widerruf (optimal retraction) den Schadensersatzanspruch des Klägers möglicherweise zu vermindern, schützt den Einzelnen nur unzureichend, denn er kann diesen Widerruf nicht durchsetzen. *Haase-Becher* bezeichnet daher die Statutes in Übereinstimmung mit *Chafee* richtigerweise als „modifizierte libel-Klage"[220]. Anders sähe es bei der von *Chafee* erwähnten „compulsory retraction", einem gesetzlich erzwungenen Widerruf, aus, dem jedoch wegen einer möglichen Einschränkung der Pressefreiheit verfassungsrechtliche Bedenken entgegenstehen[221].

Weitere, von der Lehre erwähnte „Rechtsmittel" gegen Angriffe der Presse bieten ebenfalls keinen ausreichenden Schutz. Eine gerichtliche Unterlassungsanordnung (injunction) würde gegen den Grundsatz der Pressefreiheit verstoßen und einer Vorzensur gleichkommen[222]. Die verschiedentlich erwähnte Veröffentlichung des Urteils oder ein Leserbrief an das Publikationsorgan sind ebenfalls nicht geeignet, Abhilfe zu schaffen.

---

[217] Vgl. Chafee, aaO. S. 145; Donelly, aaO. S. 870 ff., 884.

[218] Vgl. Chafee, aaO. S. 145: „The crude Anglo-Saxon notion of vindicating honor by getting cash has become unsatisfactory to many decent people."

[219] Leflar, aaO. S. 427 erwähnt die Beleidigungsklage Henry Fords gegen die Chicago Tribune aus dem Jahre 1917, bei der Ford ein „nominal damage" von 6 cents zugesprochen wurde (Ford v. Chicago Tribune, Circuit Court, Wayne County, Mich., No. 67.999). Demgegenüber stehen etwa 500 000 Dollar Auslagen der beklagten Chicago Tribune; vgl. Donelly, aaO. S. 873/877.

[220] Haase-Becher, aaO. S. 148.

[221] Chafee, aaO. S. 146/147; Donelly, aaO. S. 885.

[222] Leflar, aaO. S. 431 ff., 434; vgl. auch Near v. Minnesota 283 U. S. 697 (1931).

Den zweiten Anstoß, die Zulänglichkeit der rechtlichen Abwehrmöglichkeiten gegen Angriffe von Massenmedien zu überdenken, erhielt die Lehre durch eine sog. „land-mark decision": New York Times v. Sullivan[223]. Zum ersten Mal stellte der Supreme Court fest, daß ein „public official" gegen ehrverletzende Äußerungen, die seine Amtsführung betreffen, nur dann Schadenersatzansprüche geltend machen kann, wenn er selbst nachweist, daß diese Äußerungen mit „actual malice" getan wurden. Gegen nicht vorsätzliche, ehrverletzende Äußerungen bleiben derartige Persönlichkeiten dagegen wegen des überragenden Grundsatzes der Pressefreiheit (First Amendment) schutzlos[224]. Spätestens seit dieser Entscheidung war klar, daß das Law of defamation in der heutigen Zeit nicht mehr ausreicht[225].

2. Diskussion um ein Right of reply

Fast ausnahmslos wird von der Lehre die Einführung eines gegenüber dem deutschen Gegendarstellungsrecht modifizierten „right of reply" empfohlen[226]. *Chafee* schlägt als Arbeitsergebnis der „Commission on Freedom of the Press" vor, ein dem französischen „droit de réponse" angenähertes Right of reply einzuführen. Hierdurch würde die Presse besser in der Lage sein, der Öffentlichkeit als Verbreiterin der Wahrheit zu dienen, und der Einzelne könnte seinen Anspruch auch ohne die Beschränkung auf einen Schadensersatz durchsetzen[227]. Für ein Right of reply spricht nach *Chafees* Ansicht vor allem das schnelle

---

[223] 376 U. S. 254 (1964). Vgl. hierzu auch Garrison v. Louisiana 379 U. S. 64 (1964); Curtis Publishing Co. v. Butts 388 U. S. 130 (1967) m. w. N., wodurch der erweiterte Begriff der „public figure" geschaffen und die Ausgangsentscheidung modifiziert wurde. Vgl. die Besprechung dieser Entscheidungen bei Pelckmann, aaO.

[224] „That is with knowledge that it was false or with reckless disregard of whether it was false or not" 376 U. S. 254, 279 (1964).

[225] Barron spricht von „judicial blindness" – 80 Harv. L. Rev. 1641, 1656 (1967) – und fordert in 6 Trial 37, 38 (1970) rechtliche oder gesetzliche Maßnahmen, um diese Entscheidung rückgängig zu machen. Kalven, aaO. S. 17 m. w. N. begrüßt die Entscheidung dagegen als ein „major liberating event in the traditional world of the First Amendment".

[226] In den letzten Jahren wurde eine derartige Empfehlung von Barron, 80 Harv. L. Rev. 1641, 1659 (1967) und 6 Trial 37, 38 (1970), Jaffe in House Hearings, aaO. S. 164 (1968) und Botein, aaO. S. 303 (1969) ausgesprochen.

[227] Chafee, aaO. S. 172 ff. Vgl. Donelly, aaO. S. 896/897; Robinson, aaO. S. 141. Gelegentlich scheint das Right of reply in den USA immer noch als Mittel zur Wahrheitsfindung angesehen zu werden; vgl. Hocking, aaO. S. 187: „correction of a demonstrable falsehood".

und unkomplizierte Verfahren, dagegen die möglichen Belastungen für Presse und Gerichte, die Gefahr des Mißbrauchs sowie die nachlassende Bereitschaft der Presse, freiwillig einen Widerruf abzudrukken[228]. Neben Zeitungen und periodischen Druckschriften sollte ein Right of reply grundsätzlich auch bei Rundfunksendungen bestehen, wobei jedoch wegen der Eigenart gewisser Sendungen die Antwort auch in einem anderen Medium publiziert werden könnte.

Anders als im deutschen Gegendarstellungsrecht wollte man in Zweifelsfällen die Antwort vor der Veröffentlichung von einem Richter prüfen lassen, hauptsächlich deswegen, um die Zeitung vor anderen möglichen Schadensersatzansprüchen zu schützen[229]. Weitere Streitfragen sollten dadurch ausgeräumt werden, daß die Zeitung freiwillig einen Widerruf anstatt der geforderten Entgegnung abdrucken kann, die Entgegnung – überwiegend beim Rundfunk – auch in anderen Medien veröffentlicht werden kann, der Umfang der Entgegnung begrenzt wird sowie die Unterscheidung zwischen Tatsachen und Meinungen wegfällt[230].

Diese Vorschläge sind bislang Theorie geblieben. Abgesehen von den schon vorhandenen Regelungen eines Right of reply im presserechtlichen Bereich, sind sie in der Praxis weder gesetzlich noch durch die Rechtsprechung aufgegriffen worden[231]. Verfolgt man jedoch die Entwicklung seit 1946, so zeigt sich ein recht deutlicher Wandel. Sprach man damals noch von einem Right of reply als „supplemental remedy"[232] zu den bestehenden Vorschriften des Law of defamation, so zielt die Entwicklung heute immer mehr auf ein umfassenderes Recht des Einzelnen ab, das den Zugang zu den Massenmedien gewährleisten soll – den „First Amendment Access to the Mass Media"[233].

---

[228] Chafee, aaO. S 178 ff.

[229] Chafee, aaO. S. 190 ff.

[230] Chafee, aaO. S. 192 ff.; Donelly, aaO. S. 899; Leflar, aaO. S. 442 ff. Schon 1951 schlugen Terrou/Solal, aaO. S. 343 in einer rechtsvergleichenden Untersuchung vor, die schon bestehenden Regelungen eines Right of reply – nicht des Right of correction – auch auf den Rundfunk auszudehnen.

[231] Es wird unten darzustellen sein, daß die Entwicklung im Rundfunk ihre Wurzeln nicht in den unzulänglichen Möglichkeiten des Law of defamation hat. Vgl. Belser, aaO. S. 211 Fußnote 14 m. w. N.

[232] Leflar, aaO. S. 444.

[233] Vgl. u. a. die Aufsätze von Barron, 37 Geo. Wash. L. Rev. 487 ff. (1969) und Botein, aaO. S. 294 ff. m. w. N. Der Vorsitzende des FCC, Chairman Dean Burch, lehnte ein derart allgemeines Recht grundsätzlich ab – Address

B. Rechtsgrundlagen für ein Right of reply in der Presse

Von den Bundesstaaten der USA verfügen lediglich zwei – Nevada und Mississsippi – über ein ausdrückliches presserechtliches Right of reply[234]. Dabei handelt es sich bei der Regelung in Nevada um ein allgemeingültiges Right of reply, während Mississippi dieses Recht nur Kandidaten für ein politisches Amt zugesteht.

1. Nevada

Gegenüber einer in Nevada veröffentlichten oder vertriebenen Zeitung oder periodischen Druckschrift steht jeder darin namentlich bezeichneten oder auf sonstige Weise kenntlich gemachten Person ein Right of reply zu („denial or correction")[235]. Dieses Recht erstreckt sich auf Tatsachen und Meinungen („any matter regarding that person"). Der verantwortliche Herausgeber, Verleger oder Eigentümer des Druckerzeugnisses ist verpflichtet, die von dem Betroffenen eingesandte und unterzeichnete Erklärung zu veröffentlichen. Dies gilt jedoch nur, wenn diese Erklärung innerhalb einer Woche bei Tageszeitungen oder innerhalb von 30 Tagen bei sonstigen Veröffentlichungnen eingegangen ist. Ein sinngemäßes Zeitlimit findet sich auch in den später darzustellenden Regelungen in Hörfunk und Fernsehen.

Der Abdruck der eingereichten Erklärung muß in der nächsterreichbaren Ausgabe erfolgen. Sollte die Erklärung erst zwei Tage vor dieser Ausgabe eingehen, so kann sie auch in der übernächsten Ausgabe abgedruckt werden. Sie muß an der gleichen Stelle, im gleichen Umfang und in der gleichen Aufmachung wie der beanstandete Artikel erscheinen. Grundsätzlich ist der Abdruck kostenlos. Wenn allerdings die eingesandte Erklärung die Länge des ursprünglichen Artikels überschreitet, sind für die zusätzlichen Zeilen die üblichen Anzeigegebühren im Voraus zu entrichten. Gegen Zuwiderhandlungen wird dem Verleger, Herausgeber oder Eigentümer eine Geldstrafe in Höhe von 100 bis 1000 Dollar oder Gefängnis bis zu sechs Monaten angedroht.

---

before the RTNDA vom 25. September 1970, Denver, Colo., FCC-Mimeo 54883, S. 4/5 –, bejahte es aber bei der Diskussion über Streitfragen des öffentlichen Interesses; vgl. Statement before the Communications and Power Subcommittee, Committee on Interstate and Foreign Commerce, House of Representatives vom 29. April 1971 (unveröffentlicht).

[234] Retraction statutes in einigen Bundesstaaten, die Elemente des Widerrufs und der Gegendarstellung verbinden, können hier außer Betracht bleiben. Vgl. Chafee, aaO. S. 171/172; Leflar, aaO. S. 442.

[235] § 10.506 Nev. Comp. Laws (1929), NRS § 200.570 (1965): „Denial of libelous article must be published."

Der Betroffene hat weder die Möglichkeit, seinen Anspruch gerichtlich durchzusetzen, noch ist die Bestimmung klar genug definiert. Vielmehr soll der Anspruch eingreifen, wenn der Betroffene „auf irgendeine Art und Weise" in dem Druckerzeugnis erwähnt ist. Die Breite der möglichen „Verletzungstatbestände" geht damit noch über das französische „droit de réponse" hinaus, die Strafsanktionen entsprechen denen des alten § 19 RPG.

Die Bestimmung, deren erste Fassung aus dem Jahre 1911 stammt, ist nur rechtsgeschichtlich von Bedeutung. So wäre es z. B. von Interesse, den Einfluß des deutschen oder französischen Rechtskreises auf die Vorschrift zu untersuchen. Einzelne Tatbestandsmerkmale scheinen für einen stärkeren französischen Einfluß zu sprechen. Vielleicht wäre diese These auch durch die geschichtliche Entwicklung der Südstaaten der USA zu stützen. Letztlich ist die Bestimmung jedoch ohne Leben geblieben. Weder hat sie jemals in Nevada selbst praktische Bedeutung erlangt, noch wurden Grundgedanken von anderen Bundesstaaten übernommen[236].

2. Mississippi

Das presserechtliche „Right of reply" des Staates Mississippi zeigt wesentlich mehr Ähnlichkeit mit der „retraction statutes"[237]. Dennoch ist diese Bestimmung entgegen der Auffassung von *Burger* trotz der Beschränkung auf politische Kandidaten und auf Ehrverletzungen als eine vergleichbare Gegendarstellungsregelung anzusehen[238].

In Mississippi steht im Wahlkampf („primary or other election campaign") dem Kandidaten für ein politisches Amt oder nach Beendigung der Wahl einem erfolgreichen oder unterlegenen Kandidaten ein „Right of reply" zu. Werden in einer in diesem Staat herausgegebenen oder vertriebenen Zeitung im Kommentar- oder Nachrichtenteil Ehre, Rechtschaffenheit oder moralische Qualitäten („honesty, integrity or moral character") eines derartigen Kandidaten angegriffen, so ist seine Erwiderung nach einer schriftlichen oder telegraphischen Aufforderung seinerseits spätestens in die übernächste Ausgabe dieser Zeitung einzurücken. Am Wortlaut der eingesandten Erklärung darf nichts verändert werden; sie ist nach Möglichkeit auf der gleichen Seite wie der beanstandete Artikel, an der gleichen Stelle und in gleichen Schrift-

---

[236] Chafee, aaO. S. 171; Donelly, aaO. S. 892; Jaffe in House Hearings, aaO, S. 164; Terrou/Solal, aaO. S. 343.

[237] § 3175 Miss. Code 1942 Ann. (1968 Cum Suppl.): „Newspapers – liability".

[238] Burger, aaO. S. 116.

typen und Überschriften zu veröffentlichen. Kommt der Inhaber der Zeitung diesem Verlangen nicht nach, macht er sich dem Kandidaten gegenüber wegen Beleidigung schadenersatzpflichtig.

Diese Regelung, wie auch später § 315 Communications Act, macht deutlich, welche wichtige und anerkannte Stellung Kandidaten für ein politisches Amt in der Rechtsordnung der USA einnehmen[239]. Sie beweist allerdings auch, wie unvollständig der gewünschte Schutz ist, wenn ein derartiges Rechtsinstitut nicht gerichtlich oder auf andere Weise durchgesetzt werden kann. Eine langwierige Beleidigungsklage mit der Aussicht auf einen späteren Schadensersatz dürfte sich gerade bei einer Wahl häufig nachteilig für den Kandidaten auswirken[240].

Schließlich zeigt sich, daß auch die Beschränkung auf „honesty, integrity, or moral character" für Angriffe auf politische Kandidaten im Wahlkampf völlig unzureichend ist. So ist 1953 einem Bewerber für einen Sitz im „State House of Representatives" der Anspruch auf Schadensersatz wegen der Weigerung einer Zeitung, seine Gegenerklärung zu veröffentlichen, vom Supreme Court of Mississippi abgelehnt worden[241]. Die Zeitung hatte Tatsachen mitgeteilt, durch die bei den Wählern der Eindruck entstehen mußte, der Kandidat habe sich in einem bestimmten Fall nicht ausreichend für seinen Wahlkreis eingesetzt. Ein Angriff auf die „Ehre" des Kandidaten lag somit nach dem Gesetz nicht vor. Das Gericht erklärte zwar, die Zeitung hätte seine gewünschte Erklärung nach den Spielregeln des „fair play" abdrukken können, ein Schadenersatzanspruch stehe dem Kläger jedoch nach dem klaren Wortlaut des Gesetzes nicht zu.

Gerade ein solcher Sachverhalt beweist, wie notwendig eine klare Gegendarstellungsregelung gewesen wäre. Grundsätzlich scheint – wie auch *Jaffe bemerkt*[242] – in der Presse der USA wenig Gegenliebe zu bestehen, ein Right of reply einzuführen. Dies ergibt sich schon daraus, daß nur zwei der bevölkerungsmäßig und wirtschaftlich schwächsten Bundesstaaten eine derartige Bestimmung in ihre Gesetze aufgenommen haben. Noch immer ist die Furcht vor einer Einschränkung der durch das First Amendment geschützten Pressefreiheit größer als das Gefühl der Verpflichtung gegenüber dem betroffenen Indivi-

[239] Die unten darzustellende Entwicklung in Hörfunk und Fernsehen findet ihren Ursprung auch in diesem Schutzgedanken.
[240] Vgl. Haase-Becher, aaO. S. 141.
[241] Manasco v. Walley 63 So. 2nd 91 (S. Ct. Miss. 1953).
[242] Jaffe, aaO. S. 550; ders. in House Hearings, aaO. S. 164.

duum[243]. Andererseits konnte die Presse bislang ausdrückliche Vorschriften verhindern, indem sie die Betroffenen auf freiwilliger Basis zu Wort kommen ließ.

C. Staatliche Einflußnahme auf die Ordnung von Hörfunk und Fernsehen

Während sich der Hörfunk in Deutschland von Anfang an nur unter staatlicher Kontrolle entwickeln konnte und seit 1926 öffentlich-rechtlich geregelt ist, waren in den USA Errichtung und Betrieb von Hörfunksendern zunächst völlig der Privatinitiative überlassen.

1. Radio Act von 1927

Die Entwicklung in den Jahren 1920—1927 rief geradezu nach der ordnenden Hand des Staates. Die Privatinitiative hatte versagt, und staatliche Maßnahmen waren unumgänglich geworden.

a) Entwicklung bis 1927

1920 wurde der erste private kommerzielle Rundfunksender (KDKA) gegründet; 1925 waren bereits 600 AM-Stationen in Betrieb. Versuche der Bundesregierung, Lizenzen nur mit einer definitiven Frequenzauflage zuzuteilen, wurden von der stürmischen Entwicklung überholt. Frequenzen überlappten sich, und ein einwandfreier Empfang war wegen der Interferenz nicht mehr möglich[244]. Zwei Urteile, in denen der Bundesregierung das Recht abgesprochen wurde, bestimmte Frequenzen zuzuweisen und die Einhaltung dieser Anordnung mit Strafsanktionen zu erzwingen, ließen das geltende Rundfunksystem gänzlich zusammenbrechen[245]. Der Kongreß beschloß daraufhin mit Zustimmung der Rundfunkindustrie am 23. Februar 1927 einen neuen Radio Act[246]. In Übereinstimmung mit der Verfassungsordnung war

---

[243] Chafee, aaO. S. 172 hält jedoch die in Nevada getroffene Regelung für verfassungsmäßig, solange der Presse keine unverhältnismäßig hohen Belastungen entstünden.

[244] Vgl. NBC v. US 319 U. S. 190, 212 (1943): „with everybody on the air, nobody could be heard"; Siepmann, aaO. S. 6.

[245] Hoover v. Intercity Radio Co. 52 D. C. Cir. 339/286 F. 1003 (1923) und U. S. v. Zenith Radio Corp. 12 F. 2nd 614 (1926). Vgl. Bambrick, aaO. S. 449: „Broadcasting was a hectic and disorganized business": Nelson/Teeter, aaO. S. 407: „A dial twirler's excursion across his radio set frequencies was a tour of Babel." Vgl. White, aaO. S. 128 ff.

[246] Radio Act vom 23. Februar 1927 (44 Stat. 1162/Pub. L. 69—632). „An Act for the Regulation of Radio Communications and for other Purposes". Vorläufer war der Radio Act vom 13. August 1912 (37 Stat./Pub. L. 62—264).

die Bundesregierung zuständig, da sich Radiowellen im gewöhnlichen Funkverkehr ihrer Eigenart nach nicht auf ein einzelnes Staatsterritorium beschränken lassen.

b) Schaffung der Federal Radio Commission (FRC)

Durch dieses Gesetz wurde die Federal Radio Commission (FRC) geschaffen, die fünf Mitglieder umfaßte. Zum ersten Mal bestand nun in den USA eine Behörde, die für die Gewährung von Rundfunklizenzen verantwortlich war und durch geeignete Frequenzverteilung wieder einen brauchbaren Empfang der Rundfunksendungen gewährleistete[247]. Die Lizenzvergabe erfolgte gemäß § 9 des Gesetzes im Rahmen der „public convenience, interest, or necessity" – eine Formulierung, die für die spätere Entwicklung der Fairness Doctrine bestimmend geworden ist.

Die Erkenntnis, daß Radiowellen nur im begrenzten Rahmen der technischen Weiterentwicklung vermehrbar sind und die negativen Erfahrungen mit einer skrupellosen Privatbestätigung auf dem Rundfunksektor machten das Rundfunkgesetz von 1927 notwendig. Alle späteren Differenzen über die Kontrollbefugnis staatlicher Behörden – vor allem im Zusammenhang mit Fragen des Right of reply – lassen sich auf diese Entwicklung zurückführen.

2. Communications Act von 1934 und Federal Communications Commission (FCC)

Durch den Communications Act von 1934 wurde der Grundstein für eine in den folgenden Jahrzehnten immer intensiver werdende staatliche Kontrolle auf dem Rundfunksektor gelegt[248]. An die Stelle der FRC trat die Federal Communications Commission (FCC) mit nunmehr sieben Kommissionsmitgliedern. Grundsätzliche Veränderungen gegenüber dem Radio Act von 1927 ergaben sich für den hier interessierenden Bereich des Unterhaltungsrundfunks allerdings nicht. Und vor allem wurde die „privatkapitalistische Ausnutzung" des Rundfunks beibehalten, wobei die Kosten aus Werbeeinnahmen gedeckt werden müssen[249]. Abgesehen vom Einfluß auf die Qualität der Sendungen

---

247 Etwa 1/5 aller Stationen verloren als Folge dieser Überprüfung ihre Lizenz; vgl. House Staff Study, aaO. S. 17.

248 Communications Act vom 19. Juni 1938 (48 Stat. 1064/Pub. L. 73-416) „An act to provide for the Regulation of interstate and foreign communication by wire or radio, and for other purposes".

249 Loewenstein, aaO. S. 410. Vgl. FCC v. Pottsville Broadcasting Co. 309 U. S. 134, 137 (1940); 44 Am. Jur. aaO. § 4 S. 187 m. w. N. Die technischen

führte diese Konstruktion zu ständigen Differenzen zwischen den finanziellen Interessen der Lizenzträger und dem Anspruch der Öffentlichkeit auf allseitige, umfassende Information.

Die Institutionalisierung einer staatlichen Aufsicht über Hörfunk und später auch Fernsehen war damit im wesentlichen abgeschlossen, grundlegende Veränderungen der Rundfunkgesetzgebung erfolgten nicht mehr. *Siepmann* beschreibt dieses System als ein Dreiecksverhältnis zwischen der Industrie, der FCC und den Hörern, in dem die Hörer die Basis des Dreiecks bilden[250].

Da das Gesetz nur in dem noch näher zu behandelnden § 315 für politische Kandidaten ein Right of reply vorsieht, konnten weitere Regelungen auf diesem Gebiet (Fairness Doctrine, Personal Attack Provisions) lediglich durch die FCC selbst erfolgen[251]. Zur Beantwortung dieser Frage ist es jedoch zunächst erforderlich, auf die rechtliche Stellung der FCC innerhalb der Exekutive sowie die ihr gestellten Aufgaben einzugehen.

a) FCC als „independent regulatory agency"

Die FCC gehört zu den der amerikanischen Verfassungsordnung eigentümlichen „independent regulatory agencies". Diese Spezialbehörden befassen sich mit der Verwaltung bestimmter Teilaufgaben, meist auf wirtschaftlichem Gebiet. Sie unterstehen der Überwachung des Kongresses und sind somit von der Regierung unabhängig. Vor allem die Befugnis, die ihnen gesetzlich erteilten, weit gesteckten Ermächtigungen „quasi-legislativ" durch eigene Ausführungsverordnungen (rules and regulations) – ähnlich den deutschen Rechtsverordnungen – auszufüllen, sowie in Streitfragen „quasi-richterlich", selbst mit der Möglichkeit von Strafsanktionen zu entscheiden, verleiht ihnen einen gro-

---

Überwachungsaufgaben der FCC wurden unter dem neuen Gesetz ausgebaut, und ihr wurden zusätzlich die „common carrier" unterstellt (Telegraph, Telephon, Unterwasserkabel usw. – vgl. Title 47 U. S. C. A.).

[250] Siepmann, aaO. S. 69. Lediglich „Die Stimme Amerikas" (The Voice of America) sowie der „Armed Forces Radio and Television Service" (AFRTS) werden von Seiten des Staates betrieben. Im übrigen wird der Unterhaltungsrundfunk fast vollständig von den privaten Gesellschaften ABC, CBS, NBC and Mutual Broadcasting (nur Hörfunk) beherrscht.

[251] Bereits v. Mangoldt, aaO. S. 8 spricht davon, daß Veränderungen im Bereich der Meinungsverbreitung meist mehr eine Frage der Verwaltungspraxis als der Gesetzgebung sind. Die Fairness Doctrine ist hierfür ein klassisches Beispiel.

ßen Einfluß[252]. Erst eine gewisse Macht, verbunden mit Spezialkenntnissen auf einem überschaubaren Teilbereich, befähigt jedoch eine Behörde, der Privatwirtschaft als ebenbürtiger Partner gegenüberzutreten. Die FCC hat diese Macht genutzt.

b) Aufgaben der FCC im Rahmen der Lizenzerteilung

Neben weiteren – überwiegend technischen – Aufgaben hat sich die FCC gemäß § 303 vor allem mit den Fragen zu befassen, die mit der Erstellung, Modifizierung oder Erneuerung von Rundfunk- und Fernsehlizenzen zusammenhängen. Die notwendige staatliche Lizenz zum Betrieb einer Hörfunk- oder Fernsehstation ist beim Vorliegen der formellen Voraussetzungen gemäß §§ 319, 307 a) und d) für die Dauer von drei Jahren zu erteilen; nach Ablauf dieser Zeit kann die Lizenz auf einen erneuten Antrag des Lizenzträgers gemäß §§ 307 d), 309 um den gleichen Zeitraum verlängert werden.

Hierbei prüft die FCC nicht nur, ob die technischen Auflagen eingehalten sind sondern sie macht die Lizenzerteilung auch davon abhängig, ob eine erneute Erteilung im „public interest, convenience, or necessity" liegt[253]. Vor allem die Ausfüllung dieses unbestimmten Rechtsbegriffes im Zusammenhang mit der weitgefaßten Befugnis zum Erlaß von Ausführungsverordnungen der §§ 154 i) und 303 r) haben die FCC in die Lage versetzt, in der Folgezeit die von ihr als richtig erkannte Politik kasuistisch Schritt für Schritt forzuführen[254]. Nur auf diese Weise war die allmähliche Entwicklung eines „Right of reply" möglich.

---

[252] Vgl. Adam in UFITA Bd. 36 (1962) S. 356, 357 ff./F. H. 1966, 321; Friendly, aaO. S. 864 ff. mit vielen Nachweisen; Loewenstein, aaO. S. 405 ff.; Schlephorst, aaO. S. 62 ff. m. w. N. „Richterliche" Entscheidungen sind durch einen U. S. Court of Appeals gerichtlich nachprüfbar.

[253] Diese Formulierung findet sich an mehreren Stellen des Gesetzes: §§ 303, 307 a) und d), 309 a), 310 und 312. Vgl. NBC v. USA 319 U. S. 190, 215, 216 (1943): „... the Act does not restrict the Commission merely to supervision of the traffic. It puts upon ... the burden of determining the composition of the traffic."

[254] Vgl. 47 U. S. C. A. § 303 r): „... the Commission from time to time, at public convenience, interest, or necessity requires, shall ... make such rules and regulations, and prescribe such restrictions and conditions, not inconsistent with law, as may be necessary to carry out the provisions of this Act." v. Mangoldt, aaO. S. 158. Gem. § 554 e) Administrative Procedure Act – 80 Stat. 385 (1966) – kann die FCC als „independent regulatory agency" sog. „declaratory orders" zur Regelung grundsätzlicher Streitfragen erlassen. In der Praxis beschränkt sie sich jedoch meist auf „interpretive rulings" mit Verbindlichkeit für Einzelfragen oder bloße „adversory opinions", die jedoch später in eine „order" eingefügt werden können.

D. Rechtsgrundlagen für ein Right of reply in Hörfunk und Fernsehen

1. Equal Opportunity Provisions

Die Equal Opportunity Provisions vermitteln dem Kandidaten für ein politisches Amt unter gewissen Voraussetzungen ein Entgegnungsrecht, wenn dem Kandidaten einer anderen Partei vom Lizenzträger Sendezeit zur Verfügung gestellt worden ist. Um lediglich „eine Art Right of reply“[255] handelt es sich dabei insofern, als dieses Recht gewissen Einschränkungen unterworfen ist.

a) Parlamentarische Entwicklungsgeschichte

Die Entwicklungsgeschichte der Equal Opportunity Provisions ist auch deswegen von besonderem Interesse, weil die FCC aus ihr – insbesondere aus dem Amendment von 1959 – die Fairness Doctrine ableitet. Und hieraus wiederum haben sich später die Personal Attack Provisions entwickelt.

aa) § 18 Radio Act von 1927

Hat ein Lizenzinhaber einem Kandidaten für ein politisches Amt Sendezeit zur Verfügung gestellt, so hat er gemäß § 18 Radio Act allen anderen Gegenkandidaten die gleichen Möglichkeiten zu gewähren. Eine Verpflichtung zur Ausstrahlung derartiger Sendungen besteht jedoch nicht[256].

Während der ersten Beratungen im Repräsentantenhaus wurde die Bestimmung in dieser Ausprägung noch nicht erwähnt. Zwei Anträge, ein erweitertes Right of reply in das Gesetz einzubeziehen, wurden dagegen abgelehnt[257]. Erst im Senat kristallisierte sich die endgültige Fassung von § 18 heraus, die schließlich mit einigen Änderungen vom Kongreß angenommen wurde[258]. Eine Erweiterung auf ein Right of reply auch bei einer „discussion of any question affecting the public“ – entsprechend dem Antrag des Senate Committee on Interstate Commerce – wurde verworfen[259]. Ebenso schlugen in den folgenden Jahren bis 1934 weitere Versuche fehl, in § 18 ein über den politischen Bereich hinausgehendes Right of reply zu schaffen[260].

---

[255] Haase-Becher, aaO. S. 145.
[256] 44 Stat. 1167 (1927).
[257] Vgl. 67 Cong. Rec. 5560, 5561, 5646 (1926).
[258] H. Rept. No. 1886, 69th Cong. 2nd sess. (1927).
[259] S. Rept. No. 772, 69th Cong. 1st sess. (1926).
[260] Vgl. hierzu und zum Vorstehenden: House Staff Study, aaO. S. 9 ff. m. w. N.; Brief of Intervenors (NBC/ABC/WLLE) aaO. S. 4 ff.; Barrow, aaO. S. 452/453.

bb) § 315 Communications Act von 1934

Auch bei den Ausschußberatungen über den Communications Act von 1934 wurde wiederum versucht, den Anwendungsbereich des § 18 Radio Act auszudehnen. Ein entsprechender Antrag des Senats, der einige Gedanken der späteren Entwicklung vorweggenommen hat, wurde jedoch vom Repräsentantenhaus abgelehnt[261].

Da kein Kompromiß zu erzielen war, verabschiedete der Kongreß schließlich § 315 Communications Act in der wörtlichen, unveränderten Fassung des früheren § 18 Radio Act[262]. Achtzehn Jahre lang blieb diese Bestimmung daraufhin in der 1934 beschlossenen Fassung bestehen[263].

cc) 1952-Amendment zu § 315

Das Amendment vom 16. Juli 1952 änderte ebenso nichts am Wesensgehalt des § 315[264]. Es fügte lediglich Absatz b) ein, wonach der Preis für die Sendezeit im Rahmen dieser Vorschrift nicht über dem Preis vergleichbarer Werbesendungen liegen darf. Die bereits in der alten Fassung vorhandene Ermächtigung der FCC, in diesem Zusammenhang „Rules and regulations" zu erlassen, wurde zum selbständigen Absatz c). Wiederum war ein Erweiterungsantrag, diesmal von Seiten des Repräsentantenhauses, vom Kongreß abgelehnt worden[265].

dd) 1959-Amendment zu § 315

Erst das Amendment vom 14. September 1959 brachte durch zwei Einfügungen in Absatz a) bedeutsame Änderungen[266]. Es legte zunächst fest, daß ein Auftreten von Kandidaten in bestimmten Arten von Nachrichtensendungen keinen Anspruch des Gegenkandidaten gemäß § 315 zur Folge hat. Sodann stellte es in einem zweiten eingeschobenen Satz diese Ausnahmen in den Rahmen der allgemeinen Verpflichtung eines Lizenzträgers, bei der Programmgestaltung stets das öffentliche Interesse zu beachten und für eine ausgewogene Darstellung

---

[261] S. Rept. No. 781, 73rd Cong. 2nd sess. (1934) S. 8 und H. Rept. No. 1850, 73rd Cong. (1934).

[262] 48 Stat. 1088 (1934); vgl. House Staff Study aaO. S. 14/15.

[263] Obwohl in der Zwischenzeit mehrfach Neufassungen von parlamentarischer Seite eingebracht wurden, gelangte kein Antrag zur Entscheidungsreife; vgl. Brief of Intervenors (NBC/ABC/WLLE), aaO. S. 6 m. w. N.; Brief for Respondents RTNDA, aaO. S. 70/71 mit ausführlichen Nachweisen.

[264] 66 Stat. 717 (1952); vgl. House Staff Study, aaO. S. 15/16.

[265] Vgl. 98 Cong. Rec. 7415 (1952).

[266] Pub. L. 86-274/73 Stat. 557 (1959).

Sorge zu tragen. Gerade der letzte Satz sollte später der FCC für die rechtliche Untermauerung der Fairness Doctrine dienen[267].

Die Ergänzungen wurden im wesentlichen durch eine völlig überraschende Entscheidung der FCC veranlaßt. Bis zu diesem Zeitpunkt war allgemein anerkannt, daß ein Auftreten von Kandidaten ohne ihr Zutun in einer nicht wahlkampfbezogenen Nachrichtensendung[268] sowie Ansprachen der Präsidenten der USA[269] keine Ansprüche gemäß § 315 auslösen. Im „Lar Daly"-Fall entschied die FCC jedoch 1959, diese Regel gelte nicht allgemein, und Gegenkandidaten könne in diesen Fällen durchaus ein Anspruch gemäß § 315 zustehen[270]. Vor allem von Seiten der Rundfunkindustrie, die hierin nicht ganz zu Unrecht ein „total black-out of political broadcasting" sah, erhob sich ein Proteststurm, der den Kongreß zu raschem Handeln zwang[271]. Nur wenige Monate später wurde nach umfangreichen „hearings "das Amendment vom Kongreß verabschiedet[272].

ee) Aufhebung während der Präsidentschaftswahlen 1960

Einen weiteren Eingriff erfuhr § 315 durch die zeitweilige Aufhebung von Absatz a) für Bewerber um das Amt des Präsidenten oder Vizepräsidenten der USA während des Wahkampfes 1960[273]. Erst dieses Gesetz, das eine Ausnahme blieb, machte es möglich, daß etwa 115 Millionen Menschen die Fernsehdiskussionen zwischen Kennedy und Nixon verfolgen konnten, ohne daß man den übrigen zwanzig Präsidentschaftsbewerbern kleinerer Parteien ein gleiches Recht hätte zugestehen müssen. Die Rundfunkgesellschaften verpflichteten sich, die Sendezeit für diese Diskussionen kostenlos zur Verfügung zu stellen und einer möglicherweise auftretenden dritten Partei von gewisser nationaler Bedeutung gleiche Rechte einzuräumen[274].

---

[267] Ausführlicher hierzu unten Punkt D. 2.

[268] Vgl. Allen H. Blondy 40 F. C. C. 284 (1957).

[269] Vgl. CBS, NBC, and ABC 40 F. C. C. 276 (1956).

[270] CBS 26 F. C. C. 715 (1959); ausführlicher zu „Lar Day": Earnest, aaO. S. 259 ff.

[271] Note 46 Va. L. Rev. 564, 569 (1960); Note 69 Yale L. J. 805, 809 (1960).

[672] Mit einer ausführlichen Darstellung der Beratungen in Senat und Repräsentantenhaus vgl. House Staff Study, aaO. S. 21 ff.

[273] Pub. L. 86-877 vom 24. 8. 1960/74 Stat. 554 (1960).

[274] S. Rept. No. 751, 91st Cong. 2nd sess./S. Calendar No. 747 (1970) S. 3; Stanton in House Hearings aaO. S. 23 ff., 25. Bei der dritten Partei handelt es sich um die American Independent Party des Gouverneurs George Wallace aus Georgia.

Die Auswirkungen dieser Diskussionen auf die Wahlentscheidung sind bestritten. Es wird aber allgemein anerkannt, daß das politische Interesse des amerikanischen Wählers hierdurch in einem ungeahnten Ausmaß geweckt worden ist[275]. Die Aufhebung weist jedoch zugleich auf einen erheblichen Nachteil der Equal Opportunity Provisions hin, die ausnahmslos allen Kandidaten gleiche Zeit vermitteln. An dieser Stelle setzt auch häufig Kritik ein.

b) Inhalt und Bedeutung des § 315

§ 315 in der heute geltenden Fassung regelt im einzelnen das Verhalten eines Lizenzträgers gegenüber ordnungsgemäß aufgestellten Kandidaten für ein politisches Amt[276].

Hat ein Lizenzträger einem derartigen Kandidaten (legally qualified candidate) gestattet, in Sendungen seiner Station aufzutreten (use), so hat er allen Gegenkandidaten für dieses Amt gleichwertige Möglichkeiten zu gewähren (equal opportunities). Er darf auf den Inhalt der Sendungen nicht im Sinne einer Zensur einwirken. Eine Verpflichtung seinerseits, Kandidaten Sendezeit zur Verfügung zu stellen, die dann Gegenansprüche auslösen würde, besteht allerdings nicht.

Von dieser Bestimmung sind folgende Arten von Nachrichtensendungen ausgenommen, die den Kandidaten zwar erwähnen, aber in gutem Glauben (bona fide) ohne direkten und maßgeblichen Bezug auf den Wahlkampf ausgestrahlt werden: einfache Nachrichten (newscast), Interviews (news interview), Dokumentationen bei nur zufälligem Auftreten des Kandidaten (news documentary) sowie „live"-Informationen über unvorhergesehene Ereignisse (on-the-spot-coverage of news events).

Diese Ausnahmen werden durch den folgenden Satz, der zu vielen Mißdeutungen Anlaß gegeben hat, wieder in den größeren Rahmen der allgemeinen Verpflichtungen eines Lizenzträgers gestellt: „Die vorhergehenden Ausnahmen entbinden den Lizenzträger nicht von der Verpflichtung dieses ‚Kapitels', seine Station im öffentlichen Interesse zu betreiben und ausreichende Möglichkeiten für die Diskussion öffentlich interessierender Fragen zu schaffen.[277]"

---

[275] Vgl. Blaine, aaO. S. 171 ff.; Earnest, aaO. S. 262 ff.

[276] 47 U. S. C. A. § 315 einschl. Cum. Ann. Pock. Suppl. 1970 m. w. N.; F. C. A. 47 § 315 einschl. 1969 Cum. Pock. Suppl. m. w. N. Zum Text vgl. Anhang Punkt A. 2. a.

[277] „Nothing in the foregoing sentence shall be construed as relieving broadcasters ... from the obligation imposed upon them under this chapter to

Der Preis für die Sendezeit im Zusammenhang mit dieser Bestimmung darf nicht über den Preis vergleichbarer anderer Sendungen liegen (Absätze b)–d)). Durch Absatz g) wird die FCC schließlich ermächtigt, Ausführungsverordnungen zu dieser Vorschrift zu erlassen[278]. Kaum ein anderes Gebiet – vielleicht abgesehen von der Werbung – kann den überragenden Einfluß von Hörfunk und Fernsehen besser verdeutlichen als der Einsatz dieses Mediums bei nationalen Wahlen. Daher bemühte sich der Gesetzgeber auch von Anfang an darum, einen Ausgleich zwischen den kommenerziellen Interessen der Lizenzträger sowie dem Anspruch der Öffentlichkeit nach einer umfassenden und ausgewogenen Information zu gewährleisten. Jeglicher Mißbrauch zu Zwecken einer einseitigen Wahlpropaganda sollte durch § 315, die dazu ergangene Ausführungsverordnung sowie die ständige Überwachung seitens der FCC unterbunden werden.

Hörfunk und Fernsehen sollten zu dem werden, was sie ihrer Natur nach für das politische Leben einer Nation sein können: eines der wichtigsten Mittel zur politischen Bewußtseins- und Willensbildung[279]. Unter diesem Aspekt muß jeder Eingriff des Gesetzgebers und der FCC gesehen werden.

c) Formale Ausgestaltung des § 315

Die einzelnen Tatbestandsmerkmale der Vorschrift sind trotz der erläuternden Ausführungsverordnung größtenteils so allgemein gehalten, daß im Laufe der Jahre eine Fülle von Einzelentscheidungen der FCC ergangen ist.

---

operate in the public interest and to afford reasonable opportunity for the discussion of conflicting views on issues of public importance."

[278] Vgl. Public Notice vom 7. 8. 1970 aaO. „Use of Broadcast Facilities by Candidates for Public Office"; Rules and Regulations „Broadcasts by Candidates for Public Office" 47 C. F. R. §§ 73.120 (AM-stations), 73.290 (FM-stations), 73.590 (Non-commercial educational FM-stations), 73.657 (TV), die im wesentlichen gleichlautend sind. Zum Text vgl. Anhang Punkt A. 2. b. aa. Vgl. auch Public Notice vom 16. 3. 1972 aaO. „Use of Broadcast and Cablecast Facilities by Candidates for Public Office" mit dem neugefaßten § 315 Communications Act sowie weiteren Erläuterungen.

[279] Vgl. Blaine, aaO. S. 174 ff.; Derby, aaO. S. 257; Earnest, aaO. S. 257. Vgl. In re Licensee Responsibility as to Political Broadcasts 15 F. C. C. 2nd 94 (1968). Allein in Hörfunk und Fernsehen stiegen die Aufwendungen für die Kongreßwahlen von 1962 bis 1966 um 60% auf 155 Millionen DM; vgl. Yadlofsky, Political Campaigns, aaO. S. 1.

aa) Ordnungsgemäß aufgestellter Kandidat

Gemäß § 315 steht ein Entgegnungsrecht ausschließlich einem ordnungsgemäß aufgestellten Kandidaten für ein öffentliches Amt zu. Nach den „rules and regulations" ist ein Bewerber als Kandidat anzusehen, wenn er seine Kandidatur für eine Nominierung durch eine Partei oder für die Bewerbung in einer Wahl auf Bundes-, Staats-, Kreis oder Kommunalebene selbst öffentlich angekündigt hat und er nach den Gesetzen des betreffenden Staates wählbar ist. Ferner muß er von einer Partei als Bewerber aufgestellt sein, und sein Verhalten muß erkennen lassen, daß er sich als Kandidat betrachtet (bona fide candidate)[280].

Die Überzeugung einer Station, der Kandidat habe keinerlei reelle Wahlchancen, ist für den Anspruch nicht entscheidend[281]. Anspruchsbegründend sind allein die von der FCC aufgestellten Kriterien. Diese können jedoch auch zu unbilligen Ergebnissen führen. So verlangte Ende 1967 Senator Eugen McCarthy, der sich als demokratischer Bewerber um die Präsidentschaft bemühte, „equal opportunity" gegenüber einem längeren Interview Präsident Johnsons. Dieser hatte zum damaligen Zeitpunkt seinen Entschluß für eine erneute Kandidatur noch nicht bekanntgegeben, obwohl er von der amerikanischen Öffentkeit bereits als Bewerber angesehen wurde. Die FCC sowie das angerufene Gericht lehnten somit nach dem Wortlaut der Vorschrift den Anspruch mit einer wenig überzeugenden Begründung ab[282].

Nur Gegenkandidaten für das gleiche Amt – also auch bei den parteiinternen „primaries – sind anspruchsberechtigt[283]. Diese Bestimmung wie auch die Regelung, daß nur das persönliche Auftreten eines Kandidaten Gegenansprüche auslösen kann, begrenzen die Zahl der anspruchsberechtigten Kandidaten von vorneherein[284]. Mögliche Mißbräuche können durch die „public interest"-Klausel in Absatz a) aufgefangen werden.

---

[280] Ziff. a) „rules and regulations", aaO.

[281] CBS 40 F. C. C. 244 (1952).

[282] In re Senator Eugen J. McCarthy 11 F. C. C. 2nd 511 (1968); McCarthy v. FCC 309 F. 2nd 471, 474 (D. C. Cir. 1968): „. . . no rule in this sensitive area can be applied mechanically without, in some instances at least, resulting in unfairness and possible constitutional complications." Kritisch dazu Barron, 37 Geo. Wash. L. Rev. 487, 508 (1969).

[283] KWFT 40 F. C. C. 237 (1948); Mrs. Eleanor Clark French 40 F. C. C. 417 (1964) u. a.

[284] Barrow, aaO. S. 455; Friedenthal/Medalie, aaO. S. 464 ff.

bb) Auftreten in einer Sendung

Der Anspruch gemäß § 315 greift ein, wenn der Gegenkandidat in Hörfunk oder Fernsehen aufgetreten ist (use). Streitig ist, wann ein „Auftreten" im Sinne des Gesetzes vorliegt. Da auch die „rules and regulations" keine Anhaltspunkate bieten, muß wieder auf Einzelentscheidungen der FCC zurückgegriffen werden.

Die Schwierigkeit jeder Definition dieses Begriffs liegt darin, daß zwei Ziele verfolgt werden: gleiche Rechte für alle Kandidaten gegenüber den Lizenzträgern sowie Information der Wählerschaft über die Eignung von Kandidaten[285]. Grundsätzlich kann – abgesehen von Ausnahmen für Nachrichtensendungen – von „use" gesprochen werden, wenn der Kandidat persönlich auftritt; eine Partei als solche kann keine Gegenansprüche begründen[286]. Unproblematisch ist somit das Auftreten eines Kandidaten, der die gesetzlichen Voraussetzungen erfüllt und sich über die Wahl und seine politischen Ziele äußert, in seiner Eigenschaft als Kandidat.

Aber auch wenn er nicht klar erkennbar als Kandidat auftritt – z. B. im Rahmen seiner beruflichen Tätigkeit – neigt die FCC dazu, § 315 eingreifen zu lassen[287]. Sie will grundsätzlich sich und nicht dem Lizenzträger die Entscheidung darüber vorbehalten, ob ein Auftreten dem Kandidaten nützt oder nicht[288]. So wurden z. B. als „use" angesehen das Auftreten eines Kandidaten im Rahmen eines Varietéprogramms[289], eine unpolitische Vorlesung in einem Hörfunk-Bildungsprogramm[290] und Sendungen von Kandidaten in ihrer beruflichen Eigenschaft als Sprecher oder Moderatoren von Sendungen[291]. Wie auch *Derby* bemerkt, scheint die weite Auslegung des Begriffs durch die FCC weniger dem Bedürfnis zu entspringen, die Öffentlichkeit zu informieren, sondern sie will vielmehr dem Schutz der Kandidaten vor einer einseitigen, wenn auch teilweise unscheinbaren, Bevorzugung dienen[292].

---

[285] Barrow, aaO. S. 456; Derby, aaO. S. 279 m. w. N.

[286] Felix v. Westinghouse Radio Stations 186 F. 2nd 1 (3rd Cir. 1950); Mr. Lawrence M. C. Smith 40 F. C. C. 549 (1963); Mr. Harry Dermer 40 F. C. C. 407 (1964).

[287] Vgl. Note 69 Yale L. J. 805, 806 (1960).

[288] In re Socialist Labor Party 40 F. C. C. 241 (1952); vgl. Robinson, aaO. S. 130.

[289] KUGN 40 F. C. C. 293 (1958); Lar Daly 40 F. C. C. 314 (1960).

[290] Fordham University 40 F. C. C. 321 (1961).

[291] Kenneth G. Spengler 40 F. C. C. 279 (1956); WNEP-TV 40 F. C. C. 431 (1965); in re Station WBAX 17 F. C. C. 2nd 316 (1969) u. a.

[292] Derby, aaO. S. 277. Einen beleidigenden Charakter brauchen die Äuße-

cc) Ausnahmen bei Nachrichtensendungen

Ausgenommen hiervon sind jedoch die in Absatz a) enumerativ durch das Amendment von 1959 eingefügten Arten von Nachrichtensendungen. So wie die FCC einerseits den Begriff des „Auftretens" sehr weit auslegt, engt sie die Ausnahmen folgerichtig restriktiv wieder ein[293]. Die Möglichkeit zu einer exakten und dennoch flexiblen Abgrenzung zu gelangen und damit nicht „nur den Zustand vor Lar Daly wiederherzustellen", war damit zunächst vertan[294].

Die scheinbar größer gewordene Freiheit der Lizenzträger beschränkt die FCC dadurch, daß alle aufgeführten Nachrichtensendungen „in gutem Glauben" (bona fide) als Nachrichtenprogramm angelegt sein müssen. Kriterien sind z. B. die Anlage, Laufzeit und Stellung des Programms sowie die Verantwortlichkeit hierfür[295]. Neben der Auslegung des Begriffes „use" hat die FCC dadurch eine zweite Kontrollmöglichkeit erhalten. Sie ist aber weniger gut geeignet, die Kandidaten zu schützen, denn der „gute Glaube" eines Lizenzträgers ist nur nach einer langwierigen Sammlung von Beweismaterial zu klären[296].

Abgesehen davon, daß Ausnahmen wie „news documentary" oder „on-the-spot coverage of news events" noch sehr unbekannte und damit auslegungsbedürftige Begriffe sind, ergeben sich vor allem bei Ansprachen eines Präsidenten während eines Wahlkampfes erhebliche Schwierigkeiten[297]. Pressekonferenzen des Präsidenten fallen nach Ansicht der FCC nicht unter diese Ausnahmen[298], wohl aber Ansprachen an das amerikanische Volk aus Anlaß internationaler Krisensituationen[299].

---

rungen des Kandidaten völlig unbestritten weder nach dem Wortlaut noch dem Sinn der Vorschrift zu besitzen; GMPI, aaO. S. 296 stellt daher das Problem nicht richtig dar.

[293] Barrow, aaO. S. 457.

[294] Vgl. Note 46 Va. L. Rev. 564, 570 ff. (1960) m. w. N.; Note 69 Yale L. J. 805, 810 ff. (1960).

[295] Public Notice „Use of Broadcast Facilities by Candidates for Public Office", aaO. Ziff. III.

[296] Vgl. Note 69 Yale L. J. 805, 812 (1960).

[297] In Brief for Respondents CBS aaO. S. 22ff. stellte CBS in einer umfangreichen Sammlung die Anwendbarkeit der Ausnahmen im Rahmen der CBS-Berichterstattung dar; vgl. Derby, aaO. S. 283 ff. mit einer ausführlichen Darstellung zum Problem der Ansprachen eines Präsidenten.

[298] CBS 40 F. C. C. 395 (1964).

[299] Vgl. CBS, NBC, and ABC 40 F. C. C. 276 (1956); Republican National Committee 40 F. C. C. 408 (1964); vgl. Barrow, aaO. S. 457, 458.

dd) Gleiche Möglichkeiten für Gegenkandidaten

Der Anspruch eines Gegenkandidaten auf „equal opportunities" bedeutet mehr als „equal time", da die Entgegnungsmöglichkeit unter Würdigung der Gesamtumstände gleichwertig zu sein hat[300]. Dennoch birgt aber die eingeschlossene Forderung nach „equal time" die größten Schwierigkeiten für die Stationen, denn dieser Begriff ist meßbar[301]; die Gleichwertigkeit ergibt sich jedoch erst aus dem Gesamtzusammenhang und ist zunächst dem Urteilsvermögen des Lizenzträgers überlassen. In jedem Fall aber läßt sich nachprüfen, ob wirklich „equal opportunities" gewährt wurden; so auch die FCC, die in diesem Zusammenhang von einer „dem Grunde nach mathematischen Genauigkeit" (virtually mathematical precision) spricht[302].

Der Lizenzträger kann sich diesen Verpflichtungen nicht dadurch entziehen, daß er Wahlkampfsendungen von vorneherein nicht in sein Programm aufnimmt. Der Satz, er habe keine entsprechende Verpflichtung, kann nur im Zusammenhang mit der „public interest"-Klausel am Ende von Absatz a) gesehen werden[303]. Die dortige Forderung, ausreichende und abgewogene Möglichkeiten (reasonable opportunities) für die Diskussion öffentlich interessierender Fragen zur Verfügung zu stellen, macht seine Verpflichtung deutlicher, als der Begriff der „equal opportunities". Dies ist der eigentliche Schutz für den Kandidaten und die Öffentlichkeit. Die Forderung stellt keine untragbaren Belastungen für den Lizenzträger dar und ist seitens der FCC wegen des kurzen Zeitraumes in einem Wahlkampf und der auf Wahlthemen bezogenen Fragen relativ leicht zu überwachen[304].

ee) Zensurverbot des Lizenzträgers

Das Zensurverbot des Lizenzträgers (censorship) bedarf einer weiten Auslegung. Grundsätzlich macht sich ein Lizenzträger wegen beleidigender Äußerungen, die Kandidaten über seine Station getan haben,

---

[300] Rules and regulations „Broadcasts by Candidates for Public Office", aaO. Abs. c) (2): „. . . no licensee shall make any discrimination between candidates in charges, practices, regulations, facilities, or services . . .".

[301] Barrow, aaO. S. 456; Nelson/Teeter, aaO. S. 412; vgl. Harry Dermer 40 F. C. C. 407 (1964); in re Messrs. William F. Ryan and Paul O'Dwyer 14 F. C. C. 2nd 633 (1968); in re Senator Birch Bayh 15 F. C. C. 2nd 47 (1968).

[302] Memorandum Opinion and Order vom 18. 8. 1970 (released), FCC 70-881, FCC-Mimeo 52120, S. 12.

[303] Derby, aaO. S. 277 ff. m. w. N.; Friedenthal/Medalie, aaO. S. 476 ff. m. w. N.

[304] Note 69 Yale L. J. 805, 812 ff. (1960) m. w. N.

entgegen der früheren Meinung[305] heute nicht mehr nach dem „law of defamation" strafbar[306]. Eine andere Auffassung würde auch nicht dem Sinn des § 315 gerecht, die politische Diskussion zu fördern.

„Censorship" im Sinne des Gesetzes bedeutet nicht nur Zensur, sondern vielmehr jegliche Einflußnahme auf das Auftreten des Kandidaten. Er ist frei in der Gestaltung seines Programms und kann selbst entscheiden, in welcher Form und mit welchen Gesprächspartnern er auftritt und über welche Themen er spricht[307].

ff) Preisgestaltung der Sendezeit

Durch das Verbot in Absatz b), für politische Sendungen höhere Preise als für vergleichbare kommerzielle Sendungen zu verlangen, wurden viele Zweifelsfragen ausgeräumt[308].

Unberührt hiervon bleibt die Verpflichtung eines Lizenzträgers, bei kostenlos gewährter Sendezeit an den ersten Kandidaten auch Gegenkandidaten in gleicher Weise Sendezeit zur Verfügung zu stellen[309].

gg) Anmeldung des Anspruchs

Gemäß den Absätzen e) und f) der „rules and regulations" hat ein Kandidat innerhalb einer Woche nach der anspruchsbegründenden Sendung seinen Anspruch gegenüber der Station geltend zu machen[310]. Ein später erhobener Anspruch kann zurückgewiesen werden[311]. Dem Bewerber obliegt die Beweislast darüber, daß er und der Gegenkandidat ordnungsgemäß aufgestellte Kandidaten im Sinne des Gesetzes sind[312].

---

[305] Sorensen v. Wood 243 N. W. 82 (1932); vgl. Hood aaO. S. 1010; zur Entwicklung: Friedenthal/Medalie, aaO. S. 478 ff.

[306] Farmers Educational and Cooperative Union of America v. WDAY 360 U. S. 525, 527 ff. (1959); vgl. Belser, aaO. S. 215.

[307] Vgl. Socialist Labor Party of America 40 F. C. C. 246 (1952); in the matter of Gray Communications System 19 F. C. C. 2nd 532, 534 (1969); vgl. Dictum in Port Heuron Broadcasting Co. (WHLS) 12 F. C. C. 1069 (1948).

[308] Vgl. Political Ad Requirements 40 F. C. C. 252 (1952); Political Broadcast Rates 40 F. C. C. 265 (1955); in re WFBG 23 F. C. C. 2nd 760 (1967). – Ausführlicher hierzu unter Berücksichtigung der Neufassung der Absätze b)–d) § 315 Communications Act mit sehr detaillierten Regelungen in den Abschnitten V–VII Public Notice vom 16. 3. 1972 aaO.

[309] Friedenthal/Medalie, aaO. S. 449/450.

[310] Dies kann u. U. auch bereits vor dieser Sendung geschehen; vgl. Socialist Workers Party 15 F. C. C. 2nd 96 (1968).

[311] Herbert Steiner 10 F. C. C. 2nd 966 (1967).

[312] Auf die Durchsetzung des Anspruchs wird unter Punkt E. 2. näher eingegangen.

Der Lizenzträger ist gemäß Absatz d) gehalten, aus Beweisgründen alle Anforderungen nach Sendezeit im Rahmen der Provisions zwei Jahre lang aufzubewahren.

d) Änderungsvorschläge der Literatur

Die geltende Fassung von § 315 hat in der Literatur zu einigen Änderungsvorschlägen geführt[313]. Immer wieder kreist die Diskussion im wesentlichen um das Problem, wie auch Kandidaten kleinerer Parteien „equal opportunities" gewährt werden können, ohne daß § 315 wegen der Vielzahl der Kandidaten praktisch unanwendbar wird.

Die von Seiten der Rundfunkindustrie wiederholt geforderte ersatzlose Streichung des § 315 würde zwar die Lizenzträger zufriedenstellen, die sich ohnehin in ihrer freien Berichterstattung behindert fühlen[314], sie würde aber kaum den Interessen von Öffentlichkeit und Kandidaten gerecht. Die „Equal Opportunity Provisions" sind trotz der in ihnen liegenden Gefahr der gelegentlichen Einschränkung von politischen Sendungen und trotz der wirtschaftlichen Belastungen der Lizenzträger immer noch das am besten geeignete Mittel, Entgegnungen im politischen Bereich zu ermöglichen[315].

Auch eine befristete Aufhebung, ähnlich der von 1960, ist nicht empfehlenswert, da sich die Situation einer Präsidentschaftswahl nicht auf andere Wahlen übertragen läßt und eine Lösung des Problems hierdurch nur aufgeschoben würde. Es muß daher im Rahmen des geltenden § 315 und seiner Ausführungsverordnung eine Lösung gefunden werden.

Barrow schlägt vor, die Sendezeit für Kandidaten kleinerer Parteien zu verkürzen, diese Kandidaten möglicherweise in einer Diskussionsrunde zu Wort kommen zu lassen und die Interpretation des Begriffes „use" enger zu fassen[316]. Diese Lösung erscheint praktikabel, wenn auch die bereits von *Derby* versuchte prozentuale Abgrenzung zwischen kleineren und größeren Parteien noch erhebliche Schwierigkei-

---

[313] Vgl. den Neuentwurf von § 315 sowie der „rules and regulations" bei Derby, aaO. S. 316 ff.; Entwicklungstendenzen werden unter e) dargestellt.

[314] Vgl. House Hearings, aaO. Stanton (CBS), S. 23 ff.; Lower (ABC) S. 34 ff.; Wasilewski (NAB) S. 39 ff.; Frank (NBC) S. 77 ff.; vgl. auch Loucks, aaO. S. 33 ff.

[315] Note 77 Harv. L. Rev. 701, 707, 708 (1963); Alexander in House Hearings aaO. S. 27 ff.; Barrow, aaO. S. 480 ff. mit ausführlicher Begründung.

[316] Barrow, aaO. S. 533 ff.

ten dürfte[317]. Senator *Scott* geht unter Beibehaltung einer prozentualen Aufteilung über diese Vorschläge hinaus und fordert eine kostenlase Sendezeit. Kandidaten kleinerer Parteien sollen angemessen berücksichtigt werden[318].

Einfacher dürfte es zunächst sein, die Ausnahmen bei Nachrichtensendungen um bona-fide-Diskussionen am Runden Tisch (bona fide panel discussions), öffentliche Streitgespräche zwischen den Kandidaten (public debates) sowie öffentliche Forumgespräche zu erweitern[319]. Schließlich wäre es sinnvoll, einheitliche bundesgesetzliche Vorschriften darüber zu erlassen, wann ein Bewerber als ordnungsgemäß aufgestellter Kandidat anzusehen ist und diese Definition nicht den unübersichtlichen Vorschriften von fünfzig Einzelstaaten zu überlassen[320]. Die von *Earnest* vorhergesagte „Aushöhlung" von § 315 ist nicht eingetreten[321]. Sie erscheint bei der Bedeutung dieser Vorschrift für das politische Leben der USA auch unwahrscheinlich. Kleinere Modifikationen wären wünschenswert, um die Bestimmung sinnvoller und schneller handhaben zu können; substantielle Veränderungen könnten nur von Nachteil sein.

e) Entwicklungstendenzen

Auf der Linie kleinerer Modifikationen bewegte sich auch die gesetzgeberische Entwicklung der jüngsten Zeit, die bei den Equal Opportunity Provisions vom Senat ausging. Bislang gedieh jedoch noch kein Entwurf bis zur Kongreßvorlage.

Ein umfangreiches Hearing über den „Campaign Broadcast Reform Act" Ende 1969[322] führte im Frühjahr 1970 zu einem Änderungsentwurf des zuständigen Senatsausschusses[323]. Hiernach sollte Kandidaten für ein politisches Amt bei Wahlsendungen der niedrigste Staffelpreis der Station eingeräumt werden. Dies würde auch Kandidaten kleinerer Parteien Chancengleichheit gegenüber der Finanzkraft der beiden großen Parteien vermittelt haben. Nach dem gleichen Entwurf sollten

---

[317] Derby, aaO. S. 267 ff., 316 ff. m. w. N.; vgl. Friedenthal-Medalie, aaO., S. 459 ff. m. w. N.

[318] Scott aaO. S. 1046 ff. („equitable time" statt „equal time").

[319] Note 46 Va. L. Rev. 564, 575 (1960).

[320] Vgl. zu den praktischen Auswirkungen der geltenden Regelung: CBS Memorandum vom 13. 3. 1968, abgedruckt in House Hearings, aaO. S. 50/51.

[321] Earnest, aaO. S. 265 ff.

[322] „The Campaign Broadcast Reform Act of 1969", Hearings before the Communications Subcommittee of the Committe on Commerce, U. S. Senate, 91st Cong., 1st sess., S. 2876 (1969).

[323] S. Rept. 91-751, Calendar No. 747, 91st Cong., 2nd sess. (1970).

– wie 1960 – in Zukunft Präsident und Vizepräsident der USA grundsätzlich nicht unter die Bestimmungen des § 315 Communications Act fallen[324]. Diese Änderung wäre wegen der Bedeutung von Präsidentschaftswahlen zu begrüßen gewesen, wenn – wie 1960 – auch dritten Parteien von gewisser nationaler Bedeutung seitens der Rundfunkgesellschaften freiwillig Sendezeit zur Verfügung gestellt worden wäre. Die Vorlage wurde zwar von Senat und Repräsentantenhaus angenommen[325], von Präsident Nixon aber am 12. Oktober 1970 durch sein verfassungsmäßiges Veto blockiert. Eine erneute Abstimmung im Senat am 23. November 1970 brachte nicht die erforderliche Mehrheit, um das Veto zu Fall zu bringen.

Senator Fulbright dagegen verkannte in einer von ihm eingebrachten Gesetzesinitiative Sinn und Zweck des § 315 Communications Act, der sich ausdrücklich nur auf Kandidaten für ein politisches Amt bezieht. Durch diesen Entwurf sollte Sprechern von Senat und Repräsentantenhaus mindestens viermal im Jahr Gelegenheit gegeben werden, die Auffassung ihrer Gremien öffentlich darzustellen[326]. Eine derartige Änderung hätte jedoch den Grundgedanken der Equal Opportunity Provisions verwässert. Schließlich besteht für eine solche Änderung auch keine praktische Notwendigkeit, da die Meinung des Kongresses in der allgemeinen Berichterstattung aller Massenmedien ausreichend gewürdigt wird. Der Entwurf wurde folgerichtig bereits vom Senat abgelehnt.

2. Fairness Doctrine

Die Fairness Doctrine der FCC soll die Ausgewogenheit der Rundfunkprogramme bei Streitfragen des öffentlichen Interesses bewirken[327]. Ihr Grundgedanke ist es, eine umfassende, absolute Information der Öffentlichkeit zu gewährleisten, die durch das Erste Amendment geschützt ist[328]. Allein diese Zielsetzung und nicht die Unvoll-

---

[324] Vgl. auch oben Punkt 1. a) ee).

[325] S. 3637, 91st. Cong., 2nd sess. (1970). Ähnlich aber die durch den „Federal Election Campaign Act of 1971" vom 7. 2. 1972 (Public Law 92-225; vgl. Public Notice vom 16. 3. 1972 aaO.) vorgenommene Änderung des § 315 Communications Act.

[326] S. J. Res. 209, 91st Cong., 2nd sess. (1970).

[327] Fairness Primer ,aaO. S. 10416: „. . . to afford reasonable opportunities for the presentation of contrasting viewpoints of public importance."

[328] Vgl. Associated Press v. U. S. 326 U. S. 1, 20 (1945): im Rahmen des Ersten Amendments soll die „widest possible dissemination of information from diverse and antagonistic sources" erreicht werden; vgl. unten Punkt 3. b) bb).

kommenheit des „law of defamation“ ist es, die allen Maßnahmen der FCC auf diesem Gebiet zugrundeliegt. Dieses Bestreben wird von allen Seiten anerkannt. Bestritten ist lediglich, wie weit die FCC hierzu in die Rechte Einzelner eingreifen darf. Die Fairness Doctrine ist somit – im Gegensatz zu den Equal Opportunity oder den unten zu behandelnden Personal Attack Provisions – keine Regelung eines „Right of reply“ im eigentlichen Sinn. Vielmehr kann sie als das allgemeine Dach angesehen werden, das beide speziellen Provisions überspannt.

Von besonderer Bedeutung ist ihre Entwicklung für die Personal Attack Provisions, die ohne die „rulings“ und Gerichtsentscheidungen zur Fairness Doctrine nicht denkbar wären. Die Entwicklung führte zunächst über die speziellen Regelungen im Bereich des § 315 Communications Act zur allgemeinen Doctrine, aus der dann wiederum spezielle Regelungen für „personal attacks“ hervorgingen.

a) Entwicklung

Lange Zeit herrschte in der Lehre Streit darüber, wo die Ursprünge der Fairness Doctrine zu suchen seien. Tatsächlich existiert die Doctrine in Anfängen bereits seit der Zeit, zu der zum ersten Mal eine staatliche Behörde – zunächst die FRC, später die FCC – mit der Ordnung des Rundfunkwesens betraut war[329]. Die langsame und nicht immer klare Weiterentwicklung der Doctrine rührt daher, daß sie praeter legem auf administrativem Weg entstanden war und erst 1959 eine gesetzliche Absicherung erfahren hatte. Ein geradezu klassisches Beispiel für die amerikanische Verwaltungspraxis[330]. Man kann daher bei einer objektiven Würdigung auch kaum von einer bloß „philosophischen Grundlage“ der Fairness Doctrine sprechen[331].

aa) 1927 bis zur Mayflower-Entscheidung (1941)

Die durch den Radio Act von 1927 geschaffene FRC sollte im Rahmen des „public interest, convenience, or necessity“ tätig werden. Sie interpretierte diese Forderung entgegen der vom Kongreß abgelehnten, erweiterten Fassung des § 18 Radio Act[332] dergestalt, daß hierunter

[329] House Staff Study aaO. S. 3 unter Bezug auf 3 F. R. C. Ann. Rep. S. 33 (1929). Vgl. Senate Staff Report, aaO. S. 116 ff.

[330] Ebd. S. 3: „... the failure of a legislature to express disapproval can bolster an administrative or judicial construction of a statute“. Vgl. Barron, 30 Geo. Wash. L. Rev. 1, 31 (1961); ders. 37 U. of Colo. L. Rev. 31, 32 Fußnote 5 (1964).

[331] So aber Anello, aaO. S. 1.

[332] Vgl. oben Punkt D. 1. a) aa).

„all discussions of issues of importance to the public" zu verstehen seien[333], also nicht nur öffentlich geäußerte Meinungen politischer Kandidaten. Sie lehnte daher Lizenzverträge von Stationen ab, die keine Gewähr dafür boten, in ihren Programmen die gesamte öffentliche Meinung widerzuspiegeln, sondern die sich nur an ihren Privatinteressen orientierten. Begründet wurde diese Haltung vor allem mit den wenigen zur Verfügung stehenden Frequenzen, wodurch der Lizenzträger bei Erteilung der Lizenz einer besonderen öffentlichen Kontrolle unterworfen ist. Diese Auffassung spiegelt sich sowohl in den Entscheidungen der FRC als auch in den Urteilen der angerufenen Gerichte wider. Die Verfassungsmäßigkeit der Doctrine wurde damals allerdings noch nicht angezweifelt[334]. Die durch den Communications Act von 1934 geschaffene FCC folgte den gleichen Grundsätzen[335].

Bis zu diesem Zeitpunkt hatte sich eine Definition dessen, was unter „public interest" und der daraus resultierenden Verpflichtung des Lizenzträgers zu verstehen sei, nur sehr allmählich entwickelt. 1941 jedoch faßte die FCC zum ersten Mal in der Mayflower-Entscheidung ihre Grundsätze zur Fairness Doctrine zusammen[336]. Neben dem Verbot an den Lizenzträger, seine private Meinung oder die der Rundfunkgesellschaft zu senden – „the broadcaster cannot be an advocate"[337] – macht die FCC klar, daß eine Rundfunklizenz die ausdrückliche Verpflichtung beinhalte, alle öffentlich interessierenden Fragen umfassend zu behandeln[338]. Die Entscheidung wurde zwar in weiten Kreisen der Rundfunkindustrie als ein völliges Verbot jeder privaten

[333] „Broadcasting stations are licensed to serve the public and not for the purpose of furthering the private or selfish interests of individuals ..." in Great Lakes Broadcasting Co. 3 F. R. C. Ann. Rep. 32, 33 (1929); später Great Lakes Broadcasting Co. v. FRC 37 F. 2nd 993, 995 (D. C. Cir. 1929). Vgl. NBC v. U. S. 319 U. S. 190, 215 ff. (1943).

[334] Vgl. Chicago Federation of Labor v. FRC 3 F. R. C. Ann. Rep. 36 (1929), 41 F. 2nd 422 (D. C. Cir. 1930); KFKB Broadcasting Ass. v. FRC 47 F. 2nd 670 (D. C. Cir. 1931); Trinity Methodist Church, South v. FRC 62 F. 2nd 850 (D. C. Cir. 1932).

[335] Vgl. Young People's Association for the Propagation of the Gospel 6 F. C. C. 178 (1938).

[336] Mayflower Broadcasting Corp. 8 F. C. C. 333 (1941).

[337] Ebd. S. 340; vgl. zum Problem des „editorializing" ausführlich McMillin, aaO. S. 27 ff.

[338] Ebd. S. 340: „... obligation of presenting all sides of important public questions fairly, objectively, and without bias. The public interest – not the private – is paramount."

Meinungsäußerung angesehen, man beschränkte Gegenmaßnahmen jedoch auf Proteste[339].

bb) Report on Editorializing by Broadcast Licensees (1949)

Weitere Entscheidungen der FCC in den folgenden Jahren geben zwar keine eindeutigen Anhaltspunkte zum Verbot, private Meinungen zu äußern; sie wandeln jedoch die passive Verpflichtung des Lizenzträgers zur allseitigen Information allmählich in eine aktive Verpflichtung um. Von nun an hat ein Lizenzträger nicht nur eine umfassende Diskussion öffentlich interessierender Streitfragen lediglich zu ermöglichen; er hat vielmehr derartige Themen selbst herauszufinden („seek out rule"), ihre Behandlung anzuregen und durchzuführen[340].

Die Fairness Doctrine hatte damit im wesentlichen ihre heutige Ausprägung erfahren. Im „Report on Editorializing by Broadcast Licensees" faßte die FCC 1949 noch einmal die wichtigsten der seit 1927 ergangenen Entscheidungen zusammen[341]. Spätestens seit diesem Zeitpunkt kann auch offiziell von der Fairness Doctrine gesprochen werden. *Barron* nennt den Report deshalb auch ein „high-water mark in the fortunes of the Fairness Doctrine"[342]. Gleichzeitig stellt die FCC das private Meinungsäußerungsverbot der Mayflower-Entscheidung in den Rahmen der allgemeinen Verpflichtung eines Lizenzträgers. Dieser hat von nun an in seinen Sendungen als ein „trustee" der Öffentlichkeit alle Gebiete des öffentlichen Interesses zu berücksichtigen und ausreichend darzustellen[343].

cc) Fairness Primer (1964)

Die Entwicklung der Fairness Doctrine fand ein vorläufiges Ende mit der Veröffentlichung des Fairness Primers von 1964[344]. Wie der Report

---

[339] Note 48 Col. L. Rev. 785, 786 (1948) und Siepmann in House Hearings, aaO. S. 63 begrüßen die Entscheidung; vgl. auch Barrow, aaO. S. 463 m. w. N.; Robinson, aaO. S. 133; White, aaO. S. 177 ff.

[340] Vgl. United Broadcasting Co. (WHKC) 10 F. C. C. 515 (1945); Sam Morris 11 F. C. C. 197 (1946); Robert H. Scott 11 F. C. C. 372 (1946); Johnston Broadcasting Co. 12 F. C. C. 517 (1947), vgl. Johnston Broadcasting Co. v. FCC 175 F. 2nd 351 (D. C. Cir. 1949); WBNX Broadcasting Co. 12 F. C. C. 805 (1947); Laurence W. Harry 13 F. C. C. 23 (1948); aus neuerer Zeit: Rollins Broadcasting, Inc. 34 F. C. C. 1 (1963). Vgl. „Public Service Responsibility of Broadcast Licensees" (Blue Book) S. 39 ff., Public Notice vom 27. 3. 1946, FCC-Mimeo 95462. Vgl. Firestein, aaO. S. 810 und S. 819.

[341] 13 F. C .C. 1246 (1949).

[342] Barron 30 Geo. Wash. L. Rev. 1, 6 (1961).

[343] Report eb.d S. 1247.

[344] Public Notice vom 1. Juli 1964 „Applicability of the Fairness Doctrine in the

von 1949 ist er formell lediglich eine Sammlung zwischenzeitlich ergangener „rulings". Tatsächlich aber nimmt die Definition der „controversial issues" und ihre Behandlung im Einzelfall bereits einen beträchtlichen Raum ein. Die FCC hatte damit unmerklich den Gedanken der „personal attack" in die Diskussion eingeführt. Dennoch blieb dem Lizenzträger die Verfahrensweise im Rahmen der Fairness Doctrine weiterhin selbst überlassen[345].

b) Verfassungsmäßigkeit

Bis zur Veröffentlichung des Fairness Primers (1964) waren von Seiten der Rundfunkgesellschaften keine Bedenken gegen die Verfassungsmäßigkeit der Fairness Doctrine geltend gemacht worden.

aa) 1959-Amendment zu § 315 Communications Act

Auch gegen die verfassungsmäßige Herleitung der Doctrine durch die FCC aus § 315 Abs. a) letzter Staz Communications Act, der durch das Amendment von 1959 eingefügt worden war[346], erhob sich zunächst kaum Kritik. Hiernach sollte ein Lizenzträger auch innerhalb der gesetzlichen Ausnahmen für Nachrichtensendungen nicht von der Verpflichtung dieses „Kapitels"[347] befreit sein, „to operate in the public interest and to afford reasonable opportunity for the discussion of conflicting views on issues of public importance". Bereits im Report von 1949 hatte die FCC unter Berufung auf ältere Urteile des Supreme Court in Ziff. 19 und 20 versucht, die Verfassungsmäßigkeit der Doctrine zu begründen[348].

Fraglich war allerdings sowohl nach der Gesetzesgeschichte des Amendments als auch früherer Eingriffe in § 18 Radio Act und § 315 Communications Act, ob der Kongreß eine Kodifikation beabsichtigt hatte. Die Literatur vertrat teilweise den Standpunkt, durch den fraglichen Satz des Amendments sei lediglich eine Abgrenzung zur Fair-

---

Handling of Controversial Issues of Public Importance", aaO. Vgl. die Übersetzung bei Rehbinder, aaO. S. 292 ff.

[345] Ebd. S. 10416: (He is) ... „called upon to make reasonable judgements. in good faith on the facts of each situation ...".

[346] Fairness Primer, aaO. S. 10416 und S. 10425 unter Hinweis auf H. Rept. No. 1069, 86th Cong., 1st sess. S. 5 (1959).

[347] Die FCC zitiert im Primer ebd. sinnentstellend „Act"; ebenso falsch in Memorandum Opinion and Order vom 13. September 1967 (Cigarette Advertising), aaO. S. 13163 Ziff. 10 und in House Staff Study, aaO. S. 7.

[348] 13 F. C. C. 16246 (1949).

ness Doctrine im politischen Bereich vorgenommen werden[349]. *Barrow* vertrat dagegen die Ansicht, der Kongreß habe die Fairness Doctrine zwar anerkannt, habe sie aber nicht in den Communications Act aufnehmen wollen[350]. Beide Auffassungen wurden durch den Supreme Court verworfen[351].

bb) Red Lion v. FCC (D. C. Cir. 1967)

Wie oben unter Punkt C. 3. b) ausgeführt, kann die FCC nur „rules and regulations" erlassen, um gesetzliche Bestimmungen auszufüllen[352]. Ihr mußte also sehr daran gelegen sein, die von ihr behauptete gesetzliche Absicherung der Fairness Doctrine auch verfassungsrechtlich bestätigen zu lassen.

Im November 1964 befaßte sich eine Hörfunkstation in Red Lion, Pa., während des Präsidentschaftswahlkampfes kritisch mit dem Buch eines Publizisten, der den republikanischen Kandidaten Barry Goldwater als Rechtsextremisten attackiert hatte. Der Publizist verlangte daraufhin kostenlose Sendezeit für eine Erwiderung. Dies lehnte der Lizenzträger trotz einer „final order" der FCC ab und verlangte gerichtliche Klärung. Die 1967 ergangene Entscheidung ist der erste Fall, in dem die Fairness Doctrine sowie eine informelle „ruling" aus verfassungsrechtlichen Gründen angegriffen wurden[353].

Der U. S. Court of Appeals for the District of Columbia Circuit entschied, die Fairness Doctrine sei unter Würdigung anderer Bestimmungen des Gesetzes (z. B. „public interest") durch das Amendment von 1959 zu § 315 Communications Act in das Gesetz aufgenommen, und dies stelle keine verfassungswidrige Delegation von Gesetzgebungsbefugnissen des Kongresses dar[354]. Ferner verletze die Doctrine

---

[349] Robinson, aaO. S. 131 ff. mit ausführlicher geschichtlicher Darstellung; ders. in House Hearings, aaO. S. 54. Vgl. House Staff Study, aaO. S. 7–9, 28/29 m. w. N.; Yadlofsky, Fairness Doctrine, aaO. S. 2 ff. Kategorisch ablehnend: Anello, aaO. S. 1.

[350] aaO. S. 466 m. w. N.

[351] Vgl. unten Punkt 3. b) bb).

[352] Auch bei der Durchsetzung des „Right of reply" spielt es eine entscheidende Rolle, ob eine gesetzliche Bestimmung verletzt ist; vgl. unten Punkt E.

[353] Red Lion v. FCC 381 F. 2nd 908 (D. C. Cir. 1967). Bereits 1966 hatte sich ein Gericht aus anderen Gründen einmal mit der Fairness Doctrine befaßt: United Church of Christ v. FCC 359 F. 2nd 994 (D. C. Cir. 1966); vgl. unten Punkt E. 1. a) cc).

[354] Ebd. S. 920 ff. Vgl. Apotheker v. Secretary of State 378 U. S. 500 (1964).

nicht durch verfassungswidrige Unklarheit oder durch besondere Auflagen das Erste Amendment, obwohl dieses unbestritten auch für den Rundfunk gelte; dieser Bereich unterliege aber der Regelungsbefugnis des Staates, da er ein „limited access medium" sei. Der Lizenzträger werde in seiner Meinungsfreiheit lediglich durch eigene Ensicht und sein eigenes Urteilsvermögen eingeengt; er sei ein „trustee" des öffentlchen Interesses und müsse sich daher Einschränkungen unterwerfen[355]. Ob sich Maßnahmen der FCC in diesem Zusammenhang auf richtige oder falsche Äußerungen in der betreffenden Sendung oder der Erwiderung des Betroffenen gründeten, sei unerheblich. Auch das Fünfte, Neunte und Zehnte Amendment seien nicht durch die Fairness Doctrine verletzt[356].

Der vom Kläger angerufene Supreme Court bestätigte das Urteil der Vorinstanz[357].

c) Inhalt und Bedeutung

Trotz der Equal Opportunity und der Personal Attack Provisions als formelle Regelungen abgegrenzter Sachverhalte hat die Fairness Doctrine ihre Bedeutung nicht verloren. Zusammen mit den beiden Provisions bildet sie ungeachtet aller Unterschiede eine Einheit.

aa) Abgrenzung zu den Equal Opportunity Provisions

Die Fairness Doctrine verlangt vom Lizenzträger, eine „reasonable opportunity for the presentation of contrasting viewpoints on controversial issues of public importance" zu gewährleisten[358]. Er selbst entscheidet, welche Themen in seinem Sendebereich von „öffentlichem Interesse" sind und wann und auf welche Weise (reasonable opportunity) er diese Themen behandeln will. Findet sich kein Käufer für die benötigte Sendezeit, so hat er diese Zeit notfalls auch kostenlos zur

---

355 Ebd. S. 922 ff., 927 ff. m. w. N. Vgl. NBC v. U. S. 319 U. S. 190, 226 (1943). U. S. C. A. Const. Amend 1: „Congress shall make no law ... abridging the freedom of speech or of the press ..." Vgl. zur „reasonable regulation"-Doktrin des Supreme Court (Einschränkungsmöglichkeiten des Ersten Amendments bei wichtigem öffentlichen Interesse): Scholler, aaO. S. 237 ff., 239; Barron, 37 U. Colo. L. Rev. 31, 44 (1964); ders. in 37 Geo. Wash. L. Rev. 487, 503 ff. (1969). Kritisch: Robinson, aaO. S. 148 ff.

356 Ebd. S. 925 ff.

357 Red Lion v. FCC / U. S. v. RTNDA 395 U. S. 367 (1969) = UFITA Bd. 58 (1970) S. 363. Ausführlicher hierzu unten Punkt 3. b) bb) und cc).

358 Vgl. § 315 Abs. a) Communications Act sowie Fairness Primer, aaO. S. 10416.

Verfügung zu stellen[359]. Dem Lizenzträger fällt somit eine aktive und selbständige Rolle zu. Schließlich stellt die Doctrine nicht auf eine Einzelsendung ab, sondern auf die Behandlung eines Themas in seinen verschiedenen Ausprägungen über einen längeren Zeitraum hinweg.

Bei den Equal Opportunity Provisions dagegen bleibt der Lizenzträger passiver. Er wird erst tätig, wenn im Einzelfall ein politischer Kandidat Sendezeit für eine Erwiderung auf das Auftreten eines Gegenkandidaten begehrt, nachdem er seine Berechtigung dazu selbst nachgewiesen hat. Diesem und anderen berechtigten Kandidaten hat der Lizenzträger Sendezeit zur Verfügung zu stellen, während er sich im Rahmen der Doctrine auch selbst zu den verschiedensten Meinungen äußern könnte. Wenn „equal opportunity" auch mehr bedeutet als „equal time"[360], so ist dieser Begriff dennoch enger als der der „reasonable opportunity" bei der Fairness Doctrine. Kostenlose Sendezeit braucht der Lizenzträger schließlich nur zu gewähren, wenn auch das Auftreten des ersten Kandidaten, der den Anspruch des Gegenkandidaten auslöste, kostenlos erfolgt war.

Anders als bei der Fairness Doctrine verpflichten ihn die Provisions gemäß § 315 Abs. a) 3. Satz grundsätzlich nicht, Kandidaten für ein politisches Amt seine Station zu öffnen. Fraglich ist jedoch, ob in diesem Fall nicht die Doctrine eingreifen würde. Da der Lizenzträger aber in der Wahl der Sprecher zu öffentlich interessierenden Problemen frei ist, ist eine politische Berichterstattung auch ohne die persönliche Mitwirkung der Kandidaten denkbar[361]. Der Lizenzträger kann – anders als bei der Fairness Doctrine – nicht für Äußerungen verantwortlich gemacht werden, die Kandidaten für ein politisches Amt in derartigen Sendungen seiner Station tun. Schließlich gelten die Ausnahmen für Nachrichtensendungen in § 315 Abs. a) Communications Act nicht für die Fairness Doctrine.

Der Senate Staff Report vergleicht die Situation des Lizenzträgers gegenüber den einengenden Bestimmungen der Equal Opportunity Provisions daher auch mit der Stellung eines „common carriers"[362]. Zwei-

---

[359] Vgl. Cullmann Broadcasting Co., Inc. 40 F. C. C. 576 (1963); John H. Norris (WGCB) 1 F. C. C. 2nd 1587, 1588 (1965); Senate Staff Report, aaO. S. 7; Nelson/Teeter, aaO. S. 419.

[360] Vgl. oben Punkt 1. c) dd).

[361] Vgl. O'Neill, aaO. S. 467 m. w. N.; Note 77 Harv. L. Rev. 701, 710 (1964) mit Beispielen. Vgl. aber oben Punkt 1. c) dd).

[362] aaO. S. 5; vgl. oben Punkt C. 3.

fellos sind die Belastungen für den Lizenzträger in der Anwendung der Fairness Doctrine in wirtschaftlicher und persönlicher Hinsicht größer als bei den Equal Opportunity Provisions. Dies liegt vor allem an dem grundsätzlichen Unterschied zwischen beiden: die Provisions fördern die einseitige Darstellung, indem sie auf Personen abstellen; die Fairness Doctrine soll sie verhindern, indem sie auf die Gesamtdarstellung eines Problems einwirkt[363]. *Barrow* bezeichnet die Provisions vereinfachend als die Ausprägung der Fairness Doctrine im politischen Bereich[364]. Nach den obigen Ausführungen trifft dies nicht in vollem Umfang zu. Eine grundsätzliche Verwandtschaft ergibt sich zwar bereits aus der historischen Entwicklung; die Ausprägungen sind jedoch sehr unterschiedlich.

bb) Anwendbarkeit und Kritik

Tatbestandsmerkmale wie „controversial issue of public importance" sowie „reasonable opportunity" finden sich auch bei den Personal Attack Provisions und sollen dort im Zusammenhang untersucht werden[365]. Die folgende Darstellung beschränkt sich daher auf allgemeine Erörterungen zur Anwendung sowie auf kritische Anregungen der Literatur.

So sehr das Urteil des Supreme Court in Red Lion v. FCC/U.S. v. RTNDA auch die FCC in der Entwicklung neuer „rules and regulations" bestärkte[366], so wenig spürte die Öffentlichkeit in der Praxis doch von dem von manchen behaupteten Recht auf allgemeinen Zugang zu den Massenmedien (right of access to the mass media)[367]. Die FCC ging in ihren „rulings" zur Fairness Doctrine nach diesem Urteil besonders vorsichtig vor, um den Rundfunkgesellschaften keinen Anlaß zu geben, wegen einer Ausweitung der Verpflichtung der Lizenzträger die Berichterstattung über aktuelle Themen faktisch zu gefährden. Sie lehnte daher u. a. den Antrag einer Interessengruppe ab, Sendezeit

---

363 B a r r o n, 30 Geo. Wash. L. Rev. 1, 33 (1961); R o b i n s o n, aaO. S. 137.

364 aaO. S. 505.

365 Vgl. unten Punkt 3. d) cc) und ee).

366 Vgl. unten Punkt 2. d).

367 Der Vorsitzende der FCC lehnte dieses Recht sogar als mit dem amerikanischen Rundfunksystem unvereinbar ab: Adress by Dean Burch before the RTNDA vom 25. September 1970, Denver, Colo., FCC-Mimeo 54883, S. 4/5; bejahend allerdings für „Streitfragen des öffentlichen Interesses": Statement before the Communications and Power Subcommittee, Committee on Interstate and Foreign Commerce, House of Representatives vom 29. April 1971 (unveröffentlicht). Vgl. B a r r o n, 6 Trial 37, 38 (1970); B o t e i n, aaO. S. 302 ff.; Q u i n n, aaO. S. 713 ff.

für Anti-Vietnam-Spots zu kaufen[368]. Andererseits aber wandte sie die Fairness Doctrine bei Vietnam-Ansprachen des Präsidenten sowie bei Sendungen der Demokratischen Partei an. Eine Fülle von Beschwerden privater Organisationen an die FCC, die nationalen Rundfunkgesellschaften hätten die Situation in Vietnam einseitig oder unzureichend dargestellt, zwang die FCC im Sommer 1970 zum Handeln. In einem „Memorandum Opinion and Order" legte sie noch einmal ihre unveränderte Auffassung über die Anwendbarkeit der Fairness Doctrine im politischen Bereich dar[369].

Wieder zeigte sich, daß die fehlende Klarheit der Tatbestandsmerkmale zwar zu teils verwirrenden Resultaten führen kann, dem Einzelfall aber besser gerecht wird als eine starre Definition. Dennoch bewegt man sich bei § 315 Communications Act auf relativ festem Grund, während der Boden bei der Fairness Doctrine schwankend ist[370]. Auf die Doctrine kann aber gerade bei Sachverhalten im politischen Bereich nicht verzichtet werden, die die Provisions gelegentlich thematisch und praktisch nur sehr beschränkt erfassen können. *Barron* sieht die Doctrine zutreffend zwischen Strafe auf der einen und Selbstkontrolle auf der anderen Seite[371]. Den von ihm empfohlenen genaueren Definitionen und einem verstärkten Programmabhördienst der FCC kann aber nicht zugestimmt werden. Jede weitere Präzisierung würde die entscheidende Verantwortlichkeit des Lizenzträgers vermindern[372]. Diese Verantwortlichkeit kann und darf ihm aber nicht abgenommen werden. Die Fairness Doctrine – richtig verstanden und vernünftig angewandt – ist immer noch der beste Garant, um die Öffentlichkeit mit allen Aspekten eines Problems vertraut zu machen.

---

[368] BEM FCC 70-860 (Public Notice-B vom 6. August 1970, Report No. 9249) mit ausführlicher „dissenting opinion" von Commissioner Nicholas Johnson.

[369] Memorandum Opinion and Order vom 18. August 1970 (released), FCC 70-881, FCC-Mimeo 52120. Vgl. Adam in FuR 1970, 300, 301 ff. Public Notice-B vom 14. August 1970, Report No. 9272 und vom 2. September 1970, FCC-Mimeo 54126. Democratic National Committee 25 F. C. C. 2nd 216 (1970). Vgl. Army and Marine Corps 24 F. C. C. 2nd 156 (1970). Gerade bei Ansprachen des Präsidenten der USA läßt sich die Tendenz erkennen, diese generell in die Fairness Doctrine einzubeziehen. Vgl. hierzu die Situation im Rahmen des § 315 Communications Act oben Punkt 1. c) cc).

[370] „Deciding on fairness to political positions would be like walking on water": Mayer in 42 TV Guide 36, 38 (1970).

[371] Geo. Wash. L. Rev. 1, 41 (1961).

[372] Barrow, aaO. S. 542/543; ders., aaO. S. 485–495 mit einer Zusammenfassung der House Hearings über dieses Problem.

d) Entwicklungstendenzen

Das für sie günstige Urteil des Supreme Court in Red Lion v. FCC/ U.S. v. RTNDA[373] veranlaßte die FCC, die bislang bewußt allgemein gehaltene Fairness Doctrine hinsichtlich des Verfahrens zu präzisieren. In einer Veröffentlichung „Obligations of Broadcast Licensees under the Fairness Doctrine"[374] sprach sie von der Möglichkeit, in Zukunft den Lizenzträger zu verpflichten, bei „controversial issues" am Anfang oder Ende der Sendung durch eine besondere Ansage interessierte Personen zu einer Gegenäußerung aufzufordern. Meldet sich daraufhin kein Sprecher, so hat der Lizenzträger selbst ihm geeignet erscheinende Personen auszuwählen. Dies soll vor allem für Seriensendungen gelten.

Diese Haltung der FCC konnte im Grundsatz nach mehreren ad-hoc-„rulings" der vergangenen Jahre nicht überraschen; häufig genug hatte sie die aktive Verpflichtung eines Lizenzträgers betont, selbst für eine alle Seiten umfassende Berichterstattung zu sorgen[375]. Überraschend aber ist die Absicht der FCC, diese Politik bei der Fairness Doctrine durch „rules and regulations" zu fixieren, wo doch gerade die Flexibilität bislang ein großer Vorteil der Doctrine war und wo der Lizenzträger einen weiten Entscheidungsspielraum hatte. Die vorgesehene Änderung dagegen nähert sich dem formellen Verfahrensablauf der Equal Opportunity und Personal Attack Provisions.

An dieser Stelle setzt auch die Kritik ein. Sowohl die NAB als größter Zusammenschluß der amerikanischen Rundfunkanstalten als auch CBS lehnen in ihren Stellungnahmen formelle „rules" ab, da sie vor allem Stationen mit einem hohen Informationsanteil in ihrem Programm unnötig einengen würden[376]. Auch könnte sich die Verpflichtung aus praktischen Gründen nicht auf alle Programmarten gleichermaßen beziehen. Grundsätzlich allerdings wäre es gerechtfertigt, bei Sendungen, über die der Lizenzträger eine ausreichende Kontrolle hat, diese oder eine ähnliche Verpflichtung auszusprechen. Dadurch würden zu-

---

[373] Ausführlich unten Punkt 3. b) cc).

[374] Notice of Inquiry and Notice of Proposed Rule Marking vom 18. Mai 1970 (released), Docket No. 18859, 23 F. C. C. 2nd 27 (1970).

[375] Vgl. aus jüngster Zeit: Mid-Florida TV Corp. 40 F. C. C. 620 (1964); WRAL (Capitol Broadcasting Co.) 40 F. C. C. 615 (1964); in re Richard G. Ruff 19 F. C. C. 2nd 838 (1969).

[376] Comments of CBS in the matter of Obligations of Broadcast Licensees under the Fairness Doctrine, FCC-Docket No. 18859 vom 29. Juni 1970 (New York, N. Y.); Comments of NAB ... dto. vom 25. Juni 1970 (Washington, D. C.).

mutbare Belastungen auferlegt, und dem öffentlichen Interesse wäre gedient. Man sollte aber die Anforderungen nicht überspannen und von jeder formellen Regelung absehen. Es ist auch zu bedenken, daß die bisherige Forderung der Fairness Doctrine nach einer „reasonable opportunity" durch einengende Bestimmungen sehr leicht zur „equal opportunity" im Sinne von § 315 Communications Act führen kann. Das aber würde das Wesen der Doctrine verändern[377].

Kurz darauf gab die FCC ihre Absicht bekannt, die bis dahin weitgehend anonymen telephonischen Interviewprogramme transparenter werden zu lassen. Der Lizenzträger sollte diese Programme aufzeichnen, die Anschriften der Anrufer herausfinden und das Material 15 Tage lang interessierten Personen zur Einsichtnahme zugänglich machen[378]. Diese Regelung allerdings wäre aus Gründen der Klarheit zu begrüßen; sie würde die Doctrine nicht grundsätzlich berühren.

Durch formelle „rules and regulations" könnte die FCC den ersten Schritt tun, um Sendungen über „controversial issues" in der Praxis spürbar zu vermindern und damit die Diskussion um das Verhältnis zum Ersten Amendment neu zu entfachen[379]. Die Tendenz geht somit administrativ zunächst noch zu weiteren Detailregelungen[380], während von seiten des Kongresses zur Zeit keine Änderungen geplant sind.

e) Anhang: Zigarettenwerbung

Wie sehr die Fairness Doctrine auch die kommerziellen Interessen der Lizenzträger berührt, zeigen die Maßnahmen der FCC auf dem Gebiet der Werbung, insbesondere der Zigarettenwerbung. Auf die Beschwer-

[377] Das Nationalkommittee der Demokratischen Partei verkennt in seiner Stellungnahme diesen Unterschied vollkommen. Es fordert zunächst, alle Ansprachen des Präsidenten zu „controversial issues" zu erklären und verlangt dann „equal opportunities"; vgl. Reply Comments of CBS vom 13. Juli 1970 (New York, N. Y.).

[378] Notice of Proposed Rule Making vom 24. Juli 1970 (released), Docket No. 18928, FCC 70-816. Vgl. zur Regelung bei den Equal Opportunity-Provisions oben Punkt 1. c) gg).

[379] Vgl. zur Ansicht des Supreme Court unten Punkt 3. b) cc).

[380] Im Laufe der nächsten Jahre ist von Seiten der FCC eine umfassende Bestandsaufnahme über Fragen der Fairness Doctrine zu erwarten; vgl. Radio Enterprise of Ohio, Inc. FCC 71-401, Docket No. 19207 vom 26. April 1971. – Vgl. auch die zur Anwendung der Fairness Doctrine im politischen Bereich getroffenen Überlegungen der FCC: „The Handling of Public Issues under the Fairness Doctrine and the Public Interest Standards of the Communications Act", Notice of Inquiry vom 11. 6. 1971 (released), FCC 71-623 Docket No. 19260; dto., First Report vom 22. Juni 1972 (released), FCC 72-534, jeweils mit „opinions" von Commissioner Johnson.

de eines Hörers hin erklärte sie 1967, Werbespots für Zigaretten gehörten wegen der medizinisch festgestellten Gefährdung der Gesundheit durch Nikotin zu den Streitfragen des öffentlichen Interesses (controversial issues), und der Lizenzträger habe daher auch die Gegenseite angemessen darzustellen[381]. Die Auffassung der FCC wurde gerichtlich bestätigt[382]. In der Praxis stehen sich somit die Werbedurchsagen der Tabakfirmen und die Anti-Zigarettenwerbung (zum größten Teil mit kostenloser Sendezeit) gegenüber. Die FCC, die sich auch früher schon mit Gesundheitsfragen in der Werbung beschäftigt hatte[383], hat aber bislang jede Erweiterung dieser „rulings" auf andere Bereiche der Werbung ausdrücklich abgelehnt[384].

Sollte es bei dieser Auffassung bleiben, so ist verfassungsrechtlich und praktisch wenig gegen die „rulings" einzuwenden, obwohl die Argumentation der FCC nicht sehr überzeugend wirkt. Ihre Maßnahmen zeigen aber im Prinzip, daß es nicht ungefährlich ist, eine staatliche Institution mit so weitgehenden Kompetenzen wie bei der Fairness Doctrine auszustatten. Unbestimmte Rechtsbegriffe bilden ein Vakuum, das nur allzu leicht durch detaillierte Regelungen ausgefüllt wird. Es gibt zunächst keine rechtliche Handhabe gegen die Ausdehnung der Bestimmungen auf die Werbung für andere Produkte. Die Kritiker beobachten daher auch mit Sorge, wie die FCC immer stärker in die Freiheit der Lizenzträger eingreift[385]. Das aber ist die unvermeidliche Kehrseite einer weitgefaßten und dadurch flexiblen Regelung.

---

[381] WCBS-TV 8 F. C. C. 2nd 381 (1967); Memorandum Opinion and Order „Applicability of the Fairness Doctrine to Cigarette Advertising" vom 13. September 1967, aaO. Anti-Zigarettensendungen lösen aber nicht wieder Pro-Zigarettensendungen aus: Metromedia, Inc. 10 F. C. C. 2nd 16 (1967). Vgl. Rehbinder, aaO. S. 319/320.

[382] Banzhaf v. FCC 405 F. 2nd 1082 (D. C. Cir. 1968) mit den gleichen verfassungsrechtlichen Argumenten wie Red Lion v. FCC, vgl. oben Punkt 2. b) bb) (später Tobacco Institute v. FCC 396 U. S. 842 [1969]).

[383] Memorandum, aaO. Ziff. 12. Vgl. Sam Morris 11 F. C. C. 197 (1946); Living Should be Fun 33 F. C. C. 101 (1962); WSOC Broadcasting Co. 17 R. R. 2nd 205 (1965). Vgl. seitens der FRC: KFKB Broadcasting Ass. v. FRC 47 F. 2nd 670 (D. C. Cir. 1931); Robinson, aaO. S. 109 ff. m. w. N.

[384] So zuletzt: Gary Soucie (Friends of the Earth) 24 F. C. C. 2nd 743 (1970) und Public Notice-B vom 7. August 1970, Report No. 9254 mit ausführlicher „dissenting opinion" von Commissioner Johnson; W. S. Dodson FCC 70-915, FCC-Mimeo 49328; NBC KNBC-TV et al. FCC 71-526, FCC-Mimeo 63075 mit ausführlicher „dissenting opinion" von Commissioner Johnson und Public Notice-B vom 14. Mai 1971, Report No. 9876.

[385] Senate Staff Report, aaO. S. 50/51. Belser, aaO. S. 209, 221 ff m. w. N.; Botein, aaO. S. 296; Robinson, aaO. S. 138 ff. und in House Hear-

3. Personal Attack Provisions

Die Personal Attack Provisions und die eingeschlossenen Political Editorial Rules sind der vorläufige Abschluß einer mehr als dreißigjährigen Entwicklung zu Fragen der Fairness Doctrine. Sie sind ein kodifiziertes, bedeutendes Teilstück der Doctrine – beschränkt auf „attacks" – und nicht nur ihr „komischer Ableger"[386]. Durch sie hat die FCC ein anderen Rechsordnungen angenähertes „Right of reply" geschaffen, das jedoch in seiner Ausgestaltung die Verwandtschaft mit der Fairness Doctrine nicht verleugnen kann.

Die Provisions verlangen von dem Lizenzträger, über dessen Station im Rahmen einer Sendung über Streitfragen des öffentlichen Interesses (presentation of views on a controversial issue of public importance) ein Einzelner oder eine Gruppe angegriffen wurden (attack ... upon the honesty, character, integrity or like personal qualities), den Betroffenen zu benachrichtigen und einen angemessenen Rahmen (reasonable opportunity) für die Erwiderung zur Verfügung zu stellen. Ausgeschlossen bleiben u. a. Bemerkungen von Kandidaten für ein politisches Amt sowie bestimmten Typen von Nachrichtensendungen. Besondere Regelungen sind für „editorials" über Kandidaten für ein politisches Amt vorgesehen.

a) Entwicklung

Erforderte die Fairness Doctrine noch Jahrzehnte eine fast unübersehbare Fülle von Einzelentscheidungen der Kommission bis zu ihrer heutigen Ausprägung, so begann die Entwicklung der Provisions strenggenommen erst nach dem Amendment von 1959 auf der auch bei der Doctrine üblichen Basis von ad-hoc-Entscheidungen. Materiell allerdings lassen sich die Provisions wegen ihrer nahen Verwandtschaft zur Fairness Doctrine auf den Report von 1949 und die dort entwikkelten Grundgedanken zurückführen[387].

---

ings, aaO. S. 56/57. A. M.: Barrow, aaO. S. 498 ff. mit ausführlichen Nachweisen. So will die FCC z. Zt. neue „rules and regulations" über die Zigarettenwerbung erlassen, obwohl diese Werbung seit dem 1. Januar 1971 nicht mehr über Hörfunk und Fernsehen ausgestrahlt wird; vgl. FCC Notice of Inquiry vom 15. Oktober 1970, Docket No. 19050 und hierzu Comments NAB ... vom 30. Oktober 1970 (Washington, D. C.). – Vgl. auch die Übersicht „Access to the Broadcast Media as a Result of Carriage of Product Commercials" in Public Notice vom 16. März 1972 aaO. Ziff. 11–18.

[386] Peters, aaO. S. 383.

[387] „It is the right of the public to be informed ... which is the foundation stone of the American system of broadcasting" in Report 1949, aaO. S. 1249.

aa) Rulings im Rahmen der Fairness Doctrine

Die ersten „rulings" der FCC, die ausdrücklich den Begriff der „personal attack" sowie des „political editorial" erwähnten, ergingen 1962 im Rahmen der Fairness Doctrine. In ihnen machte die FCC deutlich, daß ein Lizenzträger von sich aus Maßnahmen zu ergreifen habe, sobald eine Person durch Sendungen seiner Station „angegriffen" sei. Er habe den Betroffenen sofort zu benachrichtigen und ihm Sendezeit für eine Erwiderung anzubieten[388]. Die „rulings" nahm die FCC zum Anlaß, in einer 1963 veröffentlichten Public Notice noch einmal auf Grund zahlreicher Vorkommnisse auf die Prinzipien der Fairness Doctrine hinzuweisen[389]. Diese Veröffentlichung wurde zum Vorläufer des Fairness Primers von 1964, der unter Punkt E zum ersten Mal als „Personal Attack Principle" entsprechende Entscheidungen zusammenfaßte[390].

bb) Rules and Regulations (1967)

Da in den kommenden Monaten die Verletzungen der Fairness Doctrine im Rahmen einer „personal attack" immer mehr zunahmen, kündigte die FCC am 6. April 1966 den Erlaß besonderer „rules and regulations" an[391]. Obwohl sich 18 von 26 befragten Rundfunkgesellschaften gegen eine derartige Kodifizierung aussprachen und es auch innerhalb der Kommission Widerstände gab, erließ die FCC am 10. Juli 1967 die ersten „rules and regulations" in der Geschichte der Fairness Doctrine[392].

Die FCC wies in der Begründung ausdrücklich darauf hin, die Provision änderten nichts an der Substanz der Fairness Doctrine. Sie bezeichnete das Personal Attack Principle als ein Teilstück der Doctrine,

---

[388] Clayton W. Mapoles 23 R. R. 586 (1962); Billings Broadcasting Co. 23 R. R. 951 (1962); Times-Mirror Broadcasting Co. 24 R. R. 404 (1962). Vgl. Douglas A. Anello, 24 R. R. 1900 b (1963).

[389] Public Notice-B vom 26. Juli 1963, FCC 63-734, FCC-Mimeo 38372 „Broadcast Licensees advised concerning Station's Responsibilities under the Fairness Doctrine as to Controversial Issue Programming".

[390] aaO. S. 10420 ff.

[391] Notice of Proposed Rule Making vom 6. April 1966 aaO.; vgl. Richard B. Wheeler (KTLN) 6 F. C. C. 2nd 599 (1965).

[392] Memorandum Opinion and Order vom 10. Juli 1967 aaO. Rules and Regulations „Personal attacks; political editorials" 47 C. F. R., §§ 73.123 (AM-stations), 73.300 (FM-stations), 73.598 (Noncommercial Educational FM-stations), 73.679 (TV) und 74.1115 (CATV), die im wesentlichen gleichlautend sind. Vgl. zum Text Anhang Punkt A. 2. b) bb). Vgl. die Übersetzung bei Rehbinder, aaO. S. 316/317.

das sich nur in der Regelung formeller Einzelfragen von dieser unterscheide. Die bis dahin ergangenen „rulings" zu Fragen einer Personal Attack faßte die FCC gleichzeitig zusammen; sie nahm jedoch demgegenüber in den „rules and regulations" kleinere formelle Veränderungen vor, die nun maßgeblich sind[393]. Als Ziel dieser Kodifizierung bezeichnete es die FCC, die Verpflichtungen der Lizenzträger im Falle von Personal Attacks zu präzisieren und verbindlich zu klären. Weiterhin habe sie nunmehr die rechtliche Möglichkeit, bei vorsätzlichen und wiederholten Verstößen statt „lizenzabhängiger" Maßnahmen künftig Bußgelder (forfeitures) gemäß § 503 Abs. b) Communications Act zu verhängen[394].

Nur einige Wochen später erhoben die RTNDA sowie CBS und NBC aus verfassungsrechtlichen Gründen Klage gegen die Provisions[395]. Zum ersten Mal in der Geschichte der FCC wurde dadurch allgemein die Verfassungsmäßigkeit von „rules and regulations" angezweifelt, während es sich in Red Lion v. FCC noch um eine einzelne informelle „ruling" vor Veröffentlichung der „rules and regulations" gehandelt hatte[396]. Am 7. August 1967 – noch vor der Rechtshängigkeit des Verfahrens – erweiterte die FCC die Ausnahmebestimmungen der Personal Attack Provisions um „bona fide newscasts" und „on-the-spot coverage of a bona fide news event"[397]. Mit einer Genehmigung des U.S. Court of Appeals for the Seventh Circuit nahm die FCC während des schwebenden Verfahrens die bis zum gegenwärtigen Zeitpunkt letzte Änderung vor. Am 29. März 1968 erweiterte sie die Ausnahmebestimmungen nunmehr um „bona fide news interviews" und „news commentary or analysis in a bona fide news-cast"[398]. Die Ausnahmen entsprechen damit – abgesehen von „news documentaries" – denen der Equal Opportunity Provisions in § 315 Communications Act.

b) Verfassungsmäßigkeit

Bereits die Umfrage vor Erlaß der „rules" hatte gezeigt, daß einer derartigen Kodifizierung verfassungsrechtliche Bedenken wegen eines möglichen Verstoßes gegen das Erste Amendment entgegenstehen

---

393 Senate Staff Report, aaO. S. 54. Robinson, aaO. S. 135 bezeichnet die Bestimmungen mißverständlich als „Fairness Doctrine Rules".

394 Vgl. hierzu unten Punkt E., speziell Punkt E) 1. b) cc.

395 RTNDA v. FCC 400 F. 2nd 1002 (7th Cir. 1968).

396 Red Lion v. FCC 381 F. 2nd 908 (D. C. Cir. 1967). Vgl. oben Punkt 2. b) bb).

397 Memorandum Opinion and Order vom 7. August 1967, aaO.

398 Memorandum Opinion and Order vom 29. März 1968, aaO.; Schriftsatz an das Gericht abgedruckt in House Hearings, aaO. S. 65 ff.

könnten[399]. Die dazu ergangenen Urteile beweisen, daß diese Kritik nicht allzu abwegig war.

aa) Standpunkt der FCC

In ihrer Veröffentlichung vom 10. Juli 1967 bezeichnet die FCC diese Bedenken schlicht als „without merit", ohne jedoch eine nähere Begründung zu geben[400]. Sie verwies lediglich auf die allgemein gehaltenen Ausführungen in Ziff. 19 und 20 des Reports von 1949, der einige ältere Entscheidungen des Supreme Court zu Fragen des Ersten Amendments und dem Verhältnis Presse/Rundfunk erwähnt[401]. Die FCC bezieht sich jedoch auf die Auffassung des Gerichts in Red Lion v. FCC (D.C. Cir.), wonach die Fairness Doctrine durch das Amendment von 1959 in § 315 Communications Act aufgenommen und damit gesetzlicher Bestandteil geworden sei. Folgerichtig leitet sie ihre gesetzliche Ermächtigung zum Erlaß der „rules" aus §§ 154 i) und j), 303 r) und 315 Communications Act ab[402].

bb) RTNDA v. FCC (7th Cir. 1968)

Die Kläger – RTNDA, CBS und NBC – behaupten im wesentlichen, durch die „rules" würden der durch das Erste Amendment geschützten Pressefreiheit verfassungswidrige Belastungen auferlegt. Dies würde sich in einem allgemeinen Rückgang der Berichterstattung über „controversial issues" niederschlagen, was eine Neutralität im Rundfunkwesen zur Folge habe und dem öffentlichen Interesse zuwiderlaufe. Da ein Verstoß gegen die „rules" Strafen der FCC nach sich ziehen könne, die einzelnen Tatbestandsmerkmale aber sehr unbestimmt formuliert seien, würden bei der Auslegung entweder der Lizenzträger oder die FCC in die Rolle eines Zensors gedrängt[403].

---

[399] Memorandum Opinion and Order vom 10. Juli 1967, aaO., Ziff. 5.

[400] Ebd.

[401] Vgl. John H. Norris (WGCB) 1 F. C. C. 2nd 1587, 1588 (1965). Das Gericht charakterisiert in RTNDA v. FCC – 400 F. 2nd 1002, 1018 (7th Cir. 1968) diese Gedankenführung mit dem kritischen Satz: „Categorical conclusions are no substitute for reasoned analysis."

[402] Ziff. 17 Memorandum s. o.; 47 U. S. C. A. §§ 154, 303, 315. Vgl. oben Punkt C. 3. b).

[403] RTNDA v. FCC 400 F. 2nd 1002, 1010, 1011 (7th Cir. 1968). Vgl. das Zensurverbot in § 326 Communications Act: „Nothing in this Act shall be understood or construed to give the Commission the power of censorship." Vgl. allgemein zu den negativen Auswirkungen staatlicher Auflagen: McMillin, aaO. S. 41 ff.

Das Gericht stellte sich zunächst anhand einschlägiger Entscheidungen des Supreme Court auf den — im übrigen völlig unbestrittenen — Standpunkt, die öffentliche Meinungsfreiheit sei vor unverhältnismäßigen Auflagen zu schützen. Die „rules“ aber behinderten durch wirtschaftliche und praktische Auflagen (z. B. Benachrichtigung, Zeit für die Erwiderung usw.) die Tätigkeit des Lizenzträgers. Er werde dadurch und vor allem durch die Zwangsmittel der FCC faktisch von seiner im öffentlichen Interesse liegenden Aufgabe abgehalten, die Öffentlichkeit umfassend zu informieren. Hinzu komme die mangelnde Klarheit der einzelnen Tatbestandsmerkmale. Der früher gemachte Unterschied zwischen Presse und Rundfunk, nach dem der Rundfunksektor wegen der wenigen zur Verfügung stehenden Frequenzen stärker reguliert werden dürfe, treffe heute nicht mehr zu[404]. Da somit keine verfassungsrechtlichen Unterschiede zwischen Presse und Rundfunk beständen, seien die Forderungen der FCC unverhältnismäßig. Da die FCC auch nicht bewiesen habe, daß ihre Forderungen auch weniger restriktiv zu verwirklichen seien, seien die „rules“ verfassungswidrig. Das Gericht hob die „rules“ demgemäß auf. Es scheute sich aber, die Fairness Doctrine als Ganzes für verfassungswidrig zu erklären, was nach der gegebenen Begründung nur folgerichtig gewesen wäre[405].

Kritik an dieser recht einseitigen Entscheidung — „The Court closed its eyes to all except the licensees“[406] — ergibt sich zumeist aus der Verkennung des fundamentalen Unterschieds zwischen Presse und Rundfunk. Statistische Angaben allein sagen nichts über die unterschiedliche Bedeutung und Ausstrahlung dieser Medien aus. Die für die Presse in New York Times v. Sullivan aufgestellte Forderung, die Diskussion über öffentlich interessierende Fragen habe „uninhibited, robust and wide-open“ zu sein[407], kann nicht ohne weiteres auf den Rundfunk übertragen werden[408].

---

[404] Ebd. S. 1012 ff.; vgl. NBC v. U. S. 319 U. S. 190, 226 (1943). Statistische Quellen zum zahlenmäßigen Verhältnis Rundfunksationen/Presse finden sich in: Brief for Intervenors (NBC/ABC/WLLE), aaO. S. 42 ff.; Brief for Respondents NBC, aaO. S. 17 ff.; Brief for Respondents RTNDA, aaO. S. 46 ff.; Senate Hearings, aaO. S. 84'85. Auch in der Bundesrepublik wird mit der Zahl der zur Verfügung stehenden Frequenzen argumentiert; vgl. BVerwG in NJW 1972, 968, 969.

[405] Ebd. S. 1017/1018; vgl. Peters, aaO. S. 389/390.

[406] Barrow, aaO. S. 523. Vgl. Botein, aaO. S. 295 ff.; Peters, aaO. S. 393 ff. m. w. N.

[407] 376 U. S. 254, 270 (1964).

[408] Vgl. Marks, aaO. S. 979 Fußnote 37; Quinn, aaO. S. 704 ff. Kritisch:

Verglichen mit Red Lion v. FCC (D.C. Cir.), einem übrigens sehr ähnlich gelagerten Fall, stehen sich jedoch letztlich zwei grundsätzlich verschiedene Auffassungen über die Zulässigkeit staatlicher Einflußnahme auf die Massenmedien gegenüber: absolute Freiheit auf der einen, im öffentlichen Interesse eingeschränkte Freiheit auf der anderen Seite[409]. Obwohl das Gericht in RTNDA der ersten Auffassung zuzuneigen scheint, hat es dies nicht klar ausgesprochen. Beide Urteile gehen von einer früheren Entscheidung des Supreme Court aus, beziehen aber verschiedene Standpunkte[410]. Während in Red Lion das öffentliche Interesse in den Vordergrund rückte, stellte das Gericht in RTNDA auf den Einzelnen, hier den Lizenzträger, ab. Beide Ansichten lassen sich verfassungsrechtlich halten. Die Zukunft muß aber zeigen, ob die vom Supreme Court bestätigte Meinung des Gerichts in Red Lion wirklich den gewünschten Effekt hat, eine vollständige Information der Öffentlichkeit herbeizuführen.

Das Gericht hat sich die Entscheidung zu leicht gemacht und seine Gedanken nicht konsequent zu Ende geführt. Ohne sich letztlich klar zu entscheiden, zeichnete es die Karikatur des verantwortungsvollen Lizenzträgers, dem die FCC als der böswillige und bürokratische Zensor gegenübersitzt[411]. Hätte das Gericht einen weniger parteilichen Anschein erweckt, wäre die anschließende Entscheidung des Supreme Court möglicherweise anders ausgefallen.

cc) Red Lion v. FCC/U.S. v. RTNDA (U.S. S. Ct. 1969)

Der Supreme Court stellte in seiner Entscheidung vom Sommer 1969 die Einheitlichkeit der Rechtsprechung wieder her[412]. Die Entscheidung von Red Lion v. FCC wurde bestätigt, das Urteil in RTNDA v.

Barron, 37 U. Colo. L. Rev. 31, 38 ff. (1964); Robinson, aaO. S. 150 ff. Daher ist es auch müßig, über die Zahl der freien Frequenzen zu streiten. Vgl. aber Anello, aaO. S. 4; Blake, aaO. S. 87 ff.; Robinson und Wasilewski in House Hearings, aaO. S. 60 bzw. S. 111/112. Zweifelnd: Jaffe, aaO. S. 551/552.

[409] Vgl. Bambrick, aaO. S. 540, 456/457; Peters, aaO. S. 392 ff. Sehr ausführlich mit vielen Hinweisen zur Entwicklung der Theorien: Barron, 80 Harv. L. Rev. 1641, 1656 ff. (1967) und Barrow, aaO. S. 506 ff. Vgl. Botein, aaO. S. 302/303; Quinn, aaO. S. 713 ff. Vgl. aus anderem Blickwinkel: Note 77 Harv. L. Rev. 701, 704/705 (1963). Allgemein kritisch vor der Entscheidung: McMillin, aaO. S. 49 ff.

[410] Associated Press v. U. S. 326 U. S. 1, 20 (1945). Vgl. oben Punkt 2.

[411] Botein, aaO. S. 297.

[412] Red Lion v. FCC/U. S. v. RTNDA 395 U. S. 367 (1969) = UFITA Bd. 58 (1970) S. 363. Vgl. Rehbinder, aaO. S. 317/318.

FCC aufgehoben. Dies bedeutete eine totale Niederlage für die Rundfunkgesellschaften, während die FCC für weitere Maßnahmen weitgehend freie Hand erhielt.

RTNDA behaupteten in ihrem umfangreichen Schriftsatz vor dem Supreme Court wiederum, die „rules" verstießen gegen das Erste Amendment[413], sie seien nicht durch den Communications Act gedeckt[414], und es bestehe für einen Erlaß auch keine verfassungsrechtliche Notwendigkeit[415]. CBS und NBC schlossen sich diesen Ausführungen an, wobei CBS am Beispiel ihrer Nachrichtensendungen die ihrer Meinung nach verhängnisvollen Auswirkungen der „political editorial rules" auf Programme über „controversial issues" aufzuzeigen versuchte[416].

Der Supreme Court beschränkte sich nicht nur darauf, das Urteil der Vorinstanzen unter dem Gesichtspunkt des jeweils zugrundeliegenden Sachverhalts zu überprüfen. Vielmehr befaßte er sich mit der Fairness Doctrine im allgemeinen und gelangte zu Ergebnissen, mit denen die Kläger in RTNDA v. FCC kaum rechnen konnten. Zunächst stellte er fest, die Fairness Doctrine sei durch das Amendment von 1959 unter Beachtung der Gesetzesgeschichte durch positive Äußerung des Gesetzgebers in den Communications Act aufgenommen. Nur die Doctrine garantiere nämlich im Rahmen des § 315, daß der Lizenzträger wirklich im öffentlichen Interesse tätig werde. Der Gesetzgeber habe damit die bisherige administrative Tätigkeit der FCC ausdrücklich bestätigt. Wenn auch die „rules" 1959 noch nicht bestanden hätten, so seien sie doch wegen der bereits im Report von 1949 erwähnten Grundgedanken (public interest standard) auch durch die Maßnahmen des Kongresses erfaßt und hielten sich im Rahmen der vom Kongreß erteilten Delegation[417].

Das Recht der Öffentlichkeit an einer Funktionsfähigkeit des Rundfunks innerhalb des Ersten Amendments habe – anders als bei der Presse – im übrigen grundsätzlich Vorrang vor dem Recht des einzel-

---

[413] Brief for Respondents RTNDA, aaO. S. 15–17, 19–64.

[414] Ebd. S. 17–18, 64–76.

[415] Ebd. S. 19, 77–81.

[416] Brief for Respondents CBS, aaO. S. 22–45.

[417] Red Lion v. FCC/U. S. v. RTNDA 395 U. S. 367, 371 ff. (1969) mit Beispielen zur administrativen Regelungsbefugnis der FCC (= UFITA Bd. 58 [1970] S. 363). Vgl. Report 1949, aaO. S. 1251/1252. A. M. auch heute noch: B l a k e, aaO. S. 78 ff.

nen Lizenzträgers[418]. Für die rules müßten verfassungsrechtlich die gleichen Grundsätze wie für die verfassungsgerechten Equal Opportunity Provisions gelten[419]. Die von den Rundfunkgesellschaften behaupteten negativen Auswirkungen auf die Sendung von „controversial issues" hielt das Gericht nach der Praxis der vergangenen Jahre für unrealistisch. Schließlich seien die „rules" auch nicht zu unbestimmt gefaßt, und die FCC werde in Zweifelsfällen ohnehin keine Zwangsmittel verhängen[420]. Eine staatliche Einflußnahme auf den Rundfunksektor bleibe auch weiterhin erforderlich, da trotz des technologischen Fortschritts nach wie vor zu wenig Frequenzen zur Verfügung stünden[421].

Die Entscheidung wurde naturgemäß von Seiten der FCC begrüßt, da sich hierdurch neue Perspektiven für weitergehende Regelungen auf dem Programmsektor eröffneten. Ihre Rechtsabteilung bezeichnete daher das Urteil auch als das wohl wichtigste seit Gründung der Kommission[422]. Die Rundfunkgesellschaften sprachen dagegen von einer „parade of horribles" als Folge dieser Entscheidung, wobei sie weniger die Entscheidungsgründe als vielmehr der Tenor beunruhigte[423].

Obwohl die durch die Entscheidung des Supreme Court wiederhergestellte Rechtssicherheit wünschenswert ist, bleiben einige Fragen unbeantwortet. Ließen sich die allgemeinen Erfordernisse der Fairness Doctrine verfassungsrechtlich noch mit der Eigenart des Rundfunksektors erklären, so hätte die Rechtfertigung der Personal Attack Provisions eingehendere Erörterungen erfordert[424]. Weder lassen sich die „rules" ohne weiteres mit den speziell auf den politischen Bereich ausgerichteten Equal Opportunity Provisions vergleichen, noch ist das

---

[418] Ebd. S. 390; die Doctrine und die „rules" „enhance rather than abridge the freedoms of speech and press protected by the First Amendment", ebd. S. 375.

[419] Ebd. S. 391.

[420] Ebd. S. 392/393, 395.

[421] Ebd. S. 398/399. Vgl. NBC v. U. S. 319 U. S. 190, 226/227 (1943).

[422] FCC Inter-Office Memorandum (General Counsel) vom 2. September 1969, FCC-Mimeo 35448 (unveröffentlicht). Neue Bestimmungen über die Fairness Doctrine und die Zigarettenwerbung befinden sich seit Anfang 1970 in Vorbereitung; vgl. oben Punkt 2. d) und e).

[423] Belser, aaO. S. 225; Anello, als Justitiar der NAB (aaO. S. 2 ff.) und Blake als Anwalt der Rundfunkgesellschaften (aaO. S. 86 ff.) sind die einzigen Stimmen, die – aus verständlichen Gründen – absolute Freiheit für den Lizenzträger fordern.

[424] Vgl. Firestein, aaO. S. 817 ff. m. w. N.; Marks, aaO. S. 997 ff.; Peters, aaO. S. 396 ff. m. w. N.

Gericht ausführlich genug auf die Unbestimmtheit der Tatbestandsmerkmale, die daraus resultierende Unsicherheit und die Frage einer möglichen faktischen Zensur eingegangen. So sehr der Entscheidung im Ergebnis auch zugestimmt werden kann, so sehr hätten einzelne – überwiegend praktische – Fragen deutlicher dargestellt werden müssen.

Man kann sich schließlich nicht des Eindrucks erwehren, daß das Gericht seine Entscheidung für alle Zeiten als verbindlich ansehen wollte. Sollte der Nachweis erbracht werden können, daß die „rules" tatsächlich zu unverhältnismäßigen Beschränkungen und zu einer Verminderung von Sendungen über „controversial issues" führen, wäre ein anderes Ergebnis denkbar[425].

c) Abgrenzungen

Um den Rahmen der Personal Attack Provisions abstecken zu können, sollen diese zunächst zu der Fairness Doctrine sowie den Equal Opportunity Provisions abgegrenzt werden. Beide Abgrenzungen bieten keine Schwierigkeiten.

aa) Fairness Doctrine

Gegenüber der Fairness Doctrine bestehen zwei wesentliche Unterschiede. Hier bleibt dem Lizenzträger die Entscheidung darüber überlassen, was er als „controversial issue" ansieht und auf welche Weise (Art der Sendung, Zeitdauer usw.) und mit welchen Gesprächspartnern er beide Seiten dieses öffentlich interessierenden Problems darstellen will[426]. Auch können Verstöße gegen die Fairness Doctrine von der FCC in der Regel erst nach Ablauf der dreijährigen Lizenzperiode unter Würdigung des Gesamtverhaltens des Lizenzträgers geahndet werden[427]. Bei den Provisions dagegen hat der Lizenzträger diese Freiheit nicht. Ihm ist im einzelnen vorgeschrieben, wie und wann der Betroffene zu benachrichtigen ist. Der Betroffene selbst hat das Recht der Erwiderung, nicht – wie bei der Doctrine – ein vom Lizenzträger ausgewählter Sprecher. Folgt der Lizenzträger den Anordnungen der FCC

---

[425] Firestein, aaO. S. 817/818; Marks, aaO. S. 1001; Belser, aaO. S. 225 m. w. N. sieht bereits derartige Auswirkungen in der Praxis; ebenso Blake, aaO., S. 82 ff. m. w. N. mit sehr kritischen Ausführungen über die angeblichen Belastungen der einzelnen Stationen.

[426] Einschränkende Bestimmungen der FCC befinden sich in Vorbereitung; vgl. oben Punkt 2. d).

[427] Vgl. Barron 37 U. of Col. L. Rev. 31, 36/37 (1964).

nicht, kann er auch wegen dieses Einzelverstoßes bestraft werden[428]. Im übrigen gelten sinngemäß die obigen Ausführungen zur Abgrenzung von Fairness Doctrine und Equal Opportunity Provisions[429].

bb) Equal Opportunity Provisions

Abgesehen von der unterschiedlichen Materie (politischer/allgemeiner Bereich) unterscheiden sich die Equal Opportunity von den Personal Attack Provisions nicht in der Konzeption, sondern nur in der Ausgestaltung von Einzelfragen. Im ersten Fall wird durch das bloße Auftreten eines Kandidaten in einer Sendung für Gegenkandidaten ein Anspruch auf „equal opportunities" über die gleiche Station ausgelöst, dem der Lizenzträger nachzukommen hat. Die Frage der Kosten richtet sich nach der Regelung in der anspruchsbegründenden Sendung. Anders bei den Personal Attack Provisions, wo jeder Person, die in einer Sendung über öffentlich interessierende Fragen „angegriffen" worden ist, ein Anspruch auf „reasonable opportunities" auf Erwiderung zusteht. Hier allerdings muß der Lizenzträger selbst den Betroffenen benachrichtigen und dessen Erwiderung u. U. auch kostenlos ausstrahlen[430].

d) Formale Ausgestaltung

Die mehrfach geänderten „rules and regulations"[431] lassen auch heute noch die für eine Definition der Tatbestandsmerkmale erforderliche Klarheit vermissen; dies gilt trotz des Vorsatzes der FCC, mit Hilfe der Provisions die Verpflichtungen eines Lizenzträgers im Falle einer „personal attack" zu klären und zu präzisieren[432]. Auch die zahlreich ergangenen „rulings" können nur teilweise näheren Aufschluß über Einzelfragen geben; sie können – wie *Robinson* bemerkt – bestenfalls eine ungewisse Leitlinie aufstellen[433]. Andererseits hat die FCC aber selbst betont, die „rules" seien bewußt offen gehalten, und gewisse tatsächliche Streitfragen in der Auslegung könnten erst im Einzelfall geklärt werden. Entscheidend sei lediglich, daß der Lizenzträger nach seinem gesunden Menschenverstand und von den bekannten

---

[428] Vgl. hierzu unten Punkt E. 1. und 2.
[429] Vgl. oben Punkt 2. c) aa).
[430] Für Grenzfragen: N. Zapple 23 F.C.C. 2nd 708 (1970). – Vgl. Memorandum Opinion and Order vom 18. August 1970 (released), FCC 70-881, FCC-Mimeo 52120 Ziff. 30 ff.
[431] Vgl. oben in diesem Abschnitt Punkt a) bb).
[432] Memorandum Opinion and Order vom 10. Juli 1967, aaO., Ziff. 3.
[433] aaO. S. 134.

Grundsätzen her urteile. In Zweifelsfällen solle er sich an die FCC wenden; Zwangsmittel würden in einem derartigen Fall nicht verhängt[434]. So schwierig eine Klärung im Einzelfall mit allen daraus resultierenden Mißverständnissen auch sein mag, so läßt die Vielfalt der auftretenden Sachverhalte in der Gestaltung der „rules" wohl kaum eine andere Wahl[435].

aa) Beteiligte

Anspruchsinhaber sind gemäß Abs. a) der „rules" eine näher bezeichnete Person oder Gruppe (identified person or group). Anspruchsgegner ist der Lizenzträger, d. h. diejenige Person oder Gesellschaft, an die die FCC die Lizenz zum Betrieb einer Hörfunk- oder Fernsehstation verliehen hat. Schwierigkeiten in der Definition dieser Begriffe sind bislang kaum aufgetaucht.

bb) Charakter der Behauptung

Ein „Angriff" liegt vor, wenn durch eine Behauptung – Tatsache oder Meinung[436] – Ehre, Charakter, Rechtschaffenheit oder ähnliche persönliche Eigenschaften (honesty, character, integrity, or like personal qualities) angesprochen sind[437].

Diese Definition allerdings bereitet Schwierigkeiten. Ein Rückgriff auf das „law of defamation" – so *Robinson*[438] – verbietet sich. Zwar haben sehr viele „attacks" praktisch beleidigenden Charakter, doch ist dies nicht zwingend; auch ist die Wahrheit – anders als bei „libel and slander" – kein Rechtfertigungsgrund[439]. Seitens der FCC sind nur wenige „rulings" über diese Frage veröffentlicht, die jedoch auf Grund ihres speziellen Sachverhaltes keine näheren Aufschlüsse geben können[440]. Es liegt somit ein Fall vor, den der Lizenzträger zunächst selbst nach seinem gesunden Menschenverstand zu klären versuchen muß, bevor er die FCC um eine verbindliche Auskunft bittet. Er wird jedoch

---

434 Memorandum ebd. Ziff. 9.

435 Vgl. Botein, aaO. S. 304/305.

436 Nelson/Teeter, aaO. S. 416. Vgl. John M. Camp vom 24. November 1970, FCC-Az. 8330-B (unveröffentlicht).

437 Ähnlich auch § 3175 Miss. Code 1942 Ann.; vgl. oben Punkt B. 2. Vgl. auch Manasco v. Walley 63 So. 2nd 91 (1953).

438 In House Hearings, aaO. S. 57/58; vgl. zur Schwierigkeit der Abgrenzung: Brief for Respondents RTNDA, aaO. S. 59 ff.

439 Näher hierzu unten Punkt e).

440 University of Houston 11 F. C. C. 2nd 790 (1968); Storer Broadcasting Co. 11 F. C. C. 2nd 678/12 F. C. C. 2nd 601 (1968).

nach den Erfahrungen der Praxis gut daran tun, zu Anfang immer vom Vorliegen einer „personal attack" auszugehen[441].

cc) Sendung über Streitfragen des öffentlichen Interesses

Der Anspruch auf Erwiderung greift ein, wenn der „Angriff" im Rahmen der Behandlung von Streitfragen des öffentlichen Interesses erfolgt (presentation of views on a controversial issue of public importance). Die bloße Erwähnung von Personen oder Gruppen und selbst ungünstige Bemerkungen — wie z. B. „Extremist" — werden nicht durch den Anspruch gedeckt[442].

Mit dieser Forderung erreicht die FCC, daß bloße ungünstige Bemerkungen über Personen nicht als „personal attack" angesehen werden. Vielmehr wird die „personal attack" dadurch selbst zum Gegenstand des öffentlichen Interesses. Und das wiederum kommt dem Grundgedanken entgegen, die Öffentlichkeit umfassend über bedeutende Tagesfragen zu informieren[443].

Neben der Definition des „Angriffs" gehören die „controversial issues of public importance" zu den Generalklauseln der Provisions. Sie dekken sich mit den entsprechenden Tatbestandsmerkmalen der Fairness Doctrine[444]. Einheitliche Maßstäbe für die Auslegung sind nicht ersichtlich, denn die „rulings" der FCC sind teilweise zu widersprüchlich. *Barron*[445] und *Barrow*[446] schlagen als Kriterien Streitsucht sowie Sinn und Erfolg der parteilichen Darstellung, das Wesen der Differenz zwischen den Parteien oder den Informationswert für die Gemeinschaft an diesem Streit vor; auch diese Unterscheidung hilft nur sehr bedingt. *Belser* dagegen hält die öffentliche Meinung für ein geeignetes Kriterium; es sei auf das Gewicht der Interessengruppen und die Häufig-

---

[441] Vgl. Memorandum Opinion and Order vom 10. Juli 1967, aaO. Ziff. 12 Fußnote 8. Ein Anspruch besteht aber nicht, wenn es ersichtlich das einzige Ziel des Betroffenen ist, die Station zu bestrafen; vgl. L. E. White FCC 68-122, FCC-Mimeo 11260.

[442] Warren B. Appleton, Public Notice-B vom 23. März 1971, Report No. 9765.

[443] Memorandum Opinion and Order vom 10. Juli 1967, aaO. Ziff. 9 und 10; House Staff Study, aaO. S. 3. Vgl. John M. Camp vom 24. November 1970, FCC-Az. 8330-B (unveröffentlicht); Frank Diesz vom 26. Februar 1971, FCC-Az. 8330-N (unveröffentlicht).

[444] Dort — vgl. oben Punkt 2. c) bb) und e) — sind Beispiele für „controversial issue" im nationalen politischen Bereich sowie der Werbung angeführt, die im Rahmen einer „personal attack" kaum relevant werden.

[445] 30 Geo. Wash. L. Rev. 1, 18 Fußnote 70 (1961).

[446] aaO. S. 467.

keit und Bedeutung der in der Öffentlichkeit über dieses spezielle Thema geführten Diskussionen abzustellen[447]. Da selbst zunächst wichtig erscheinende Tagesfragen im Lauf der Zeit an Bedeutung verlieren, scheint dies eine sehr brauchbare Definition für den Einzelfall zu sein. Beachtet man zusätzlich, daß für lokale oder nationale Streitfragen immer nur die angesprochene Gemeinschaft Bezugspunkt sein kann[448], dürfte eine Abgrenzung keine wesentlichen Schwierigkeiten mehr bereiten.

Die bislang zu Fragen einer „controversial issue" ergangenen Entscheidungen der FCC lassen sich in drei Komplexe einteilen: politische lokale und nationale Fragen, allgemeine Umweltfragen sowie der Streit zwischen Christen und Atheisten über religiöse Fragen. Im politischen Bereich liegt nach Auffassung der FCC eine Streitfrage des öffentlichen Interesses vor bei Diskussionen über Bürgerrechte[449], Rassenfragen[450] und den Atomwaffensperrvertrag[451], in der Regel bei Ansprachen von Politikern an die Bürger[452] und bei Fragen über Kommunismus oder kommunistisch beeinflußte Organisationen[453]. Im Bereich der Umweltthemen nahm die FCC „controversial issues" u. a. an bei Diskussionen über Fragen einer gesunden Ernährung[454], der Einführung einer Fernsehgebühr[455] und des Standortes von Atomkraftwerken[456]. Heftige Diskussionen lösten die Entscheidungen der FCC über religiöse Fragen aus. Sieht man jedoch von der emotionalen Argumentation ab, fügen auch sie sich in den Gesamtrahmen ein. Wird der atheistische Standpunkt ausdrücklich kritisiert, liegt eine Streit-

---

[447] aaO. S. 220/221.

[448] Note 77 Harv. L. Rev. 701, 709 (1963); vgl. The Spartan Radiocasting Co. 33 F. C. C. 765 (1962).

[449] New Broadcasting Co. (WLIB) 6 R. R. 258 (1950).

[450] Lamar Life Ins. Co. 18 R. R. 683 (1959); Herbert Muschel 33 F. C. C. 37 (1962).

[451] Cullman Broadcasting Co., Inc. 40 F. C. C. 576 (1963).

[452] Paul E. Fitzpatrick 6 R. R. 543 (1949); California Democratic State Central Committee 20 R. R. 867 (1960).

[453] Tri-State Broadcasting Co. 3 R. R. 2nd 175 (1962); Storer Broadcasting Corp. 11 F. C. C. 2nd 678/12 F. C. C. 2nd 601 (1968). Vgl. University of Houston 11 F. C. C. 2nd 790 (1968): Behauptungen über die rechtsradikale John Birch Society.

[454] Report on Living Should be Fun Inquiry 33 F. C. C. 101 (1962).

[455] WSOC Broadcasting Co. 17 R. R. 548 (1958); The Spartan Radiocasting Co. 33 F. C. C. 765 (1962).

[456] Mary Sinclair vom 1. Dezember 1970, FCC-Az. 8330-K (unveröffentlicht). Vgl. Gary Soucie (Friends of the Earth) 24 F. C. C. 2nd 743 (1970).

frage des öffentlichen Interesses vor[457]. Dies ist nicht der Fall bei der Übertragung von Gottesdiensten[458] oder der bloßen Erwähnung des Wortes „Gott"[459]. Die Informationsdurchsage einer Behörde begründet dagegen noch keinen Anspruch[460], ebenso nicht die beiläufige Erwähnung eines Themas in wenigen Sätzen[461].

dd) Ausschließende Tatsachen

Gemäß Abs. b) der „rules" lösen bestimmte Behauptungen grundsätzlich keine Ansprüche aus. Dies gilt zunächst gemäß Satz (i) für Behauptungen gegenüber ausländischen Gemeinschaften oder ausländischen Personen des öffentlichen Interesses (foreign groups or foreign public figures). Damit stehen in der Praxis keinem ausländischen Staatsangehörigen derartige Ansprüche zu. Über den Sinn dieser Bestimmung läßt sich – so auch Senate Staff Report[462] – nur spekulieren. Weder ergeben der erste Hinweis der FCC 1964[463], noch die Erläuterungen bei der Einführung der Provisions[464], noch die Geschichte der Fairness Doctrine oder eine Stimme der Literatur nähere Aufschlüsse. Möglicherweise ging die FCC davon aus, bei solchen Behauptungen sei die praktische Handhabung zu umständlich.

Weiterhin sind gemäß Satz (ii) ausgeschlossen Behauptungen politischer Kandidaten, ihren offiziellen Sprechern sowie ihren Mitarbeitern im Wahlkampf gegenüber Gegenkandidaten, deren offiziellen Sprechern sowie deren Mitarbeitern. Für derartige politische Sendungen soll nach einem eingeschobenen Hinweis der FCC die Fairness Doctrine angewandt werden. Wie auch die FCC in ihren Erläuterungen bemerkt, soll dadurch klargestellt werden, daß zwar grundsätzlich die Equal Opportunity Provisions eingreifen, in Ausnahmefällen aber auch die Fairness Doctrine angebracht sein kann[465].

---

[457] Robert Harold Scott 11 F. C. C. 372 (1946).

[458] Madalyn Murray 40 F. C. C. 647 (1963).

[459] Robert Harold Scott vom 24. August 1970, FCC 70-883 (unveröffentlicht) mit einer ausführlichen abweichenden Meinung von Commissioner Johnson; Elsie Bradberry vom 28. Dezember 1970, FCC-Az. 8330-K und vom 24. Februar 1971, FCC-Az. 8330-K (beide unveröffentlicht). Vgl. Anthony Martin-Trigona 19 F. C. C. 2nd 620 (1969)/22 F. C. C. 2nd 683 (1970).

[460] W. Christ vom 11. Februar 1971, FCC-Az. 8330 (unveröffentlicht). Vgl. Evan H. Foreman 24 F. C. C. 2nd 303 (1969).

[461] NBC 25 F. C. C. 2nd 735 (1970); vgl. C. R. Miller vom 18. Dezember 1970, FCC-Az. 8330-K (unveröffentlicht).

[462] aaO. S. 6 Fußnote 3.

[463] Fairness Primer, aaO. Ziff. 22 Fußnote 6.,

[464] Memorandum Opinion and Order vom 10. Juli 1967, aaO. Ziff. 13.

[465] Ebd. Ziff. 13.

Entscheidungen der FCC zu diesen Ausnahmebestimmungen liegen noch nicht vor. Schwierigkeiten dürften sich vor allem bei Behauptungen von Kandidaten gegenüber Nichtkandidaten ergeben, gleichgültig, ob die Betroffenen zum Mitarbeiterstab eines Gegenkandidaten gehören oder nicht. Ist der Kandidat zuerst im Rahmen der Equal Opportunity Provisions „aufgetreten", so hatte der Lizenzträger keine Zensurmöglichkeit. Dennoch muß er nach den Personal Attack Provisions dem Betroffenen Sendezeit zur Erwiderung anbieten. Er ist somit Belastungen ausgesetzt, die er nicht abwenden kann, es sei denn durch einen mehr theoretischen Verzicht auf politische Sendungen[466].

Eine letzte Ausnahme bilden gemäß Satz (iii) schließlich in gutem Glauben (bona fide) als Nachrichtensendungen angelegte Programme: einfache Nachrichten (newscast), Interviews (news interviews) und „live"-Informationen über unvorhergesehene Ereignisse (on-the-spot coverage of a bona fide news event). Für Kommentare oder Analysen (commentary or analysis), die in den obigen Programmen enthalten sind, gilt die gleiche Regelung. Für diese Bereiche greift die Fairness Doctrine als „Auffangregelung" ein. Meinungsäußerungen des Lizenzträgers werden bewußt nicht erfaßt.

Mit Ausnahme der Dokumentation (news documentary) entsprechen die Ausnahmen damit denen in § 315 Abs. a) Communications Act[467]. Zweimalige, relativ kurzfristige Änderungen der Personal Attack Provisions betrafen schließlich die Ausnahmen für Nachrichtensendungen[468]. Die FCC ging davon aus, daß es bei Nachrichtensendungen das journalistische Ethos ohnehin erfordere, kurzfristig beide Seiten eines Problems darzustellen. Formelle Bestimmungen könnten dabei leicht hinderlich sein[469]. Die Aufnahme von Interviews sowie Kommentar und Analyse begründete die FCC mit deren naher Verwandtschaft zu Nachrichtensendungen, die erst hierdurch voll ihren Zweck erfüllen könnten, ein kritisches Bewußtsein der Öffentlichkeit zu bilden[470]. Anders sei es bei den ausgeklammerten „editorials" und Dokumentationen. Der Lizenzträger habe zwar das Recht, seine private Meinung zu äußern, aber beide Programmarten fielen nicht unter den normalen Prozeß der Berichterstattung. Somit lägen nicht – wie bei den anderen Nachrichtensendungen – praktische Notwendigkeiten für eine Aus-

---

466 Vgl. Senate Staff Report aaO. S. 7.
467 Vgl. oben Punkt D. 1. b) und c) cc).
468 Vgl. oben Punkt 3. a) bb).
469 Memorandum Opinion and Order vom 7. August 1967, aaO. Ziff. 2.
470 Memorandum Opinion and Order vom 29. März 1968, aaO. Ziff. 4.

nahme vor. Vielmehr gelte wieder der Grundsatz, daß der Betroffene die am besten geeignete Person sei, um die andere Seite darzustellen.

ee) Verpflichtungen des Lizenzträgers nach einer „personal attack"

Sind die Voraussetzungen für den Anspruch gemäß Absatz a) erfüllt und liegt keine der unter dd) erwähnten Ausnahmen vor, so hat der Lizenzträger den oder die Betroffenen in angemessener Zeit, spätestens innerhalb einer Woche nach der Behauptung hierüber zu informieren. Unter Angabe von Datum, Uhrzeit und Bezeichnung der fraglichen Sendung hat er ihnen ein Manuskript oder Tonband – evtl. auch nur eine Zusammenfassung – zu übersenden und ihnen eine angemessene Möglichkeit (reasonable opportunity) anzubieten, über seine Station auf die Behauptungen zu antworten.

Diese Verpflichtung des Lizenzträgers ist sehr weitgehend. Der Hinweis der Rundfunkgesellschaften auf die erhebliche Belastung ihres Verwaltungsapparates erscheint daher nicht ungerechtfertigt. Andererseits aber ist der Lizenzträger selbst im Gegensatz zu § 315 Communications Act voll für das über seine Station gesendete Programm verantwortlich. Dies gilt auch für Programme, die er von den nationalen Rundfunkgesellschaften übernimmt[471]. Die Benachrichtigung der Betroffenen erscheint der FCC von grundsätzlicher Bedeutung, da andernfalls der Betroffene erfahrungsgemäß in vielen Fällen keine Kenntnis von der Sendung erhält und die Öffentlichkeit somit auf eine einseitige Darstellung angewiesen bleiben würde[472].

Grundsätzlich decken sich die Begriffe der „angemessenen Möglichkeit" (reasonable opportunity) bei Fairness Doctrine und Personal Attack Provisions[473]. Im letzten Fall allerdings sind der Entscheidungsfreiheit des Lizenzträgers vor allem bei der Wahl des Sprechers Grenzen gesetzt. In der Regel wird der Betroffene selbst in einer ähnlichen Sendung mit vergleichbarer Zeit antworten. Ausnahmen können aber für das Auftreten politischer Kandidaten gelten. In diesen Fällen können je nach Bedeutung der auslösenden Behauptung die ursprüngliche Sendezeit sowie die Antwortzeit verschieden lang sein. Auch ist es dem Lizenzträger freigestellt, zur Vermeidung eines Anspruchs ge-

---

[471] Memorandum Opinion and Order vom 10. Juli 1967, aaO. Ziff. 6–8 unter Hinweis auf frühere Entscheidungen.

[472] Ebd. Ziff. 11. Vgl. WCME 26 F. C. C. 2nd 354 (1970); Radio Bryan vom 1. Februar 1971, FCC-Az. 8330-N (unveröffentlicht).

[473] Vgl. oben Punkt 2. c) bb).

mäß § 315 Communications Act statt des Kandidaten selbst einen von diesem bestimmten Sprecher antworten zu lassen[474].

Allgemein jedoch ist es dem Lizenzträger überlassen, wie er die angemessene Antwortmöglichkeit technisch und redaktionell verwirklicht. Ergibt sich der Anspruch aus einer einfachen Behauptung, wird die Angemessenheit leicht zu beurteilen sein. Handelt es sich jedoch um mehrere Behauptungen, evtl. sogar über mehrere Personen, wäre eine bloße Erwiderung möglicherweise zur Unterrichtung der Öffentlichkeit nicht angemessen[475]. Der Lizenzträger darf eine Erwiderung nicht verweigern, weil er die Antwort als nicht „konstruktiv" ansieht[476].

ff) Sonderbestimmungen für „political editorials"

Einengende Bestimmungen gelten gemäß Absatz c) für „editorials" des Lizenzträgers, in denen er sich zustimmend oder ablehnend mit Kandidaten für ein politisches Amt beschäftigt. In derartigen Fällen hat er bei Zustimmung dem Gegenkandidaten oder bei Ablehnung dem betroffenen Kandidaten innerhalb von 24 Stunden nach dem „editorial" unter Angabe von Datum und Uhrzeit des ausgestrahlten „editorials" ein Manuskript oder Tonband zu übersenden; dabei hat er dem Kandidaten oder einem von diesem beauftragten Sprecher eine angemessene Möglichkeit für eine Erwiderung anzubieten. Werden derartige „editorials" innerhalb von drei Tagen vor dem Wahltag ausgestrahlt, so muß sich der Lizenzträger bereits vorher mit den betroffenen Kandidaten in Verbindung setzen. Diesen soll hierdurch ausreichend Zeit zur Vorbereitung ihrer Antwort gegeben werden. Derart

---

[474] Memorandum Opinion and Order vom 10. Juli 1967 aaO. Ziff. 15 und 16; vgl. University of Houston 12 R. R. 2nd 179 (1968), wonach auch Diskussionen am Runden Tisch u. U. ausreichend sind. Ähnlich: A. Westerfield vom 13. November 1970, FCC-Az. 8330-N (unveröffentlicht). Vgl. J. F. Kelcher vom 28. Januar 1971, FCC-Az. 8330-N (unveröffentlicht). Vgl. zur Frage des richtigen Zeitpunktes: Sunbeam TV Corp. vom 28. Januar 1971, FCC-Az. 8330-K (unveröffentlicht); ähnlich King Broadcasting Co. 10 F. C. C. 2nd 970 (1967) und Citizens for Responsible Government 25 F. C. C. 2nd 73 (1970).

[475] Vgl. Note 77 Harv. L. Rev. 701, 709 (1963) m. w. N.

[476] Vgl. W. S. Dodson FCC 70-915, FCC-Mimeo 49328. Vgl. auch das Muster eines Benachrichtigungsschreibens (hier CBS): „In der Sendung ... der Station ... vom ... um ... Uhr sind über Sie gewisse Äußerungen gefallen. Eine Abschrift dieser Äußerungen liegt bei. Wir bieten Ihnen an, hierzu über unsere Station Stellung zu nehmen. Sollten Sie dies wünschen, setzen Sie sich bitte möglichst umgehend mit der Programmabteilung in Verbindung, um Länge, Inhalt und Zeitpunkt der vorgesehenen Stellungnahme abzusprechen."

strenge Regelungen sind gerade im politischen Raum zur Chancengleichheit unerläßlich.

e) Anwendbarkeit und Kritik

Selbst innerhalb der FCC stießen die Personal Attack Provisions bei ihrem Erlaß auf teils scharfe Kritik[477]. Diese Kritik hat ihre Wurzeln im wesentlichen im amerikanischen Ideal einer absoluten Meinungsfreiheit. Da diese Freiheit auch heute noch bei der Presse völlig ungebrochen ist, fällt vielen Kritikern die Umstellung auf die besonderen Gegebenheiten des Rundfunksektors schwer[478].

Fälschlich wird das „Right of reply" häufig als eine Spielart des „law of defamation" verstanden. Das aber ist – wie oben dargestellt – nicht der Fall. Nur so konnten die Provisions immer wieder an den Bestimmungen über „libel and slander" und den verfassungsrechtlichen Urteilen des Supreme Court gemessen werden. Von diesem Gesichtspunkt her treffen sie den Lizenzträger tatsächlich härter als die Folgen einer Beleidigungsklage[479]. Auch die Diskussion, ob die Wahrheit der anspruchsbegründenden Behauptung den Anspruch auf Erwiderung entfallen läßt, gründet sich auf die fälschliche Beziehung zum Beleidigungsrecht[480]. Gleiches gilt für die Frage, ob neben Tatsachenbehauptungen auch Meinungsäußerungen den Anspruch auslösen können[481].

Die Personal Attack Provisions stehen selbständig neben dem „law of defamation"; sie können dieses nicht ersetzen, sondern nur ergänzen. Wie bereits oben dargestellt, reichen die Ansprüche aus dem Beleidigungsrecht nicht mehr aus[482]. Die Provisions stellen daher trotz aller Belastungen für den Lizenzträger den besten Weg dar, die Öffentlichkeit umfassend zu informieren und den Einzelnen zu schützen[483]. Es

---

[477] Dissenting Statement and Opinion der Kommissionsmitglieder Bartley und Loevinger in Memorandum Opinion and Order vom 29. März 1968, aaO.

[478] Vgl. grundsätzlich oben Punkt 3. b) bb).

[479] Vgl. die recht einseitige Darstellung bei Anello, aaO. S. 5/6.

[480] Belser, aaO. S. 219; Robinson in House Hearings aaO. S. 58/59 unter Hinweis auf Chafee, aaO. S. 184 ff. A. M.: Note 56 Geo. L. J. 547, 552 (1968) mit ausführlicher Begründung; ebenso Senate Staff Report, aaO. S. 127 und S. 130/131, der dann allerdings folgerichtig einen speziellen Tatbestand für „Rundfunkbeleidigungen" schaffen will und zur Beschleunigung des Verfahrens die Einführung einer einstweiligen Verfügung vorschlägt.

[481] Robinson in House Hearings, aaO. S. 59.

[482] Vgl. oben Punkt A. 2. Note 56 Geo. L. J. 447, 442 (1968).

[483] Barrow, aaO. S. 496/497 und S. 544. A. M.: Porter in House Hearings, aaO. S. 156/157.

trifft nicht zu – wie *Jaffe* meint –, daß der Hörer die Antwort im Rundfunk kaum wahrnehmen wird. Selbst wenn dies in Einzelfällen vorkommen sollte, so ist die von ihm vorgeschlagene Lösung, die Antwort stattdessen in der Presse zu veröffentlichen, kein zufriedenstellender Weg[484].

Das von der FCC gehandhabte System garantiert in der Regel eine schnelle Verwirklichung des Anspruchs. Da Informationen schnell veralten, muß die Erwiderung möglichst umgehend gesendet werden. Um dem Lizenzträger aber einen Teil seiner administrativen Arbeit abzunehmen, sollte man überlegen, ob nicht der Betroffene selbst bei der Station seinen Anspruch geltend machen sollte[485]. Er selbst würde hierdurch keine Nachteile erleiden; wenn er die Sache für eine Antwort nicht für bedeutend genug hält, schadet auch eine in diesem Fall einseitige Unterrichtung der Öffentlichkeit nicht. Ebenso sollte man wie in § 315 Communications Act die Dokumentation wegen ihrer Nähe zu Nachrichtensendungen in die Reihe der Ausnahmen aufnehmen[486]. Durch diese kleineren Änderungen würde die Tätigkeit des Lizenzträgers erleichtert, ohne substantiell in das Wesen der Provisions einzugreifen.

Vor allem bei einem kommerziell ausgerichteten Rundfunksystem wie in den USA muß der Einzelne vor Angriffen gegen seine Person geschützt werden. Andernfalls würden fast ausschließlich die finanziellen Interessengruppen mit ihren Vorstellungen über die Programmgestaltung dominieren. Insbesondere muß aber auch das Recht der Öffentlichkeit auf eine objektive und umfassende Berichterstattung gesichert sein. Die in einer Demokratie unerläßliche Urteilsbildung des Staatsbürgers beruht auf Information. Die FCC verfügt in der Fairness Doctrine sowie den speziellen Equal Opportunity und Personal Attack Provisions über Mittel, um diese Information der Öffentlichkeit sowie den Schutz des Einzelnen zu gewährleisten[487]. Wenn sie diese Regelungen weiterhin flexibel handhabt, werden die Lizenzträger nicht unverhältnismäßig über ihre im öffentlichen Interesse liegenden Verpflichtungen hinaus belastet.

---

[484] aaO. S. 552 und in House Hearings, aaO. S. 165/166. Dieser Gedanke tauchte bereits in früheren Diskussionen auf; vgl. oben Punkt A. 2.

[485] Pilpel in House Hearings, aaO. S. 90.

[486] Barrow, aaO. S. 497 und S. 543/544.

[487] Vgl. Barrow, aaO. S. 549: „pillars of the forum of American democracy“.

E. Administrative und gerichtliche Durchsetzung

Weder die Equal Opportunity Provisions noch die Personal Attack Provisions als ausdrückliche Regelungen eines Right of reply – und mit gewissen Vorbehalten auch die Fairness Doctrine – verleihen dem Einzelnen einen unmittelbaren, gerichtlich durchzusetzenden Anspruch. Die FCC verfügt dafür aber über einen breiten Fächer direkter und indirekter Sanktionen, die dem Betroffenen in manchen Fällen allein schon durch ihre bloße Existenz meist schnell und umfassend zu seinem Recht verhelfen[488]. Insbesondere gilt dies für diejenigen Zwangsmittel, die mit der Lizenz gekoppelt sind. So gesehen ist das Fehlen eines ausdrücklichen Anspruchs in den USA für den Betroffenen in der Praxis fast ebenso effektiv wie der kodifizierte, zivilrechtliche Anspruch in der Bundesrepublik[489].

1. Direkte gesetzliche Sanktionen der FCC

Erst das Vorhandensein einschneidender, direkter gesetzlicher Sanktionen versetzt die FCC in die Lage, lediglich mit deren Anwendung drohen zu können und auf dese Weise das Verhalten der betreffenden Station in ihrem Sinn zu beeinflussen.

Jedes derartige Einschreiten setzt Verstöße gegen Bestimmungen des Gesetzes oder gegen die von der FCC erlassenen „rules and regulations" voraus. Man wird jedoch auch die allgemeine Fairness Doctrine in diesem System einbeziehen können, obwohl sie weder ausdrücklich im Gesetz erwähnt wird noch über sie besondere Ausführungsverordnungen ergangen sind[490]. Entweder kann man die Fairness Doctrine als einen durch das Amendment von 1959 in § 315 eingefügten Passus des Gesetzes[491] oder als einen inhärenten Bestandteil jeder Lizenz ansehen, nach der die Lizenzträger ihren Betrieb auszurichten haben.

---

[488] L o e w e n s t e i n, aaO. S. 429/430 unterschätzt diese Situation ganz entscheidend, wenn er meint, daß die Stationen sich „völlig frei von jeder effektiven Kontrolle fühlten". Das Gegenteil ist der Fall.

[489] Vgl. B a r r o n , 30 Geo. Wash. L. Rev. 1, 40 (1961); P e t e r s , aaO. S. 387. Die Gefahr eines möglichen Verwaltungsmißbrauchs kann hier außer Betracht bleiben; vgl. Note 77 Harv. L. Rev. 701, 704 (1963).

[490] Ebenso: House Staff Study, aaO. S. 6/7; Senate Staff Report, aaO. S. 54/55; B a r r o w , aaO. S. 471/472; R o b i n s o n, aaO. S. 136.

[491] So der Supreme Court in Red Lion v. FCC/U. S. v. RTNDA 395 U. S. 367 (1969) = UFITA Bd. 58 (1970) S. 363.

a) Maßnahmen im Rahmen der Lizenzvergabe

Zu den bedrohlichen Zwangsmitteln gegen einen Lizenzträger gehören die Maßnahmen, durch die eine Lizenz vorzeitig widerrufen, nicht erneuert oder nur kurzfristig verlängert werden kann.

aa) Widerruf

Der Widerruf einer Lizenz vor Ablauf von drei Jahren (revocation) kann gemäß § 312 a) u. a. ausgesprochen werden, wenn der Lizenzträger wiederholt oder wissentlich gegen die Bestimmungen des Gesetzes oder die Ausführungsverordnungen der FCC verstoßen hat. Die FCC hat vor ihrer Entscheidung sein Gesamtverhalten zu würdigen, womit diese Sanktion bei Einzelverstößen von vornherein ausscheidet[492].

In der Praxis ist diese Maßnahme bei Verstößen gegen Right of reply-Regelungen noch niemals angewandt worden, da kleinere Verstöße kaum jemals eine derartige Sanktion rechtfertigen können[493]. Ihr Abschreckungswert ist daher gering.

bb) Nichterneuerung

Zu den schärfsten Waffen der FCC hat sich die Nichterneuerung einer Lizenz (nonrenewal) entwickelt, nachdem der Lizenzträger die Verlängerung für weitere drei Jahre beantragt hat. Die Nichterneuerung, die gemäß § 309 unter den gleichen Voraussetzungen wie die Ablehnung der Ersterteilung ausgesprochen werden kann, kommt einem „death sentence" für den Lizenzträger gleich, da sie direkt auf seine Station, d. h. auf sein Vermögen einwirkt[494]. Auch sie ist jedoch bei Right of reply-Verstößen noch niemals verhängt worden[495].

---

[492] Belser, aaO. S. 219/220; Derby, aaO. S. 314.

[493] Vgl. Senate Staff Report, aaO. S. 55; Loewenstein, aaO. S. 427; McKerns/Robertson, aaO., S. 10 mit ausführlichen statistischen Angaben S. 15 ff. (Appendix I).

[494] Gillmore/Barron, aaO. S. 711; vgl. Wood, aaO. S. 1606/1607 m. w. N. zur zögernden Haltung der FCC.

[495] Senate Staff Report, aaO. S. 55; McKerns/Robertson, aaO. S. 17 ff. (Appendix II) mit ausführlichen statistischen Angaben; Marks, aaO. S. 976 m. w. N. Vgl. 44 Am. Jur., aaO. § 8 S. 189/190 sowie Cum. Pock. Supp. 1970 S. 18, jeweils m. w. N. Unter den wenigen Fällen der letzten Jahre, in denen eine Nichterneuerung überhaupt ausgesprochen wurde, befindet sich Robinson v. FCC 334 F 2nd 534 (D. C. Cir. 1964); vgl. auch KWK Radio, Inc. v. FCC 337 F 2nd 540 (D. C. Cir. 1964). Die FRC befaßte sich zweimal mit Lizenzverlängerungen: KFKB Broadcasting Ass., Inc. v. FRC 47 F. 2nd 671 (D. C. Cir. 1931) und Trinity Methodist Church, South v. FRC F 2nd 850 (D. C. Cir. 1932).

Dennoch dient die Nichterneuerung mit dem der Entscheidung vorgeschalteten „hearing" dazu, eine „in terrorem control" auszuüben, die als Politik der „lifted eyebrows" bezeichnet wird[496]. Ein „hearing" wird angeordnet, wenn Beschwerden aus dem Hörerkreis vorliegen oder wenn sich in den Akten der FCC über die betreffende Station in der abgelaufenen Lizenzperiode Unterlagen über frühere Verstöße befinden sollten[497].

Abgesehen von den tatsächlichen Aufwendungen für ein derartiges „hearing" an Zeit und Geld, obliegt die Beweislast – entgegen § 312 c) beim Widerruf – in diesem Fall dem Lizenzträger selbst. Ihm muß daher daran gelegen sein, Beschwerden der Hörer über Verstöße gegen die Right of reply-Regelungen möglichst positiv zu behandeln und dadurch seine Station in den FCC-Unterlagen nicht mit einer für ihn nachteiligen Korrespondenz zu belasten. Er wird es daher vorziehen, Hinweisen der FCC zu folgen, als möglicherweise seine Lizenz aufs Spiel zu setzen[498].

Diese Erkenntnis macht sich die FCC häufig zunutze, um Beschwerden abzuhelfen. Wirklich wirksam in dem hier aufgezeigten Sinn wurden Widerruf und Nichterneuerung einer Lizenz aber erst, als der FCC auch weniger radikale Maßnahmen zur Verfügung standen, die verhältnismäßiger sind und nicht sofort die Lizenz gefährden[499].

cc) Kurzfristige Verlängerung

Durch das Amendment von 1960 zum Communications Act erhielt die FCC in § 307 d) weiterhin die Befugnis, statt einer Nichterneuerung auch eine probeweise, kurzfristige Verlängerung der Lizenz (short-term- renewal) für weniger als drei Jahre zu erteilen[500]. Hinsichtlich des Umfangs sowie der praktischen Konsequenzen gilt das oben zu bb) Ausgeführte. Der Lizenzträger hat sich während der meist einjährigen Probezeit so zu verhalten, daß vergangene Verstöße durch die

---

[496] Robinson, aaO. S. 118 ff.; vgl. O'Neill, aaO. S. 463. Nach v. Mangoldt, aaO. S. 163 dienen die „renewal hearings" dazu, „to keep the station in hot water". Vgl. 44 Am. Jur. aaO. §§ 11 ff. S. 191 ff. sowie Cum. Pock. Suppl. 1970 S. 19 ff. jeweils m. w. N. zum Verfahren.

[497] Vgl. Senate Staff Report, aaO. S. 74 ff. mit einer ausführlichen Schilderung des Verwaltungsablaufs bei einer Lizenzerneuerung.

[498] Vgl. Note 77 Harv. L. Reo. 701, 703 (1963).

[499] Friedenthal/Medalie, aaO. S. 491/492.

[500] Vgl. McKerns/Robertson, aaO. S. 6/7 zur Gesetzesgeschichte sowie S. 10/11 mit statistischen Angaben, wonach sich diese Maßnahme in der praktischen Handhabung als äußerst wirksam erwiesen hat.

jetzige Führung seiner Station als „getilgt" angesehen werden können.

Der einzig bekannte Fall, in dem eine kurzfristige Verlängerung im Rahmen eines Right of reply ausgesprochen wurde, ist der Fall Lamar Life Broadcasting Co.[501]. Auch diese Maßnahme wirkt in der Praxis also weniger durch ihre Anwendung, als vielmehr durch die Möglichkeit, daß sie einmal getroffen werden könnte.

b) Quasi-richterliche Maßnahmen

Weniger einschneidend sind die „quasi-richterlichen" Maßnahmen, die mehr Strafcharakter tragen.

aa) Geld- oder Gefängnisstrafen

Gemäß §§ 501 und 502 kann die FCC bei vorsätzlichen Verstößen gegen „rules and regulations" sowie gegen Bestimmungen des Gesetzes über den Justizminister der Bundesregierung bei Gericht Geld- oder Gefängnisstrafen (criminal prosecution) beantragen.

Es ist nicht bekannt, daß derartige Kriminalstrafen in letzter Zeit verhängt worden sind. Schon der strafrechtliche Charakter dieser Maßnahme, das umständliche Verfahren sowie die Schwierigkeit, einen vorsätzlichen Verstoß zu beweisen, lassen es als ein wenig geeignetes Zwangsmittel erscheinen[502].

bb) Einstellungsbefehl

§ 312 b) ermächtigt die FCC selbst, auch bei unvorsätzlichen und einmaligen Verstößen gegen das Gesetz oder Ausführungsverordnungen der FCC einen Einstellungsbefehl (Cease-and-desist order) auszusprechen. Diese Anordnung soll einen bestimmten Einzelfall regeln; sie soll den Lizenzträger dazu anhalten, im Sinne der Bestimmungen zu handeln – z. B. die Ablehnung einer verlangten Gegenerklärung aufzugeben – und sein bestimmungswidriges Verhalten einzustellen. Kommt er dieser Aufforderung nicht nach, kann er wegen „contempt of court" bestraft werden.

---

[501] Lamar Life Broadcasting Co. 37 F. C. C. 1143 (1965). Dieser Fall wurde später nach einer gerichtlichen Intervention durch mehrere Hörer zu Office of Communication of United Church of Christ v. FCC 359 F. 2nd 994 (D. C. Cir. 1966). Vgl. Barrow, aaO. S. 470/471; Nelson/Teeter, aaO. S. 419/420; O'Neill, aaO. S. 464 ff.

[502] Vgl. 44 Am. Jur. aaO. § 19 S. 195 m. w. N.; Belser, aaO. S. 216 m. w. N./220; Derby, aaO. S. 314; Friedenthal/Medalie, aaO. S. 492.

Eine solche Anordnung könnte leicht das Zensurverbot des § 326 verletzen. Vielleicht ist dies auch der Grund, weswegen die FCC noch niemals eine derartige Entscheidung im Zusammenhang mit einer Right of reply-Bestimmung erlassen[503], ihn fast noch nie ausgesprochen[504] und ihn einmal abgelehnt hat[505]. Bei right of reply-Verletzungen gegenüber Kandidaten für ein politisches Amt dürfte sich der Einstellungsbefehl wegen des schwerfälligen Verfahrens (Wartezeit, hearing) jedoch kaum eignen[506]. Dennoch ist nicht recht einzusehen, warum die FCC von diesem Mittel noch keinen häufigeren Gebrauch gemacht hat[507].

cc) Bußgelder

Schließlich kann die FCC gemäß § 303 b) ein Bußgeld (forfeiture) von maximal 1000 Dollar täglich bis zu einem Höchstbetrag von 10 000 Dollar verhängen, wenn sich ein Lizenzträger die in § 312 bei Widerruf und Nichterneuerung der Lizenz erwähnten Verstöße zuschuldenkommen läßt. Zusätzlich gilt dies, wenn der Lizenzträger einen von der FCC erlassenen, rechtmäßigen Einstellungsbefehl nicht beachtet. Im Zusammenhang mit dem Right of reply ist diese Buße noch nicht ausgesprochen worden[508].

Die praktische Bedeutung dieser Bestimmung ist dennoch bei weitem nicht so gering, wie *Loewenstein* behauptet[509]. *McKerns/Robertson* weisen statistisch nach, daß mit dem Amendment von 1960 – damals wurde der Tageshöchstbetrag von 500 auf 1000 Dolar erhöht – die Zahl der Bußgeldverfahren in die Höhe geschnellt ist[510]. Dennoch sollte nicht übersehen werden, daß auch dieses Zwangsmittel wegen der Voraussetzungen nicht zur Regelung eines Einzelfalles gedacht ist.

---

503 Senate Staff Report, aaO. S. 55.

504 Vgl. Mile High Stations, Inc. 28 F. C. C. 795 (1960) wegen wiederholter Ausstrahlung zweideutiger Bemerkungen. Vgl. hierzu ausführlicher Note 84 Harv. L. Rev. 664, 667 (1971).

505 J. Richard Sneed 15 R. R. 158 (1957), wobei die FCC aber ausdrücklich auf ihre Ermächtigung hinwies, Einstellungsbefehle aussprechen zu können.

506 Friedenthal/Medalie, aaO. S. 488.

507 Vgl. Barron 30 Geo. Wash. L. Rev. 1, 36, 37 (1961); Gillmore/Barron, aaO. S. 711.

508 Senate Staff Report, aaO. S. 55.

509 Loewenstein, aaO. S. 440 ff.

510 McKerns/Robertson, aaO. S. 7 ff. m. w. N. (Gesetzesgeschichte) und S. 11 ff. mit Appendix III a; vgl. zu den positiven Auswirkungen auch Friedenthal/Medalie, aaO. S. 493.

Zusammenfassend läßt sich sagen, daß sich an direkten gesetzlichen Sanktionen nur der Einstellungsbefehl als Maßnahme für eine einzelne Verletzung des Right of reply eignet, dieses Mittel jedoch nicht angewandt wird. Alle anderen Zwangsmittel erfordern entweder vorsätzliche und wiederholte oder nur vorsätzliche Verstöße. Hinzu kommt, daß bei all diesen Maßnahmen nicht ein fehlerhaftes Verhalten im Einzelfall, sondern vielmehr das Gesamtverhalten des Lizenzträgers seit Erteilung der Lizenz gewürdigt wird. Verfolgt man die Häufigkeit der erlasssenen Zwangsmittel, so zeigt sich in den letzten Jahren ein deutliches Übergewicht an Verfahren zur kurzfristigen Lizenzverlängerung sowie zur Verhängung von Bußgeldern, während Verfahren mit dem Ziel eines Widerrufs oder der Nichterneuerung einer Lizenz kaum noch eingeleitet wurden.

Right of reply-Verstöße sind nur in einem einzigen Fall durch eine kurzfristige Verlängerung geahndet worden. Diese Tatsache dürfte — wie *Loewenstein* meint[511] — kaum in einem Versagen „organisatorischer oder sozialpsychologischer Natur" der FCC begründet sein. Sie beweist auch nicht, daß sich die Industrie ihren Verpflichtungen in einem hohe Grade bewußt ist und man deshalb vielleicht sogar auf ein Right of reply verzichten kann. Und sie läßt schließlich nicht den Schluß zu, daß die FCC nur aus Ängstlichkeit oder fehlendem Verantwortungsgefühl nicht häufiger und strenger die ihr zur Verfügung stehenden Mittel eingesetzt hat[512]. Vielmehr läßt sich hierin die Tendenz erkennen, statt festumrissener, gerichtlich nachprüfbarer Sanktionen den Weg der stillen, aber nicht minder erfolgreichen Beeinflussung zu gehen[513]. Das allein ist das Geheimnis des Erfolges der FCC auf diesem Gebiet.

2. Indirekte administrative Sanktionen der FCC

Auch wenn somit keine Zwangsmittel zur Regelung von Einzelfällen zur Verfügung stehen, hat die FCC durch ihre administrative Praxis doch erreicht, daß Einzelverstöße kaum noch Zwangsmaßnahmen erfordern. Werden Verstöße bekannt, so läßt sich bereits im Vorfeld offizieller Verfahren meist eine Klärung erreichen. Ist der Lizenzträger schließlich den Vorstellungen der FCC gefolgt, so besteht auch bei

[511] aaO. S. 429, 431 ff.

[512] Senate Staff Report, aaO. S. 56; ähnlich auch Marks, aaO. S. 977, der zusätzlich die Kongreßlobby der Rundfunkindustrie als Hemmungsfaktor betrachtet.

[513] Note 77 Harv. L. Rev. 701, 704 (1963) nennt dies das System des „feeling out". Vgl. Barrow, aaO. S. 494.

Sichtung der FCC-Unterlagen vor einer Lizenzverlängerung kein Anlaß mehr, diese Verstöße besonders schwer zu bewerten. Und fast ausschließlich darin liegt der Grund für die seltene Verhängung von Sanktionen[514].

a) Einreichung einer Beschwerde des Betroffenen bei der FCC

Da die FCC erst in den letzten Jahren einen – personell und materiell unzureichend ausgestatteten – Abhördienst eingerichtet hat, erhält sie Informationen über Verstöße gegen das Right of reply meist von den Betroffenen selbst[515].

Glaubt ein Hörfunk- oder Fernsehteilnehmer, ein ihm zustehendes Right of reply zu besitzen, so hat er sich zunächst um eine gütliche Einigung mit der Station zu bemühen. Erst wenn dieser Versuch scheitert, kann er seine Beschwerde an die FCC formulieren. Diese Beschwerde muß schriftlich eingereicht werden. Sie soll Kennbuchstaben und Sitz der Station, eine genaue Wiedergabe des Sachverhalts und des Beschwergegrundes mit Tag und Uhrzeit der betreffenden Sendung sowie schließlich Ausführungen darüber enthalten, wie die Station auf den Anspruch des Betroffenen reagiert hat. Eine Kopie dieser Beschwerde ist der Station vom Beschwerdeführer zuzuleiten[516].

Läßt eine eingereichte Beschwerde den Schluß zu, daß ein Verstoß gegen das Right of reply vorliegen könnte, leitet die FCC die Beschwerde mit einer Bitte um Stellungnahme innerhalb von zehn Tagen dem betreffenden Lizenzträger zu. Dieser wird in den meisten Fällen versuchen, spätestens zu diesem Zeitpunkt dem Verlangen des Betroffenen zu entsprechen[517]. Dem Beschwerdeführer wird Gelegenheit gegeben, innerhalb von sieben Tagen auf die Stellungnahme des Lizenzträgers zu antworten. In dringenden Fällen, vor allem bei Kandidaten

---

[514] Kalven, aaO. S. 21 nennt dies „regulation by dossier".

[515] Beschwerden und das Verfahren anläßlich der Lizenzerneuerung sind bislang fast die einzigen Informationsquellen der FCC; vgl. Senate Staff Report, aaO. S. 56 ff. mit einer ausführlichen Darstellung des Ablaufs von Beschwerdeverfahren.

[516] Public Notice „Applicability of the Fairness Doctrinie in the Handling of Controversial Issues of Public Importance", aaO. S. 10416. Public Notice „Use of Broadcast Facilities by Candidates for Public Office", aaO. S. 13048/13049; hierbei ist das Verfahren leicht abgekürzt.

[517] Die FCC verfaßt diese Schreiben weniger mit dem Ziel, Informationen zu erhalten, sondern vielmehr in der Absicht, den Lizenzinhaber mit erhobenem Zeigefinger an die Bestimmungen zu erinnern; vgl. Robinson, aaO. S. 120.

um ein politisches Amt, kann die Kommunikation auch telephonisch oder telegraphisch erfolgen[518].

Liegen – möglicherweise erst nach erneuter Rückfrage bei den Parteien – ausreichende Informationen vor, kann die FCC eine Entscheidung fällen. Sieht sie nach der Stellungnahme des Lizenzträgers keinen Verstoß, ist die Angelegenheit abgeschlossen. Andernfalls wendet sie sich wiederum an die Station.

b) Declaratory rulings

Theoretisch hätte die FCC – wie oben angedeutet – die Möglichkeit, eine „declaratory order" zu erlassen, die gerichtlich nachprüfbar ist. Dies würde jedoch ein zeitraubendes formelles Vorverfahren voraussetzen. Da Zeit sowohl bei Verstößen gegen das Right of reply im politischen Bereich als auch bei „personal attacks" eine entscheidende Rolle spielt, beschränkt sich die FCC auf sog. informelle „declaratory rulings", die nur beschränkt gerichtlich nachprüfbar sind („enforcement by letter")[519].

In diesen Schreiben wird die Station darauf hingewiesen, wie sie sich nach Ansicht der FCC nach den geltenden Bestimmungen zu verhalten hat. Bei Verletzungen der „Personal Attack Provisions" beschränkt sich die FCC meist darauf, die Verletzung als solche festzustellen. Sie weist aber am Ende dieser Schreiben fast immer darauf hin, sie sehe zwar zum jetzigen Zeitpunkt von weiteren Maßnahmen ab, werde aber die in dieser Angelegenheit geführte Korrespondenz bei der nächsten fälligen Lizenzverlängerung erneut in Betracht ziehen[520].

---

[518] Zum Vorstehenden: „FCC Statement regarding Handling of Fairness Doctrine as distinguished from Personal Attacks Complaints", abgedruckt in House Hearings aaO. S. 162; Barrow, aaO. S. 468. Vgl. zur Häufigkeit und Verteilung von Beschwerden die ausführliche Darstellung in Senate Staff Report, aaO. S. 65 ff.

[519] Derby, aaO. S. 311 ff. zur gerichtlichen Nachprüfbarkeit; vgl. Barron 30 Geo. Wash. L. Rev. 1, 8, 9 (1961) mit zwei Beispielen. Gillmore/Barron, aaO. S. 710/711 nennen diese Briefe „letters of reprimand"; vgl. Robinson, aaO. S. 129 m. w. N.

[520] Nur in einem einzigen Fall ist bislang gegen derartige informelle „rulings" der FCC geklagt worden: Red Lion Broadcasting Co. v. FCC 381 F. 2nd 908 D. C. Cir. 1967), später: 395 U. S. 367 (1969) = UFITA Bd. 58 (1970) S. 363. Vgl. z. B. Radio Bryan, Inc. vom 1. Februar 1971, FCC-Az. 8330-N (unveröffentlicht): „From the foregoing it appears that you failed to comply with the Commission's Personal Attack rules ... This letter is being placed in the Commission's files where it will be available for review and consideration with your overall performance as a licensee."

So sehr sich diese Regelung auch in der Praxis bewährt hat, so wenig lassen sich andererseits ihre Nachteile übersehen. Die mangelnde Tatsachenkenntnis der FCC schafft einen gewissen Unsicherheitsfaktor. Die FCC kann die „rulings“ nicht durchsetzen, abgesehen von der Drohung mit umständlichen Verfahren zum Widerruf der Lizenz oder zum Erlaß eines Einstellungsbefehls[521]. Abgesehen von einem Hinweis im Senate Staff Report finden sich in der Literatur keine Angaben darüber, daß, zumindest theoretisch, auch spezielle Strafsanktionen oder eine einstweilige Verfügung denkbar sind[522]. Die stärksten Bedenken gegen die geltende Regelung ergeben sich jedoch daraus, daß es sich um ein Verfahren im Dunkeln handelt, ohne formelle Ermächtigung und ohne gerichtliche Nachprüfbarkeit. *Kalven* bezeichnet diese Situation als „atmosphere of surveillance“[523]. Ungeachtet dieser Einschränkungen kommt das System jedoch dem Betroffenen zugute[524].

3. Rechtsbehelfe der Betroffenen gegen Entscheidungen der FCC

Es kann vorausgeschickt werden, daß kein Rechtsbehelf existiert, der wie eine einstweilige Verfügung dem Betroffenen unmittelbar zu der verlangten Entgegnung verhilft. Alle Rechtsbehelfe dienen vielmehr der langfristigen Beeinflussung der FCC und wirken damit nur mittelbar auf das künftige Verhalten der Lizenzträger ein.

a) Administrative Maßnahmen

Jede Person kann sich an die FCC wenden, um ihre Ansichten zu einer „ruling“ vorzutragen. Diese Möglichkeit ist jedoch sowohl allgemein als auch im Einzelfall für den Betroffenen wenig erfolgversprechend,

---

[521] Friedenthal/Medalie, aaO. S. 488 ff./491.

[522] Senate Staff Report aaO. S. 128 ff.

[523] Kalven, aaO. S. 23. Vgl. Note 84 Harv. L. Rev. 664, 669 (1971): „process operating outside the scope of constitutional adjudication“; allg. Kritik S. 667 ff. Die Untersuchung dieses Problems geht über den Rahmen der vorliegenden Arbeit hinaus.

[524] Vom 1. März 1967 bis 29. Februar 1968 gingen bei der FCC etwa 400 Beschwerden über Verstöße gegen die Fairness Doctrine im allgemeinen und gegen § 315 ein; vgl. „FCC Statement on Correspondence concerning Compliance of Fairness Doctrine and Section 315“, abgedruckt in House Hearings, aaO. S. 121. Die Tendenz ist steigend. Im Geschäftsjahr 1972 (1. Juli 1971 bis 30. Juni 1972) erhielt die FCC bereits 1383 Beschwerden hinsichtlich § 315 sowie 1617 Beschwerden wegen angeblicher Verstöße gegen die Fairness Doctrine. Vgl. FCC Public Notice-B vom 14. September 1972, FCC-Mimeo 88677. – Besonders auffallend ist das Ansteigen der Zahl der Beschwerden in Wahlzeiten. Vgl. die Übersicht in FCC Public Notice-B vom 10. November 1972, FCC-Mimeo 91855.

der seine Stellungnahme im „Personal Attack"-Verfahren bereits vorher einmal schriftlich eingereicht hat[525].

Auch der zweite administrative Rechtsbehelf, gemäß § 311 als Zeuge zu einem „hearing" in dieser Sache geladen zu werden, bietet nur geringe Erfolgsaussichten, da es nur in wenigen Fällen zu einem „hearing" kommt[526].

Erst bei der Lizenzerneuerung einer Station haben der Betroffene oder andere „parties in interest" eine größere Chance, ihrer Meinung Gehör zu verschaffen. Gemäß § 30 d) steht ihnen das Recht zu, die Ablehnung einer Lizenzerneuerung zu beantragen. Die FCC ist zwar an diesen Antrag nicht gebunden, kann ihn andererseits aber auch nicht grundlos unbeachtet lassen, § 309 e)[527].

b) Gerichtliche Maßnahmen

Besonders betroffen ist ein Kandidat für ein politisches Amt, dessen Right of reply von der Station trotz einer gegenteiligen Anweisung der FCC weiterhin abgelehnt wird. Da die FCC über keine Mittel verfügt, die Ausführung ihrer Anordnung kurzfristig zu erzwingen, und das Gericht ohne eine formell erlassene „order" auch nicht gemäß § 401 b) auf Unterlassung erkennen kann, bleibt der Kandidat schutzlos[528].

Von größerer Bedeutung ist die zweite gerichtliche Maßnahme. Personen, deren Antrag gemäß § 309 d) auf Versagen einer Lizenzerneuerung von der FCC abgelehnt worden ist, können die FCC verklagen, in ihrem Sinne zu handeln. Sie müssen nachweisen, daß die Erteilung der Lizenz wegen Verstoßes gegen gesetzliche oder administrative Bestimmungen rechtswidrig ist[529]. Dieser „Rechtsbehelf" wurde praeter legem von der Rechtsprechung geschaffen. Über die Entscheidungen FCC v. Sander Brothers Radio Station („person aggrieved")[530] und NBC v. FCC[531] entwickelte die Rechtsprechung in Office of Communication of United Church of Christ v. FCC[532] den Satz, wonach auch

[525] Vgl. Yadlofsky, Fairness Doctrine, aaO. S. 9.

[526] Ein „hearing" wird erst notwendig, wenn die FCC formelle Maßnahmen ergreifen will.

[527] Vgl. Wood, aaO. S. 1608/1609 m. w. N.; v. Mangoldt, aaO. S. 175.

[528] Derby, aaO. S. 312 unter Hinweis auf den bekannten „Lar Daly"-Fall.

[529] Yadlofsky, Fairness Doctrine, aaO. S. 11ff.; Wood, aaO. S. 1605 ff.; Note 35 Geo. Wash. L. Rev. 393 ff. (1966).

[530] 309 U. S. 470 (1940).

[531] 319 U. S. 239 (1943).

[532] 359 F. 2nd 994 (D. C. Cir. 1966). Lamar Life Broadcasting Co. hatte die Lizenzverlängerung für ihre Station WLBT in Jackson/Mississippi beantragt,

„responsible representatives" der Öffentlichkeit ein Interventionsrecht besitzen. Es ist noch nicht abzusehen, wie sich dieser Rechtsbehelf entwickeln wird.

Man gelangt somit zu dem Ergebnis, daß sich der Anspruch eines Betroffenen kurzfristig nicht mit Hilfe von Rechtsbehelfen durchsetzen läßt. Der Betroffene kann lediglich auf die Wirksamkeit des von der FCC praktizierten Verfahrens vertrauen. Und dieses System bewährt sich neben den oben angeführten Gründen auch deshalb, weil die FCC von einem perfektionistischen Streben beherrscht ist, möglichst viele Problemkreise durch „rules and regulations" zu regeln. Der Rundfunkindustrie ist dies bekannt, und sie bemüht sich, der FCC keine Vorwände für neue einengende Bestimmungen zu liefern.

F. Zusammenfassung

Die verschiedenartige Augestaltung und Bedeutung der einzelnen Rechtsinstitute, die eine Entgegung vermitteln, erklärt sich aus der Einordnung des Rundfunks in das verfassungsrechtliche, politische und wirtschaftliche Leben der USA. Nach der politischen Entscheidung, den Rundfunk kommerziell von privaten Gesellschaften betreiben zu lassen, mußte als Regulativ eine staatliche Kontrollbehörde errichtet werden, die u. a. für die Lizenzerteilung und eine Mißbrauchsaufsicht verantwortlich ist.

Die auf diese Weise durch den Communications Act von 1934 geschaffene FCC setzte bis heute drei wichtige Einzelregelungen auf dem Gebiet des Right of reply durch. Den in den Equal Opportunity Provisions durch § 315 Communications Act gesetzlich geregelten, besonderen Schutz für politische Kandidaten erweiterte sie folgerichtig in Gestalt der Fairness Doctrine, die die Ausgewogenheit der Berichterstattung über allgemein interessierende Probleme des öffentlichen Interesses gewährleisten sollte. Nachdem die Verfassungsmäßigkeit der Doctrine durch den Supreme Court bestätigt worden war, kodifizierte die FCC die Personal Attack Provisions in Anlehnung an früher von ihr getroffene Entscheidungen. Auch diese Provisions wurden vom Supreme Court für verfassungsmäßig gehalten.

---

die nach Ansicht führender Bürgerrechtler – darunter auch der Church of Christ – einseitig den weißen Bevölkerungsteil bevorzugt hatte. Vgl. Lamar Life Broadcasting Co. 38 F. C. C. 1143 (1965). Vgl. Barron 80 Harv. L. Rev. 1641, 1663 ff. (1967), der – nicht zu Unrecht – die Rechte der Hörer durch diese Entscheidung gestärkt sieht.

Anspruchsberechtigt sind hiernach näher bezeichnete Personen oder Gruppen, die durch einen persönlichen Angriff während einer Sendung über Streitfragen des öffentlichen Interesses betroffen sind. Der Lizenzträger hat sie umgehend detailliert über die betreffende Sendung zu unterrichten und ihnen nach Absprache eine angemessene Möglichkeit zur Entgegnung zu gewähren. Gesetzliche Rechtsbehelfe zur Durchsetzung dieses Anspruchs sind kaum geeignet. Vielmehr beruht der Einfluß der FCC auf die Lizenzträger auf einem breiten Fächer administrativer Sanktionen.

III. Teil: Rechtsvergleichende Betrachtung

A. Vergleich der Gegendarstellungsregelungen

Die bisherigen Ausführungen haben ergeben, daß das Gegendarstellungsrecht und das Right of reply nur sehr wenig gemeinsame Züge aufweisen. Sie sind in zwei verschiedenen Rechtskreisen auf verschiedene Weise zu verschiedenen Zeiten entstanden. Ihnen liegen verschiedene verfassungsrechtliche, politische und wirtschaftliche Wertungen zu Grunde, und ihre Ausprägung ist entsprechend diesen Gegebenheiten unterschiedlich erfolgt.

Aber dennoch lohnt sich ein Vergleich der beiden Rechtsinstitute, denn vom Betroffenen her gesehen führen beide in der Praxis zu einem ähnlichen Erfolg. Dies ist trotz aller Verschiedenheiten das eigentlich bemerkenswerte Ergebnis. Daher bietet sich an, die amerikanischen Regelungen auf die deutsche Gegendarstellung zu beziehen und zu untersuchen, welche Anregungen für das deutsche Recht übernommen werden sollten[533].

1. Rechtsgrundlagen

Die Einordnung und Ausgestaltung des Right of reply bzw. des Gegendarstellungsrechts ergibt sich aus der Stellung des jeweils geschützten Rechtsgutes im Verhältnis zu anderen Rechtsgütern.

a) Geschütztes Rechtsgut

Beide Rechtsinstitute erreichen in der Praxis, daß ein Einzelner oder eine Gruppe nach einer sie betreffenden Äußerung des Rundfunks entsprechende Gegenäußerungen abgeben können. Die rechtlichen Ursprünge aber sind sehr verschieden. Gemeinsam ist beiden Rechten lediglich, daß sowohl der Einzelne geschützt als auch dem Informationsanspruch der Öffentlichkeit genügt werden soll. Demgegenüber

---

[533] Wegen der Vielfalt der zu erörternden Einzelprobleme war eine Beschränkung auf die beiden dargebotenen Rechte zwingend. Im übrigen ist damit auch gleichzeitig der anglo-amerikanische Rechtskreis erfaßt, da Großbritannien ein derartiges Right of reply weder für die Presse noch für den Rundfunk kennt; vgl. hierzu Löffler, Kommentar, aaO. § 11 LPG Rdz. 174 und Haase-Becher, aaO. S. 128 ff. Vgl. hierzu auch Löffler in NJW 1972, 2161, 2164.

werden die daraus resultierenden Belastungen für die verpflichteten Rundfunkanstalten für subsidiär gehalten. Eine weitere Gemeinsamkeit liegt schließlich auch darin, daß beide Regelungen formaler Natur sind, es also auf die Frage von Wahrheit oder Unwahrheit der anspruchsbegründenden Äußerung zu Recht nicht ankommt[534].

aa) Bundesrepublik Deutschland

In Deutschland war die Gegendarstellung zunächst, entsprechend den Grundgedanken der Französischen Revolution, ein reines Abwehrrecht des Bürgers. Er sollte vor dem wachsenden Einfluß des Massenmediums Presse geschützt werden, indem er seinen Standpunkt vor dem gleichen Leserpublikum darstellte[535]. Dieser Gedanke ist bis heute im wesentlichen gleich geblieben, da die Unzulänglichkeiten eines strafrechtlichen Schutzes allgemein anerkannt sind.

Im deutschen Partikularrecht vor 1871 sowie bei den Diskussionen um das RPG tauchte dagegen immer wieder das Interesse des Staates an einem Funktionieren der öffentlichen Ordnung im Pressebereich auf. Daraus erklärt sich u. a. die Diskussion um den öffentlich-rechtlichen bzw. zivilrechtlichen Charakter des Anspruchs[536]. Erst seit den Ausführungen von *Kitzinger* haben Rechtsprechung und Lehre mit unterschiedlichen Begründungen anerkannt, daß das Persönlichkeitsrecht des Betroffenen das an erste Stelle zu schützende Rechtsgut sei. Nach dem Grundsatz des „audiatur et altera pars“ sollte Waffengleichheit zwischen dem Einzelnen und der Presse erreicht werden[537]. Nach der hier vertretene Auffassung handelt es sich dabei um das „Recht auf Identität“, nach dem das Persönlichkeitsbild eines Individuums vor Verfälschungen bewahrt werden soll. Erst subsidiär wird auch das Interesse der Allgemeinheit an einer objektiven Berichterstattung geschützt.

---

[534] BRD: Vgl. BGH in NJW 1964, 1132, 1134 m. w. N. Vgl. auch oben Punkt I. Teil C. 1. – USA: Vgl. Red Lion v. FCC 381 F. 2nd 908 (D. C. Cir. 1967); Belser, aaO. S. 219, da das Right of reply sich nicht nach den Grundsätzen des „Law of defamation“ richtet. A. A. Note 56 Geo. L. J. 547, 552 (1968).

[535] Vgl. § 11 des Französischen Pressegesetzes von 1822.

[536] Vgl. Haentzschel, aaO. § 11 RPG Anm. 1 und 2 („Zweck ... ist, [u. a.] das staatliche Leben vor Erschütterungen zu bewahren“). Von der Rechtsprechung nach 1945 zuletzt vertreten von BGH in GRUR 1952, 412.

[537] Kitzinger, Kommentar, aaO. § 11 RPG Anm. I mit vielen Nachweisen. Grundlegend: BGH in NJW 1963, 151 = UFITA Bd. 40 (1963) S. 141; NJW 1963, 1155 = UFITA Bd. 40 (1963) S. 183 (gesetzlich näher ausgestalteter Rechtsschutz des allgemeinen Persönlichkeitsrechts auf einem Sondergebiet).

Die aus der Veröffentlichung der Gegendarstellung resultierende Belastung für die Massenmedien begegnet keinen verfassungsrechtlichen Bedenken.

bb) USA

Anders verhält es sich in den USA, wo die überragende Bedeutung der durch das Erste Amendment der Bill of Rights geschützten Meinungsfreiheit einen höherwertigen Schutz des Individuums nicht anerkennen konnte. So existiert, abgesehen von den Regelungen in Nevada und Mississippi, noch kein Right of reply für die Presse. Auch dessen Einführung im Bereich des Rundfunks wäre ohne die chaotische Situation in den zwanziger Jahren nicht denkbar gewesen. Erst das System der staatlichen Lizenzerteilung sowie die erforderliche staatliche Kontrolle über den kommerziell ausgerichteten, privaten Rundfunk ermöglichten es in einer fast fünfzigjährigen Entwicklung, über den Schutz politischer Kandidaten (§ 315 Communications Act und Equal Opportunity Provisions) und allgemeine Ausgewogenheitsprinzipien (Fairness Doctrine) zu einem rundfunkrechtlichen Right of reply für den Einzelnen zu gelangen.

Dieser Anspruch läßt sich verfassungsrechtlich eben nur mit der herausgehobenen Stellung des Lizenzträgers als eines „trustee" der Öffentlichkeit sowie dem Interesse an einer umfassenden, objektiven Berichterstattung seitens des Rundfunks halten[538]. Zwar hielt die Entwicklung faktisch auf ein Recht des Einzelnen auf einen „access to the mass media", sie ist aber immer nur Ausfluß des vorrangigen Schutzes der Allgemeinheit. Dennoch kommen die Maßnahmen der FCC, die dem Interesse der Öffentlichkeit dienen sollen, letztlich dem Schutz des Einzelnen zugute[539]. Es waren in den USA also überwiegend praktische Notwendigkeiten, die die Entwicklung des Anspruchs auslösten, und nicht der ungenügende Schutz des Einzelnen durch das „law of defamation" oder die „retraction statutes". Vielmehr wurden Versuche, ein allgemeines Right of reply in das Gesetz aufzunehmen, ausdrücklich verworfen[540], und auch die Arbeiten der Commission on

---

[538] Red Lion v. FCC/U. S. v. RTNDA 395 U. S. 367, 390 (1969) = UFITA Bd. 58 (1970) S. 363. (Vgl. Report 1949, aaO., S. 1249: „It is the right of the public to be informed ... which is the foundation stone of the American system of broadcasting."

[539] Vgl. Barron, 37 Geo. Wash. L. Rev. 487 ff. (1969); Botein, aaO. S. 294 ff. m. w. N.

[540] Barrow, aaO. S. 452/453. House Staff Study aaO. S. 9 ff. m. w. N.

Freedom of the Press wurden bislang nicht in legislative Maßnahmen umgesetzt[541].

Es verdient festgehalten zu werden, daß das Gegendarstellungsrecht ungeachtet aller Unterschiede im Kern ein demokratisches Recht ist, das in demokratschen Staaten entstanden und in seiner heutigen Ausformung in totalitären Staaten kaum denkbar ist[542].

b) Entwicklung und heutige Stellung des Anspruchs

Aus der Wertung des geschützten Rechtsgutes sowie aus der Ordnung des Rundfunkwesens ergeben sich auch die geltenden administrativen bzw. gesetzlichen Regelungen des Anspruchs.

aa) Bundesrepublik Deutschland

Weder die Entwicklung des Rundfunkwesens noch die verfassungsrechtliche Situation in der Bundesrepublik lassen sich mit den USA vergleichen. So war es dem Bund gemäß Art. 30 und 70 Abs. 1 GG verwehrt, presse- und rundfunkrechtliche Fragen in Bundeskompetenz zu lösen. Auch die Entstehung der deutschen Rundfunkanstalten nach dem Krieg in verschiedenen Besatzungszonen und Bundesländern auf verschiedenen rechtlichen Grundlagen mußte zunächst zwangsläufig zu unterschiedlichen Regelungen führen. Es ist aber schwer verständlich, daß zwanzig Jahre später immer noch keine einheitliche Fassung des Gegendarstellungsrechts vorliegt. Hierin zeigt sich ein wesentlicher Nachteil eines immobilen Föderalismus. Es ist den Bundesländern nicht einmal gelungen, den in mehreren Jahren gemeinsam erarbeiteten Modellentwurf für ein Landespressegesetz von 1963 einheitlich in allen Ländern zu übernehmen. Ein längeres Schreiben des Bundesinnenministers an die Länder mit zahlreichen, dringenden Hinweisen auf die unbefriedigende gesetzliche Regelung des rundfunkrechtlichen Gegendarstellungsrechts wurde nicht einmal beantwortet[543]. Stattdessen entwarfen die ARD-Anstalten unverbindliche „Empfehlungen" zur Handhabung des Gegendarstellungsrechts, und im übrigen verweist man auf eine entsprechende Anwendung presserechtlicher Grundsätze.

Ein Rechtsinstitut erfüllt aber nur dann das Postulat nach Klarheit und Sicherheit, wenn für den Betroffenen eindeutig erkennbar ist, welche Ansprüche geltend zu machen sind und wie er möglicherweise eine

---

[541] Vgl. oben Punkt II. Teil A. 1. c) und 2.

[541] Vgl. zu den Regelungen in Osteuropa H a a s e - B e c h e r , aaO. S. 152 ff.

[543] Der Bundesminister des Innern, Gesch.-Z.: K 8 — 340 103 — 4/1 — vom 28. Juli 1969 an die Herren Minister (Senatoren) für Inneres der Länder.

gerichtliche Klärung erreichen kann. Es geht nicht an, durch umständliche und teilweise bestrittene Analogieschlüsse Grundfragen eines Anspruchs klären zu müssen. Ein solches Recht dient nicht mehr der Rechtssicherheit, sondern hält den Berechtigten davon ab, seinen Anspruch geltend zu machen. Nicht zuletzt deswegen ist in der Praxis die Wirksamkeit des Anspruchs auch stark eingeschränkt.

Abgesehen von inhaltlichen Unklarheiten widersprechen sich aber auch geltende Bestimmungen (HR und RB), für Stationen eines Bundeslandes gelten unterschiedliche Regelungen (SDR und SWF), und für eine Station ist sogar zusätzlich kraft Gesetzes die Gegendarstellung nach heutigem Verständnis an sich ausgeschlossen (SDR). Dem Rechtskundigen wird es daher kaum gelingen, im Gestrüpp der Verweisungen und Zuständigkeiten ohne Hilfe eines Rechtsanwalts das für seinen Anspruch eingreifende Gesetz zu finden. Die wesentlichen Nachteile des deutschen Gegendarstellungsrechts im Rundfunk liegen somit vor allem in seiner sehr verschiedenen und unübersichtlichen äußeren Gestaltung. Diese Schwierigkeiten ergeben sich in den USA nicht. Die gegenwärtige Situation wird von der Lehre übereinstimmend für unbefriedigend gehalten[544]. Eine denkbare Rechtsfortentwicklung des Anspruchs durch die Rechtsprechung muß aber solange Theorie bleiben, wie es kaum zu Verfahren über das rundfunkrechtliche Gegendarstellungsrecht kommt. Es wären daher eine dringende Aufgabe der Landesgesetzgeber, zu handeln.

bb) USA

Das amerikanische Rundfunksystem erforderte zwangsläufig eine staatliche Behörde, die mit bundesrechtlicher Kompetenz die Ausführung des Communications Act überwachte[545]. Aus der Stellung der FCC als einer „independent regulatory agency" folgte aber, daß diese nicht nur eine passive Kontrolltätigkeit ausübte, sondern im Rahmen der ihr gemäß §§ 154 i) und 303 r) Communications Act (public convenience, interest, or necessity) erteilten Ermächtigung aktiv den Anspruch weiterentwickelte und auf verwandte Gebiete ausdehnte. Die FCC füllt dabei zunächst durch informelle „rulings" Generalklauseln aus, stellt diese nach einiger Zeit in einer Sammlung zusammen und

---

[544] Vgl. H a e n s e l , aaO. S. 249; K u p k e , aaO. S. 245. Vgl. auch H e l l e , der auf die einfache Handhabung des § 11 RPG verweist. A. A. lediglich B e r g, aaO.

[545] Im allgemeinen ist in den USA der Föderalismus zur Zeit noch wesentlich stärker ausgeprägt als in der Bundesrepublik.

erläßt sie später nach praktischer Bewährung als formelle „rules and regulations". So entstanden auf dem Weg über zahlreiche Entscheidungen zu Einzelfragen, insbesondere der Fairness Doctrine, schließlich die in „rules and regulations" gefaßten Bestimmungen der Personal Attack Provisions, deren Verfassungsmäßigkeit trotz der Entscheidung des Supreme Court keinesfalls als unbestritten gelten kann. Neue Einzelregelungen und Definitionen gingen aber immer nur von der FCC aus, während sich die Rechtsprechung bislang auf die Nachprüfung der Verfassungskonformität beschränkte.

Selbst die Unbestimmtheit einzelner Tatbestandsmerkmale sowie die rechtliche Unsicherheit ändern aber in der Praxis nichts daran, daß dem Betroffenen eine einheitliche bundesrechtliche Regelung für alle fünfzig Bundesstaaten der USA zur Verfügung steht, für deren Ausführung und Weiterentwicklung zentral nur eine Behörde verantwortlich ist.

2. Voraussetzungen der Geltendmachung

Die folgenden Erörterungen sollen sich für den amerikanischen Teil lediglich auf die Personal Attack Provisions beschränken. Sowohl die Equal Opportunity Provisions als auch die Fairness Doctrine berühren in ihren Einzelregelungen Bereiche, die im deutschen Rundfunk in den Programmgrundsätzen der Anstalten niedergelegt sind. Manche dieser Regelungen – wie z. B. die Vorschriften über politische Kandidaten – wären auch überflüssig, da die Ausgewogenheit des Programms von den Kontrollgremien der einzelnen Anstalten gewährleistet wird.

a) Beteiligte

aa) Betroffener/Angegriffener

Anspruchsberechtigt ist in den USA eine näher bezeichnete Person oder Gruppe (identified person or group). Obwohl sich zu dieser Frage keine Entscheidungen der FCC finden, dürfte sie der Person oder Stelle des deutschen Rechts entsprechen. Der Anspruchsberechtigte muß von den Hörern oder Zuschauern erkannt werden, ohne daß es einer direkten namentlichen Nennung bedarf. Der Kreis der Anspruchsberechtigten ist insoweit ausreichend abgegrenzt.

Eine wesentliche Einengung gegenüber dem deutschen Recht erfährt die amerikanische Regelung aber durch die Forderung, daß ein Angriff auf Ehre, Charakter, Rechtschaffenheit oder ähnliche persönliche Merkmale (honesty, character, integrity, or like personal qualities) vorliegen müsse. Hier ist die deutsche Fassung vorzuziehen, die lediglich ein „Betroffensein" verlangt und somit auch günstige Äußerungen erfaßt. Aber selbst der Informationsanspruch der Allgemeinheit als primär zu schützendes Rechtsgut in den USA erfordert nicht zwingend eine derartige Beschränkung auf Kosten des Einzelnen. Zwar greift der Anspruch auch bereits vor einer Beleidigung ein, läßt aber viele Tatbestände unberücksichtigt, die die deutsche Fassung zu Recht schützt. Soweit beim DLF, der DW, dem ZDF, BR und SDR nicht ein unmittelbares Betroffensein verlangt wird, sollten diese Formulierungen nach völlig unbestrittener Ansicht zugunsten einer Mittelbarkeit geändert werden[546].

bb) Veranstalter der Sendung/Lizenzträger

Vorbildlich ist die amerikanische Regelung allerdings hinsichtlich der Person des Verpflichteten. Grundsätzlich richtet sich der Anspruch allein gegen den Lizenzträger der ausstrahlenden Anstalt, d. h. die Person oder Gesellschaft, an die seitens der FCC die Lizenz zum Betrieb der Station verliehen ist. Da diese Frage im deutschen Recht wesentliche Schwierigkeiten bereitet, sollte als Adressat des Anspruchs ebenso ausschließlich die Rundfunkanstalt gelten, die die anspruchsbegründende Sendung ausgestrahlt hat. Der analog presserechtlichen Bestimmungen geschaffene Begriff des „verantwortlichen Sendeleiters" bereitet unnötige Komplikationen und erschwert allenfalls die Durchsetzung des Anspruchs[547]. Man könnte also entweder die Anstalt, vertreten durch den Intendanten (BR, SFB, SWF) oder den Veranstalter der Sendung verpflichten, wobei hierunter immer nur die sendende Anstalt verstanden werden müßte. Man umginge dadurch teilweise das Problem der Gemeinschaftsprogramme und schwierige Fragen der Durchsetzbarkeit (gesamtschuldnerische Haftung, Gerichtsstand, Interlokales Recht).

b) Anspruchsbegründende Äußerungen

aa) Berechtigtes Interesse/Streitfragen des öffentlichen Interesses

Dem berechtigten Interesse des deutschen Rechts als Korrektiv vor einem Rechtsmißbrauch entspricht mit einer wesentlich stärkeren Be-

---

[546] Vgl. Löffler, Kommentar, aaO. § 11 LPG Rdz. 46, 47 ff. m. w. N. Unverständlich erscheint in diesem Zusammenhang die Forderung von Kübler, den Anspruch um die „Aktivlegitimation von Gruppen" sowie eine „Gegendarstellung gegenüber aggressiven Meinungsäußerungen" zu erweitern; vgl. Kübler in Tempel, aaO. S. 19.

[547] Vgl. oben Punkt I. Teil D. 1. b).

tonung des Interesses der Allgemeinheit beim Right of reply die Forderung nach Streitfragen des öffentlichen Interesses (views on a controversial issue of public importance), in deren Rahmen die fragliche Äußerung gefallen sein muß. Diese Bestimmung wäre mit dem deutschen Recht nicht vereinbar, da sie den Einzelnen selbst bei extensiver Auslegung häufig schutzlos stellen würde[548]. Auch in den USA wird der „Angriff" dadurch nämlich selbst zum Gegenstand des öffentlichen Interesses, während das deutsche Recht auf das Interesse des Einzelnen abstellt[549].

bb) Tatsachen und Meinungen

Es fragt sich aber, ob das Gegendarstellungsrecht nicht auch auf Meinungen erstreckt werden sollte, wie dies beim Right of reply der Fall ist (attack)[550]. Dies wäre allerdings nur über eine Gesetzesänderung möglich, da alle Vorschriften von Tatsachenbehauptungen ausgehen. *Haase-Becher* unternahm in jüngster Zeit, entgegen der gesamten herrschenden Meinung, den Versuch, die Ausdehnung auf Meinungsäußerungen zu rechtfertigen[551].

Gewiß ersetzen die von der h. M. behaupteten Konsequenzen eines solchen Schrittes noch keine Begründung. So meint *Löffler*, die Presse würde andernfalls zu einem „Tummelplatz öffentlicher Polemik"[552], und *Berg* hält „eine freie und ungehinderte Publizistik ... schlechthin (für) nicht mehr möglich"[553]. Diese Annahme ist unbewiesen. Es steht jedenfalls fest, daß ein solches Ergebnis weder in Frankreich noch in den USA eingetreten ist[554]. *Haase-Becher* weist zutreffend auf die Schwierigkeit der Abgrenzung zwischen Tatsachen und Meinungen hin, die sich nur noch für den Einzelfall treffen lassen, da es keine allgemeingültigen Unterscheidungskriterien mehr gebe[555]. Schließlich ist es

---

548 Vgl. die Beispiele zum Right of reply oben Punkt II. Teil D. 3. d) cc).

549 Vgl. Memorandum Opinion and Order vom 10. Juli 1967, aaO. Ziff. 9 und 10.

550 Vgl. Nelson/Teeter, aaO. S. 416. So auch bereits die Forderung von Donelly, aaO. S. 899 und Leflar, aaO. S. 442/443.

551 aaO. S. 180 ff. m. w. N.; vgl. dies. ebd. S. 39 ff.

552 Kommentar, aaO. § 11 LPG Rdz. 108; vgl. ders. ebd. Rdz. 81 ff.; Scheer, aaO. § 11 nds. PresseG Erl. V. Vgl. u. a. Greiff in NJW 1950, 241; ders. in NJW 1963, 1137. Auch die Bundesregierung hat sich wegen ähnlicher Befürchtungen gegen eine Erweiterung ausgesprochen; vgl. BT-Drucksache V/4247 S. 2 Punkt c).

553 aaO.

554 Haase-Becher, aaO. S. 184/185. Vgl. RTNDA v. FCC 400 F. 2nd 1002, 1010 (7th Cir. 1968); Brief for Respondents CBS, aaO. S. 22 ff.

555 aaO. S. 186 ff. mit zahlreichen Nachweisen zur Rechtsprechung. Vgl. auch

auch richtig, daß das Recht auf Identität ebensogut durch Meinungsäußerungen verletzt werden kann, und eine Gegendarstellung auch gegenüber Meinungen den idealen Fall einer Waffengleichheit bilden würde.

Soweit ersichtlich, existieren im Schrifttum überhaupt nur drei Stimmen, die versuchen, eine Begründung für die Beschränkung auf Tatsachenbehauptungen zu geben. Die übrigen erwähnen lediglich zutreffend die entgegenstehenden praktischen Konsequenzen wie eine Überhäufung der Massenmedien mit Gegendarstellungen, eine dadurch bedingte unangemessene Erschwerung ihrer öffentlichen Aufgabe und schließlich eine Abstumpfung der Waffe des Gegendarstellungsrechts[556]. Die Argumentation von *Köbl* — Beweisgeeignetheit, Wahrheit oder Unwahrheit — ist zwar konsequent, bezieht sich aber auf die von ihm entwickelte und hier abgelehnte Konstruktion der Gegendarstellung als einer „Vorstufe" des negatorischen Anspruchs auf Widerruf[557].

Gehrhardt fügt der h. M. zusätzlich das Argument hinzu, bei einer Ausdehnung auf Meinungsäußerungen lasse sich der Kreis der Betroffenen nicht mehr abgrenzen[558]. Diesem Einwand hält *Wenzel* zu Recht entgegen, daß nach der h. M. ein individuelles Betroffensein erforderlich ist[559]. Auch der weitere Einwand von *Gehrhardt*, die Gegendarstellung sei ein Eingriff in die Pressefreiheit, die gesetzliche Grundlage sei daher ein „allgemeines Gesetz" im Sinne von Art. 5 Abs. 2 GG und die Ausdehnung auf Meinungen rechtfertige diesen Eingriff nicht mehr (Übermaßverbot)[560], erscheint weniger überzeugend. Ohne auf die Problematik im Rahmen dieser Arbeit näher einzugehen, sei jedoch festgestellt, daß „allgemeine Gesetze" keine Eingriffe darstellen, die nur bei einer Rechtfertigung zulässig sind[561].

Der eigentliche Grund für die Beschränkung auf Tatsachenbehauptungen dürfte in der von *Wenzel* aufgezeigtenProblematik liegen[562]. Nicht

---

die Ausführungen oben Punkt I. Teil D. 2. a). Ähnlich für die USA: Donelly, aaO. S. 899 m. w. N. und Leflar, aaO. S. 442.

556 Vgl. BT-Drucks. V /4247 S. 2 Punkt c).

557 aaO. S. 50 und S. 116. Vgl. oben Punkt I. Teil C. 2. d).

558 aaO. S. 65.

559 AfP 4/71 S. 161. Vgl. auch die oben unter Punkt I. Teil D. 1. a) bb) angeführten Quellen.

560 aaO. S. 66.

561 Vgl. hierzu ausführlicher Wenzel, Handbuch, aaO. S. 31 ff.; vgl. auch Köbl, aaO. S. 137 ff.

562 AfP 4/71 S. 162/163.

so sehr die Zunahme der Gegendarstellungen wäre bedenklich, wie die h. M. behauptet, sondern die Aufblähung ihres Umfangs. Es gäbe dann nämlich kaum noch Kriterien, die Erwiderung auf das notwendige Maß zu reduzieren. Auch prozessual müßte der Antragsteller nicht mehr zumindest behaupten, die fraglichen Äußerungen seien falsch, womit auch das Korrektiv der offensichtlichen Unwahrheit entfiele. Die Gegendarstellung, die materiell (formeller Anspruch) und prozessual (besonderes Verfahren der einstweiligen Verfügung) der zügigen Durchsetzung des Rechts des Betroffenen dient, muß daher auf der anderen Seite im Interesse einer wirklichen Waffengleichheit Schranken zugunsten des Anspruchsverpflichteten enthalten. Eine Erweiterung der Gegendarstellung auf Meinungen ist mit dem Charakter des Anspruchs nicht vereinbar und ist daher – auch aus praktischen Gründen – abzulehnen.

cc) Äußerungen strafbaren Inhalts

Das amerikanische Recht enthält in den Personal Attack Provisions keine ausdrückliche Bestimmung, daß der Lizenzträger für eine Erwiderung mit strafbarem Inhalt nicht haftet. Daher lassen sich die Rundfunkanstalten vom Angegriffenen vor der Sendung seiner Erwiderung eine haftungausschließende Erklärung unterschreiben[563].

Wegen des stärkeren Zwangscharakters der Equal Opportunity Provisions wurde der Lizenzträger allerdings in diesem Zusammenhang durch die Rechtsprechung von der Verantwortlichkeit freigestellt[564]. Die deutsche Regelung, die Gegendarstellungen mit strafbarem Inhalt von vorneherein nicht zuläßt, ist jedoch wesentlich klarer und daher vorzuziehen.

---

[563] Vgl. das Muster von CBS New York, Personal Release Form: „In Anbetracht der Tatsache, daß sie meine Stellungnahme über Ihre Station ... senden wollen (zur Zeit für den ... geplant), erkläre ich folgendes: Ich stelle Sie und Ihre Tochtergesellschaften, jede Station, die diese Sendung übernimmt, jeden damit befaßten Verantwortlichen, jeden Direktor, Vermittler, Aktionär und Angestellten von allen Ansprüchen, Schadensersatzforderungen, von jeglicher Haftung sowie Kosten und Ausgaben einschl. angemessener Anwaltsgebühren frei, die durch oder in Verbindung mit dieser Sendung entstehen und in jeder nur denkbaren Weise mit dem zusammenhängen, was ich oder ein von mir beauftragter Vertreter an Material für diese Sendung anliefern oder selbst sagen. Diese Erklärung verpflichtet Sie in keiner Weise, Sendezeit zur Verfügung zu stellen."

[564] Farmers Educational and Cooperative Union of America v. WDAY 360 U. S. 525, 527 ff. (1932) a. A. Sorensen v. Wood 243 N. W. 82 (1932). Vgl. zur Entwicklung F r i e d e n t h a l / M e d a l i e, aaO. S. 478 ff.

c) Ausschließende Tatsachen

Die für die Personal Attack Provisions geltenden ausschließenden Tatsachen lassen sich nicht auf das deutsche Recht übertragen. Für eine Ausnahme gegenüber Äußerungen politischer Kandidaten oder ihrer Sprecher besteht keine Notwendigkeit. Sie erklärt sich in den USA aus den Sonderbestimmungen der Equal Opportunity Provisions. Unverständlich ist in den USA der Ausschluß von Ausländern. Das deutsche Recht dagegen schützt jeden Betroffenen, nicht nur den Staatsbürger. Es besteht kein Anlaß, Ausländer von diesem Schutz auszunehmen[565].

Ebensowenig eignet sich eine Ausnahmeregelung für in gutem Glauben (bona fide) als Nachrichtensendungen angelegte Programme. Zunächst gehört es zum Wesen des Gegendarstellungsrechts, daß es wegen seines formellen Charakters eben nicht auf ein rechtswidriges oder schuldhaftes Verhalten ankommt[566], also ein guter Glaube auch nicht haftungausschließend wirken kann. Es ist schließlich auch nicht ersichtlich, warum bei einer beizubehaltenden Beschränkung auf Tatsachenbehauptungen Nachrichtensendungen ausgeklammert werden sollten, die erfahrungsgemäß einen großen Teilnehmerkreis aufweisen.

3. Erfüllung

Die Frage der Erfüllung des Anspruchs ist bei den einzelnen Bestimmungen der USA im wesentlichen generalklauselartig geregelt. Dies mag bei der ständigen Überwachung und Einschaltung der FCC angehen, es würde nach deutschem Recht aber nicht dem Erfordernis der gerichtlichen Nachprüfbarkeit genügen. Grundsätzliche Rechte und Pflichten sollten daher verbindlich durch ein Gesetz formuliert sein, während spezielle, in der Entwicklung begriffene Detailfragen der Rechtsfortbildung durch Praxis und Rechtsprechung überlassen werden können.

a) Geltendmachung und Umfang

Bei den Equal Opportunity Provisions hat der Betroffene selbst seinen Anspruch innerhalb einer Woche nach der anspruchsbegründenden Sendung geltend zu machen, bei den Personal Attack Provisions muß der Lizenzträger innerhalb einer Woche den Betroffenen unterrichten[567]. Beide Regelungen betonen damit die Forderung nach Aktuali-

---

[565] U S A : Vgl. oben Punkt II. Teil D. 3. d) dd). B R D : Vgl. oben Punkt I. Teil D. 1. a) aa).

[566] Vgl. die oben unter Punkt I. Teil C. 2. c) aa) angeführten Quellen.

[567] Gem. Abs. (c) der „rules and regulations" gelten für „political editorials" sogar darüber hinaus verkürzte Fristen.

tät der Erwiderung. Um allen denkbaren Fällen gerecht zu werden, sollte man es im deutschen Recht jedoch bei einer „unverzüglichen" Geltendmachung ohne besondere Fristen belassen, die ein schuldhaftes Zögern ausschließt (§ 121 Abs. 1 Satz 1 BGB). Die für den NDR, RB, SR und WDR geltende dreimonatige Ausschlußfrist ist insoweit bei einer flexiblen Auslegung des Begriffs entbehrlich, da bei längeren Zeiträumen kaum noch ein berechtigtes Interesse des Betroffenen vorliegen dürfte.

In den Personal Attack Provisions ist die Frage des Umfangs der Erwiderung nicht geregelt, wenn man von der allgemeinen Forderung nach einer „angemessenen Möglichkeit" (reasonable opportunity) absieht. Auch hier erscheint die deutsche Regelung zweckmäßiger. Grundsätzlich sollte eine Gegendarstellung zwar nicht mehr angemessen sein, wenn der Umfang wesentlich über den beanstandeten Teil der Sendung hinausgeht. Legt man jedoch im Einzelfall einen großzügigen Maßstab an, wird man den Interessen beider Parteien gerecht werden können. Zum Vorschlag von *Haase-Becher*, den Umfang absolut-zahlenmäßig festzulegen, besteht bei der gegenwärtigen Handhabung des Anspruchs keine Notwendigkeit[568].

b) Verpflichtung der Rundfunkanstalt

Die Verpflichtung eines Lizenzträgers, den Betroffenen über den Zeitpunkt der anspruchsbegründenden Sendung sowie durch Manuskript oder Tonband über deren Inhalt zu unterrichten, würde nach deutschem Recht eine ungerechtfertigte Erschwerung der Tätigkeit der Rundfunkanstalten darstellen[569]. Soll nämlich primär der Einzelne geschützt werden, so ist es ihm zuzumuten, das Verfahren selbst in Gang zu setzen. Selbst wenn er erst später von anderen über die fraglichen Äußerungen informiert werden sollte, bestände bei einer unverzüglichen Geltendmachung immer noch ein berechtigtes Interesse an der Verbreitung seiner Gegendarstellung. Man müßte jedoch auch bei uns den Betroffenen in die gleiche Ausgangslage wie bei der Presse versetzen und ihm auf Wunsch das fragliche Material zugänglich machen.

---

[568] aaO. S. 191/192 unter Hinweis auf andere ausländische Rechtsordnungen. So auch bereits Chafee, aaO. S. 192 ff.; Leflar, aaO. S. 444. Vgl. auch oben Punkt I. Teil D. 3. b) cc).

[569] Bei der Fairness Doctrine hat der Lizenzträger möglicherweise sogar bereits vor der Sendung die Verpflichtung, geeignete Personen für eine Erwiderung auszuwählen; vgl. oben Punkt II. Teil D. 2. d). A. M. aber für das deutsche Recht Kübler in Tempel, aaO. S. 19, der eine Erweiterung hinsichtlich eines „Anspruchs des Betroffenen auf Information" fordert.

Das setzt aber auch voraus, daß die Rundfunkanstalten gesetzlich verpflichtet werden, Aufzeichnungen ihrer Sendungen – wie heute bereits der DLF, die DW, das ZDF sowie der SR – für eine gewisse Zeit aufzubewahren.

Positiv ist allerdings die amerikanische Praxis, den Betroffenen bei der Gestaltung seiner Erwiderung zu beraten, ohne allerdings deren Inhalt zu beeinflussen. Da es sich hierbei um technische und programmäßige Fragen handelt, tritt das deutsche Problem eines Interessenkonflikts bei einer Mitwirkung der Rundfunkanstalt nicht auf. Ferner garantiert die strenge Aufsicht der FCC, daß die Modalitäten der Ausstrahlung – Zeit, Dauer, Ort, Art und Weise, bildliche Darstellungen – durch die Generalklausel der „angemessenen Möglichkeit" zufriedenstellend geregelt werden. Da eine derartige Behörde in Deutschland fehlt und selbst eine Einstweilige Verfügung die Anstalt ohne weitere Nachteile – wie die FCC – lediglich zur Ausstrahlung der Gegendarstellung verpflichten kann, kommt das deutsche Gesetz ohne nähere Regelungen nicht aus[570]. Diese Bestimmungen sind im wesentlichen befriedigend, abgesehen von dem ungelösten Problem der nur in größeren Abständen wiederkehrenden Seriensendungen. Man sollte hierbei aber auf einer Erwiderung im gleichen Medium bestehen und die Rundfunkanstalt nicht ermächtigen, diese notfalls auch in der Presse vor einem völlig anderen Publikum zu publizieren[571]. – Der Herstellung der Waffengleichheit würde es auch dienen, wenn alle Bestimmungen – wie heute schon bei DLF, DW und ZDF – eine Erwiderung auf die Gegendarstellung am gleichen Tage untersagen würden.

Schließlich hat die FCC eindeutig bestimmt, daß der Anspruch auch bei der Übernahme fremder Programme besteht[572]. Dieses Problem ließe sich in Deutschland – wie dargestellt – durch eine erweiterte Definition des „Veranstalters der Sendung" begegnen. – Die Erwiderung erfolgt in den USA grundsätzlich kostenlos, wobei der Betroffene jedoch die in seiner Sphäre anfallenden Kosten selbst zu tragen hat. Dieser Grundsatz sollte bei Zweifelsfällen auch im deutschen Recht angewandt werden[573].

---

570 Vgl. Haase-Becher, aaO. S. 192/193.

571 So aber Chafee, aaO. S. 192 ff. Vgl. auch Jaffe, aaO. S. 552 und in House Hearings, aaO. S. 156/157.

572 Memorandum Opinion and Order vom 10. Juli 1967 aaO. Ziff. 6–8 m. w. N. zu früheren „rulings".

573 Vgl. oben Punkt I. Teil D. 4. c). Nur bei den Equal Opportunity Provisions ist

c) Mitwirkung des Betroffenen

Beim Right of reply stellt sich das Problem einer Mitwirkung des Betroffenen in der Sendung nicht, da dieser in der Regel selbst auftritt und seine Erwiderung vorträgt; gleiches gilt sinngemäß auch für bildliche Darstellungen. Die Frage hat allerdings Bedeutung für das deutsche Recht, wo sich ein solcher Anspruch allenfalls de lege ferenda aus den gesetzlichen Bestimmungen herleiten läßt[574].

Es sind für den Hörfunk kaum, für das Fernsehen aber in stärkerem Maße Ausnahmefälle denkbar, bei denen dem Sinn des Anspruchs nur durch ein persönliches Auftreten des Betroffenen bzw. eine von ihm selbst produzierte Gegendarstellung genügt werden kann. Dem steht auch nicht zwingend der Wortlaut der gesetzlichen Vorschriften entgegen, die sich entweder an der besonderen Situation der Presse oder an den technischen Möglichkeiten des Hörfunks orientieren. Danach ist zwar der Veranstalter zur Sendung der Gegendarstellung verpflichtet, was sich aber ebensogut auch als technisch-organisatorische Verpflichtung verstehen läßt, die die Programmhoheit und die allgemeine redaktionelle Verantwortlichkeit des Veranstalters unberührt läßt. Es gibt aber praktische Gründe, die ein solches Verfahren im allgemeinen verhindern. Für den „gewöhnlichen" Betroffenen ist es mit vielen Schwierigkeiten verbunden, einen den rundfunkmäßigen Anforderungen entsprechende Gegendarstellung zu sprechen bzw. zu produzieren. Für eine Eigenproduktion werden ihm im allgemeinen die journalistischen und technischen Mittel fehlen, Fremdproduktionen wird er nicht finanzieren können. Da die Rundfunkanstalten in diesem Bereich nicht zur Mithilfe verpflichtet sind, würde dieses Recht am Ende nur wohlhabenden Personen zugute kommen. Schließlich dürfte bei Filmberichten häufig gegen das Gebot „Tatsachen gegen Tatsachen" verstoßen werden. Es käme zwangsläufig zu gerichtlichen Verfahren, wodurch die endgültige Erfüllung des Anspruchs über die bloße Verzögerung durch die Produktion des Filmberichts weiter hinausgeschoben würde.

Wegen dieser Schwierigkeiten sowie der geringen praktischen Bedeutung erscheint eine Änderung des geltenden Rechts so lange nicht erforderlich, wie die Rundfunkanstalten Ausnahmefälle flexibel und zufriedenstellend handhaben.

---

gem. § 315 Abs. (b) Communications Act sowie Abs. (c) der „rules and regulations" der für die Werbung geltende niedrigste Staffelpreis zu zahlen.

[574] Vgl. oben Punkt I. Teil D. 4. b) cc).

4. Gerichtliche Durchsetzung

Der FCC stehen im Rahmen der Lizenzvergabe mehrere Maßnahmen zur Verfügung, die sich allerdings nicht zur zwangsweisen Durchsetzung einer Erwiderung im Einzelfall eignen. Auch ihre quasi-richterlichen Maßnahmen, die mehr Strafcharakter tragen, stellen keine geeigneten Zwangsmittel für die Regelung des einzelnen Anspruchs dar. Vielmehr beruht die unbestrittene Wirksamkeit ihrer Entscheidungen auf der bloßen Existenz dieser Möglichkeiten. Daher schadet es auch in der Praxis nicht, daß der Betroffene selbst zur zwangsweisen Durchsetzung seiner Erwiderung nicht gerichtlich gegen die Station vorgehen kann.

Abgesehen vom Nichtvorhandensein einer der FCC vergleichbaren Behörde wäre das Fehlen einer jeglichen gerichtlichen Nachprüfbarkeit für das deutsche Recht schlechthin unvorstellbar. Die Regelung in den USA blieb zwar auch nicht ohne Kritik, erklärt sich aber aus der eigentümlichen Stellung der FCC innerhalb der Exekutive und ihrer Aufgabe. Aber trotz im wesentlichen eindeutiger Kodifizierung der zwangsweisen Durchsetzung des Gegendarstellungsanspruchs im deutschen Recht genießt der Betroffene faktisch einen geringeren Schutz[575].

a) Besondere Probleme des Verfahrens

Eine den Strafsanktionen der FCC vergleichbare Regelung bietet sich neben grundsätzlichen Erwägungen – es würde sich allenfalls um Ordnungswidrigkeiten, nicht aber um strafbares Unrecht handeln – auch deswegen nicht an, da sie die schnelle Durchsetzung des Anspruchs nicht ermöglichen könnte[576]. Um einer Verzögerungstaktik durch die Massenmedien vorzubeugen, muß daher vielmehr das besondere Verfahren der Einstweiligen Verfügung in allen Regelungen einheitlich so ausgebaut werden, daß es den bereits heute von der h. M. geforderten Qualifikationen entspricht. Wie es auch die FCC vor einem Eingreifen ihrerseits verlangt[577], sollte die vergebliche Geltendmachung als Prozeßvoraussetzung allgemein anerkannt werden[578]. Ferner sollten die Bestimmungen – wie schon beim DLF und der DW – ein Hauptverfahren ausdrücklich ausschließen, und die Gefährdung des Anspruchs sollte im Interesse einer schnellen Durchsetzung nicht glaubhaft gemacht werden müssen. Die für das amerikanische Recht

[575] Vgl. das bei R e u m a n n , aaO. S. 21 angeführte Beispiel.
[576] Vgl. ausführlicher H a a s e - B e c h e r , aaO. S. 199/200; dies. ebd. S. 67/68.
[577] Fairness Primer, aaO. S. 10416.
[578] So bereits bei RB, SFB und WDR.

vorgeschlagene präventive Einschaltung des Gerichts hinsichtlich Inhalt und Umfang der Erwiderung würde sich bei einem derart gestalteten Verfahren erübrigen[579].

Fragen des Interlokalen Rechts könnten sich nicht mehr stellen, wenn sich der Anspruch – wie in den USA – ausschließlich gegen die Anstalt, vertreten durch den Intendanten richten würde. – Die Problematik einer Gegendarstellung gegenüber Gemeinschaftsprogrammen ließ sich in den USA durch eine „ruling" der FCC lösen. Im deutschen Recht bleibt mangels verbindlicher Länderabkommen nach geltendem Recht nur die Möglichkeit, die beteiligten Anstalten als notwendige Streitgenossen in Anspruch zu nehmen.

b) Zulässigkeit der Revision

Ein weiteres prozessuales Problem ergibt sich schließlich hinsichtlich der Revision gegen Entscheidungen der Gerichte im Verfahren der Einstweiligen Verfügung. Obwohl die Einstweilige Verfügung in der Regel lediglich der vorläufigen Sicherung eines Anspruchs dient, trägt sie bei der Gegendarstellung den Charakter eines Verfahrens zur Hauptsache, da die Entscheidung diesen Rechtsstreit zunächst beendet[580]. Es mögen sich zwar Verfahren auf Widerruf, Unterlassung oder Schadenersatz anschließen, aber deren Streitgegenstand ist ein anderer. *Haase-Becher* und *Wenzel* schlagen daher zutreffend vor, in diesem Fall aus Gründen der Einheitlichkeit der Rechtsprechung § 545 Abs. 2 ZPO nicht anzuwenden und gemäß § 546 ZPO die Revision zum BGH zuzulassen[581].

5. Zusammenfassung

Das Gegendarstellungsrecht bzw. das Right of reply sind in beiden Rechtsordnungen Institute, die einem durch Äußerungen des Rundfunks Betroffenen bzw. Angegriffenen kurzfristig eine Erwiderung im gleichen Medium ermöglichen. Beide Regelungen garantieren auf Grund gesetzlicher oder administrativer Bestimmungen, daß der Anspruch ohne Rücksicht auf Wahrheit oder Unwahrheit der anspruchsbegründenden Äußerung in einem beschleunigten Verfahren durchge-

---

579 Vgl. Chafee, aaO. S. 192 ff.; Donelly, aaO. S. 899. Vgl. ausführlicher Haase-Becher, aaO. S. 205 ff.

580 A. A. BGH in NJW 1965, 1230 = UFITA Bd. 44 (1965) S. 183.

581 Haase-Becher, aaO. S. 203/204; Wenzel, Handbuch, aaO. S. 275. A. A. Baumbach-Lauterbach, aaO. § 545 ZPO Anm. 1. B. unter Berufung auf die obige BGH-Entscheidung.

setzt werden kann. Die Kontrolle hierüber obliegt in den USA der mit besonderen Machtbefugnissen ausgestatteten FCC, im deutschen Recht dagegen der ordentlichen Gerichtsbarkeit. Gleichzeitig aber errichten beide Systeme zur Verhinderung eines Rechtsmißbrauchs sowie zur Berücksichtigung der Interessen beider Parteien einschränkende formelle Voraussetzungen.

Weitergehende Ansprüche sind nach beiden Rechtsordnungen nicht ausgeschlossen. Andererseits wären andere Ansprüche weder des deutschen Rechts (Strafvorschriften, Widerruf, Unterlassung, Schadensersatz) noch des amerikanischen Rechts (law of defamation, retraction statutes) geeignet, Ansprüche aus Eingriffen, die Erwiderungen auslösen können, zufriedenstellend zu regeln. Aus dieser Erkenntnis entwickelte sich im deutschen Rechtskreis seit den ersten Regelungen kurz nach der Französischen Revolution das presserechtliche Gegendarstellungsrecht, das seit etwa zwanzig Jahren durch Analogie zum Presserecht oder Sonderregelungen auch auf Hörfunk und Fernsehen bezogen wird. Das anglo-amerikanische Recht war dagegen durch die überragende Bedeutung der Meinungsfreiheit des Ersten Amendments sowie durch systematische Schwierigkeiten des „law of defamation" gehindert, dem Schutz des Einzelnen trotz der für ihn unbefriedigenden Rechtslage Priorität beizumessen. Nur das nach amerikanischem Verständnis höherrangige Rechtsgut des öffentlichen Interesses an einer umfassenden und objektiven Berichterstattung durch die Massenmedien ermöglichte es, auf dem durch die technische Beschränkung der Frequenzen gekennzeichneten Rundfunksektor Eingriffe in die Meinungsfreiheit der Lizenzträger vorzunehmen.

Trotz der unterschiedlichen systematischen Ausgangslage und ihrer Durchführung im einzelnen vermitteln sowohl das Gegendarstellungsrecht als auch das Right of reply dem Einzelnen im wesentlichen einen ausreichenden Schutz seiner Interessen vor dem Einfluß der Massenmedien.

B. Änderungsvorschläge für das geltende deutsche Recht

Der größte Nachteil des deutschen Gegendarstellungsrechts liegt in seiner unübersichtlichen äußeren Gestaltung, die es dem Rechtsuchenden nur unter großen Schwierigkeiten erlaubt, die für seinen Anspruch zuständige Norm zu finden. Es müßte daher zunächst ein für alle Rundfunkanstalten einheitlicher Fundort angestrebt werden. Da das zur Zeit erarbeitete Presserechtsrahmengesetz des Bundes die Ausgestaltung des Gegendarstellungsrechts den Ländern überlassen wird, sollten die Landesgesetzgeber versuchen, die Materie durch einen Staatsvertrag – ähnlich der Vorschrift für das ZDF – zu regeln. Nur durch einen solchen Vertrag und nicht durch Landesrundfunkgesetze wäre eine Einheitlichkeit zu erreichen, wie das Beispiel der Landespressegesetze beweist. Als Nahziel müßte allerdings vorrangig der Versuch unternommen werden, die widersprüchlichen Regelungen beim HR und bei RB zu beseitigen sowie für den SDR eine gesetzliche Gegendarstellungsregelung, etwa in Anlehnung an § 11 bad.-württ. PresseG, zu finden.

Der Betroffene sollte bereits dann anspruchsberechtigt sein, wenn seine eigene Interessensphäre auch nur mittelbar berührt ist. Die Regelungen für den DLF, die DW, das ZDF, den BR sowie den SDR müßten insoweit geändert werden. – Als Anspruchsverpflichteter sollte nur noch der Veranstalter der Sendung, d. h. diejenige Anstalt gelten, die die betreffende Sendung verantwortlich ausgestrahlt hat. Die analog presserechtlichen Normen entwickelte Figur des verantwortlichen Sendeleiters könnte fortfallen, da sie unnötige Probleme über Fragen einer Auskunftpflicht, einer gesamtschuldnerischen Haftung, des Gerichtsstandes und der Anwendung interlokalen Rechts schafft. Die bereits in den Regelungen des DLF, der DW, des SR sowie des ZDF vorgesehene Auskunftspflicht der Rundfunkanstalt, dem Betroffenen Namen und Anschrift des für die betreffende Sendung Verantwortlichen mitzuteilen, entspringt dem Gedanken des § 242 BGB. Diese Bestimmung sollte in alle Vorschriften aufgenommen werden, da sie der schnelleren Rechtsverfolgung dient. Sie wäre allerdings entbehrlich, wenn der „verantwortliche Sendeleiter" – wie vorgeschlagen – als Anspruchsgegner entfiele.

Anhang

A. Texte zum Gegendarstellungsrecht und Right of reply

1. Bundesrepublik Deutschland

a) § 11 Reichsgesetz über die Presse vom 7. Mai 1874 in der Fassung vom 28. Juni 1935
Fundstelle: RGBl. I S. 839

1. Der verantwortliche Redakteur einer periodischen Druckschrift ist verpflichtet, eine Berichtigung der in letzterer mitgeteilten Tatsachen auf Verlangen einer beteiligten öffentlichen Behörde oder Privatperson ohne Einschaltungen oder Weglassungen aufzunehmen, sofern die Berichtigung von dem Einsender unterzeichnet ist, keinen strafbaren Inhalt hat und sich auf tatsächliche Angaben beschränkt.
2. Der Abdruck muß in der nach Empfang der Einsendung nächstfolgenden, für den Druck nicht bereits abgeschlossenen Nummer, und zwar in demselben Teile der Druckschrift und mit derselben Schrift wie der Abdruck des zu berichtigenden Artikels geschehen.
3. Die Aufnahme erfolgt kostenfrei, soweit nicht die Entgegnung den Raum der zu berichtigenden Mitteilung überschreitet; für die über dieses Maß hinausgehenden Zeilen sind die üblichen Einrückungsgebühren zu entrichten.

b) § 25 Gesetz über die Errichtung von Rundfunkanstalten des Bundesrechts vom 29. November 1960
Fundstelle: BGBl. I S. 862

Mit Ausnahme von Abs. 4 Satz 2 und 3 im wesentlichen gleichlautend:
§ 4 Staatsvertrag über die Errichtung der Anstalt des öffentlichen Rechts „Zweites Deutsches Fernsehen" vom 6. Juni 1961
Fundstelle: z. B. GV NW S. 269

1. Ist in einer Sendung eine Tatsachenbehauptung aufgestellt worden, so kann die unmittelbar betroffene Person oder Stelle die Verbreitung einer Gegendarstellung zu dieser Behauptung ver-

langen. Die Gegendarstellung muß unverzüglich verlangt werden. Sie bedarf der Schriftform, muß die beanstandete Sendung bezeichnen, sich auf tatsächliche Angaben beschränken, darf keinen strafbaren Inhalt haben und muß von der betroffenen Person oder Stelle unterzeichnet sein. Bestehen begründete Zweifel an der Echtheit der Unterschrift, so kann deren Beglaubigung verlangt werden. Die Gegendarstellung darf den Umfang des beanstandeten Teils der Sendung nicht wesentlich übersteigen.

2. Der Anspruch richtet sich gegen den, der die beanstandete Sendung veranstaltet hat. Eine Pflicht zur Verbreitung einer Gegendarstellung besteht, wenn und soweit die Person oder Stelle, auf die sich die beanstandete Sendung bezieht, ein berechtigtes Interesse an der Verbreitung der Gegendarstellung hat.
3. Die Verbreitung der Gegendarstellung muß unverzüglich, für den gleichen Bereich, in gleicher Art und Weise sowie zu einer gleichwertigen Sendezeit wie die Verbreitung der beanstandeten Sendung ohne Einschaltungen oder Weglassungen erfolgen. Eine Erwiderung auf die verbreitete Gegendarstellung darf nicht am gleichen Tage gesendet werden.
4. Der Anspruch kann vor den ordentlichen Gerichten geltend gemacht werden. Das Gericht kann im Wege der einstweiligen Verfügung anordnen, daß der nach Absatz 2 Verpflichtete eine Gegendarstellung verbreitet. Für den Erlaß der einstweiligen Verfügung ist nicht erforderlich, daß eine Gefährdung des Anspruchs glaubhaft gemacht wird; § 926 der Zivilprozeßordnung ist nicht anzuwenden.
5. Diese Bestimmung gilt nicht für wahrheitsgetreue Berichte über öffentliche Sitzungen der gesetzgebenden oder beschließenden Körperschaften des Bundes, der Länder, der Gemeinden und der Gemeindeverbände, öffentliche Sitzungen der Gerichte sowie für Sendungen, deren Verbreitung durch Gesetz oder Satzung vorgeschrieben oder geboten ist.

c) § 11 Modellentwurf für ein Landespressegesetz der Ständigen Konferenz der Innenminister der Länder vom 3. Januar und 1. Februar 1963 (Bonn)

1. Der verantwortliche Redakteur und der Verleger eines periodischen Druckwerkes sind verpflichtet, eine Gegendarstellung der Person oder Stelle zum Abdruck zu bringen, die durch eine in dem Druckwerk aufgestellte Tatsachenbehauptung betroffen ist.

Die Verpflichtung erstreckt sich auf alle Nebenausgaben des Druckwerks, in denen die Tatsachenbehauptung erschienen ist.

2. Die Pflicht zum Abdruck einer Gegendarstellung besteht nicht, wenn die betroffene Person oder Stelle kein berechtigtes Interesse an der Veröffentlichung hat oder wenn die Gegendarstellung ihrem Umfang nach nicht angemessen ist. Überschreitet die Gegendarstellung nicht den Umfang des beanstandeten Textes, so gilt sie alsangemessen.Die Gegendarstellung muß sich auf tatsächliche Angaben beschränken und darf keinen strafbaren Inhalt haben. Sie bedarf der Schriftform und muß von dem Betroffenen oder seinem gesetzlichen Vertreter unterzeichnet sein. Der Betroffene oder sein Vertreter kann den Abdruck nur verlangen, wenn er die Gegendarstellung unverzüglich, spätestens innerhalb von drei Monaten nach der Veröffentlichung dem verantwortlichen Redakteur oder Verleger zuleitet.
3. Die Gegendarstellung muß in der nach Empfang der Einsendung nächstfolgenden, für den Druck noch nicht abgeschlossenen Nummer in dem gleichen Teil des Druckwerks und mit gleicher Schrift wie der beanstandete Text ohne Einschaltungen und Weglassungen abgedruckt werden. Der Abdruck ist kostenfrei. Wer sich zu der Gegendarstellung in derselben Nummer äußert, muß sich auf tatsächliche Angaben beschränken.
4. Für die Durchsetzung des Gegendarstellungsanspruchs ist der ordentliche Rechtsweg gegeben. Auf Antrag des Betroffenen kann das Gericht anordnen, daß der verantwortliche Redakteur und der Verleger in der Form des Absatzes 3 eine Gegendarstellung veröffentlichen. Auf dieses Verfahren sind die Vorschriften der Zivilprozeßordnung über das Verfahren auf Erlaß einer einstweiligen Verfügung entsprechend anzuwenden. Eine Gefährdung des Anspruchs braucht nicht glaubhaft gemacht zu werden. § 926 ZPO findet keine Anwendung.
5. Die Absätze 1 bis 4 gelten nicht für wahrheitsgetreue Berichte über öffentliche Sitzungen der gesetzgebenden oder beschließenden Körperschaften des Bundes, der Länder, der Gemeinden (Gemeindeverbände) und der Gerichte.

d) Richtlinien betr. Gegendarstellung im Hörfunk und Fernsehen des SDR

Fundstelle: Rundschreiben des Intendanten des SDR Stuttgart, vom 18. Januar 1967

1. Wie § 4 Abs. 1 Staatsvertrag ZDF; vgl. oben Anhang Punkt A. 1. b).

2. Die Gegendarstellung wird nur gewährt, wenn der Betroffene ein berechtigtes Interesse an der Gegendarstellung hat.
Ein berechtigtes Interesse liegt insbesondere vor, wenn in der beanstandeten Sendung unrichtige Tatsachen behauptet worden sind. Ein berechtigtes Interesse liegt nicht vor, wenn die Rundfunkanstalt den Interessen des Betroffenen in anderer Weise als durch Gegendarstellung, etwa durch eine eigene Erklärung der Rundfunkanstalt, in einer entsprechenden Sendung genügt.
3. Die Gegendarstellung besteht in der Verlesung einer schriftlichen Gegenäußerung. Anspruch auf eine bildmäßige Gegendarstellung besteht nur insoweit, als bei einer unrichtigen bildlichen Darstellung die Richtigstellung nur bildmäßig möglich ist.
4. Die Verbreitung der Gegendarstellung muß unverzüglich, für den gleichen Bereich, sowie zu einer gleichwertigen Sendezeit wie die Verbreitung der beanstandeten Sendung ohne Einschaltungen oder Weglassungen erfolgen. Will die Rundfunkanstalt am Schluß der Gegendarstellung selbst nochmals Stellung nehmen, so muß sie sich auf tatsächliche Angaben beschränken.
5. Die Kosten der Ausstrahlung der Gegendarstellung und auch die Kosten der in Ziffer 2 Absatz 3 und in Ziffer 3 genannten, von der Rundfunkanstalt selbst gestalteten Sendungen trägt die Rundfunkanstalt.

e) § 7 Staatsvertrag über den Südwestfunk vom 27. August 1951 in der Fassung vom 22. April 1952

Fundstelle: Rh.-Pf. GVBl. S. 71; Baden GVBl. S. 40

1. Falls der Südwestfunk eine Nachricht oder Tatsache wahrheitswidrig verbreitet hat, ist er auf Verlangen einer Person, Personenmehrheit oder Behörde, die ein berechtigtes Interesse dartut, zur Gegendarstellung verpflichtet.
2. Auf Inhalt und Verbreitung der Gegendarstellung findet § 11 des Pressegesetzes vom 7. Mai 1874 (RGBl. S. 65) sinngemäß Anwendung. Die Bekanntgabe der Gegendarstellung muß im Rahmen der nächsten für denselben Hörerkreis bestimmten Sendung und, wenn eine solche Sendung nicht innerhalb einer Woche vorgesehen ist, spätestens am übernächsten Tage nach Eingang der Gegendarstellung zu einer gleichwertigen Sendezeit durchgegeben werden.
3. Die Bekanntgabe der Gegendarstellung erfolgt kostenlos.
4. Der Anspruch auf Verbreitung der Gegendarstellung kann im Zivilrechtswege verfolgt werden.

2. USA

a) § 315 Communications Act

Fundstellen: Communications Act vom 19. Juni 1934; 48 Stat. 1064/ Pub. L. 73-416; 47 U. S. C. A. § 315/F. C. A. 47 § 315

§ 315. Candidates for Public Office; facilities; rules

(a) If any licensee shall permit any person who is legally qualified candidate for any public office to use a broadcasting station, he shall afford equal opportunities to all other such candidates for that office in the use of such broadcasting station: Provided, that such licensee shall have no power of censorship over the material broadcast under the provisions of this section. No obligation is imposed upon any licensee to allow the use of its station by any such candidate. Appearance by a legally qualified candidate on any –

(1) bona fide newscast,
(2) bona fide news interview,
(3) bona fide news documentary (if the appearance of the candidate is incidental to the presentation of the subject or subjects covered by the news documentary), or
(4) on-the-spot coverage of bona fide news events (included but not limited to political conventions and activities incidental thereto),

shall not be deemed to be use of a broadcasting station within the meaning of this subsection. Nothing in the foregoing sentence shall be construed as relieving broadcasters, in connection with the presentation of newscasts, news interviews, news documentaries, and on-the-spot coverage of news events, from the obligation imposed upon them under this chapter to operate in the public interest and to afford reasonable opportunity for the discussion of conflicting views on issues of public importance.

(b) The charges made for the use of any broadcasting station for any of the purposes set forth in this section shall not exceed the charges made for comparable use of such station for other purposes[582].

---

[582] Durch Titel I, section 104 (c) des „Federal Election Campaing Act of 1971" vom 7. Februar 1972 (Public Law 92-225) wurde Absatz b) § 315 Communications Act gestrichen und durch eine umfängliche, hier aber nicht interessierende Detailregelung ersetzt.

(c) The Commission shall prescribe appropriate rules and regulations to carry out the provisions of this section.

b) Rules and Regulations der FCC

aa) Broadcasts by Candidates for Public Office

Fundstelle: 47 C. F. R.; §§ 73.120 (AM-stations), 73.290 (FM-stations), 73.590 (Noncommercial Educational FM-stations), 73.657 (TV), vgl. auch 76.205 (CATV), im wesentlichen gleichlautend.

§ 73.120 Broadcasts by Candidates for Public Office

(a) *Definitions*: A „legally qualified candidate" means any person who has publicly announced that he is a candidate for nomination by a convention of a political party or for nomination or election in a primary, special, or general election, municipal, county, State or national, and who meets the qualifications prescribed by the applicable laws to hold the office for which he is a candidate, so that he may be voted for by the electorate directly or by means of delegates or electors, and who:

(1) has qualified for a place on the ballot or

(2) is eligible under the applicable law to be voted for by sticker, by writing in his name on the ballot, or other method, and (i) has been duly nominated by a political party which is commonly known and regarded as such, or (ii) makes a substantial showing that he is a bona fide candidate for nomination or office, as the case may be.

(b) *General requirements*: No station licensee is required to permit the use of its facilities by any legally qualified candidate for public office, but if any licensee shall permit any such candidate to use its facilities, it shall afford equal opportunities to all such other candidates for that office to use such facilities: Provided, that such licensee shall have no power of censorship over the material broadcast by any such candidate.

(c) *Rates and practices*: (1) The rates, if any, charged all such candidates for the same office shall be uniform and shall not be rebated by any means direct or indirect. A candidate shall, in each case, be charged no more than the rate the station would charge if the candidate were a commercial advertiser whose advertising was directed to promoting its business within the same area as that encompassed by the particular office for which such person is a candidate. All discount privileges otherwise offered by a station to commercial advertisers shall be available upon equal terms to all candidates for public office. (2) In making time available to candidates for public office no licensee shall make any discrimination between candidates in charges, practices, regulations, facilities, or services for or in connection with the service rendered pursuant to this part, or make or give any preference to any candidate for public office or subject any such candidate to any prejudice or disadvantage; nor shall any licensee make any contract or other agreement which shall have the effect of permitting any legally qualified candidates for the same public office.

(d) *Records*; *Inspection*: Every licensee shall keep and permit public inspection of a complete record of all requests for broadcast time made by or on behalf of candidates for public office, together with an appropriate notation showing the disposition made by the licensee of such requests, and the charges made, if any, if request is granted. Such record shall be retained for a period of two years.

(e) *Time of request*: A request for equal opportunities must be submitted to the licensee within 1 week of the day on which the first prior use, giving rise to the right of equal opportunities, occured: Provided, However, That where the person was not a candidate at the time of such first prior use, he shall submit his request within 1 week of the first subsequent use after he has become a legally qualified candidate for the office in question.

(f) *Burden of proof*: A candidate requesting such equal opportunities of the licensee, or complaining of noncompliance to the Commission shall have the burden of proving that he and his opponent are legally qualied candidates for the same public office.

bb) Personal attacks: political editorials

Fundstelle: 47 C. F. R.; §§ 73.123 (AM-stations), 73.300 (FM-stations), 73.598 (Noncommercial Educational FM-stations), 73.679 (TV), 74.1115 (CATV), im wesentlichen gleichlautend

§ 73.123 Personal attacks; political editorials

(a) When, during the prestenation of views on a controversial issue of public importance, an attack is made upon the honesty, character, integrity or like personal qualities of an identified person or group, the licensee shall, within a reasonable time and in no event later than 1 week after the attack, transmit to the person or group attacked

(1) notification of the date, time and identification of the broadcast;

(2) a script or tape (or an accurate summary if a script or tape is not available) of the attack;

(3) and an offer to a reasonable opportunity to respond over the licensee's facilities.

(b) The provisions of paragraph (a) of this section shall not be applicable (i) to attacks on foreign groups or foreign public figures; (ii) to personal attacks which are made by legally qualified candidates, their authorized spokesmen, or those associated with them in the campaign, on other such candidates, their authorized spokesmen, or persons associated with the candidates in the campaign; and (iii) to bona fide newscasts, bona fide news interviews, and on-the-spot coverage of a bona fide news event (including commentary or analysis contained in the foregoing programs, but the provisions of paragraph (a) shall be applicable to editorials of the licensee).

(c) Where a licensee is an editorial, (i) endorses or (ii) opposes a legally qualified candidate or candidates, the licensee shall, within 24 hours after the editorial, transmit to respectively (i) the other qualified candidate or candidates for the same office or (ii) the candidate opposed in the editorial

(1) notification of the date and the time of the editorial;

(2) a script or tape of the editorial; and

(3) an offer to a reasonable opportunity for a candidate or a spokesman of the candidate to respond over the licensee's facilities: Provided, however, That where such editorials are broadcast within 72 hours prior to the day of the election, the licensee shall comply with the provisions of this subsection sufficiently far in advance of the broadcast to enable the candidate or candidates to have a reasonable opportunity to prepare a response and to present it in timely fashion.

MIX
Papier | Fördert gute Waldnutzung
FSC® C083411

Kolibri 360 GmbH
Ferdinand-Jühlke-Straße 7
99095 Erfurt, Deutschland
produktsicherheit@kolibri360.de